Beltz Taschenbuch 862

Über dieses Buch:
Hier erhalten Sie viele praktische Informationen, die Ihnen helfen werden,
mit der neuen Situation zurechtzukommen. Sie werden u.a. darüber informiert

- was im Vorfeld einer Trennung oder Scheidung zu beachten ist,
- auf welche Weise Sie als Vater auch nach der Trennung eine gute Beziehung zu Ihren Kindern aufrechterhalten können,
- wie Sie Ihr inneres Gleichgewicht trotz Krisenbeziehung wiederfinden,
- welche Hilfen es bei Auseinandersetzungen mit Jugendamt, Gutachtern
  und Anwälten gibt,
- wie Väter und Mütter sich trotz der zerbrochenen Liebesbeziehung als
  faire Partner unterstützen und auch nach der Trennung gemeinsam
  Eltern bleiben können.

Ein umfangreicher Anhang mit vielen nützlichen Adressen ergänzt das
Buch.

Die Autorin:
Dr. Karin Jäckel hat Germanistik und Kunstgeschichte studiert. Sie arbeitet
als Journalistin und freie Autorin. Bisher sind rund 60 Bücher aus den Bereichen Kinder- und Sachbuch von ihr erschienen, z.B. »Monika B. Ich bin nicht
mehr eure Tochter« (1993), »Alles Ehe oder was?« (1995) und »Der gebrauchte Mann – Abgeliebt und abgezockt – Väter nach der Trennung«
(2000).

Karin Jäckel

Mein Kind gehört auch zu mir

Handbuch für Väter nach der Trennung

Ein Projekt der Montasser Medienagentur, München

Juristische Verweise entsprechen dem besten Wissen der Autorin.
Für die Richtigkeit der Angaben kann keine Haftung übernommen
werden.

Besuchen Sie uns im Internet:
www.beltz.de

Beltz Taschenbuch 862

1 2 3 4 5   07 06 05 04 03

© 2003 Beltz Verlag · Weinheim, Basel, Berlin
Das Buch erschien erstmals 1999 im Campus Verlag, Frankfurt/Main
Umschlaggestaltung: Federico Luci, Köln
Umschlagfoto: Getty Images, München
Satz: Satzstudio »Die Letter«, Hausen/Wied
Druck und Bindung: Druckhaus Beltz, Hemsbach
Printed in Germany

ISBN 3 407 22862 7

Inhalt

1.

Bestandsaufnahme

Ehen werden im Himmel geschlossen, heißt es, aber sie müssen auf Erden gelebt werden. Aus jedem Traummann wird irgendwann ein Alltagsmensch, aus jeder Traumfrau auch. Und Alltagsmenschen schweben nun mal nicht permanent auf Wolke Sieben, sind sich nicht in schönster Selbstverständlichkeit immer einig und fragen sich nicht dauernd, wie sie dem Partner oder der Partnerin gefallen könnten. Nein, Alltagsmenschen sind im Alltagsstress: Zeitmangel, Geldmangel, Schlafmangel, Erfolgsmangel und was einem sonst noch so alles fehlt, darauf aufgesattelt jede Menge Enttäuschungen und Ängste und immer der Erwartungsdruck, perfekt zu sein, weil die Konkurrenz nun mal nicht schläft.

Wenigstens in der Liebe wünscht man, sich fallen lassen zu können. Will der Mensch sein, der ohne Maske sich ganz so geben kann, wie man ist. Will geliebt, bewundert, anerkannt werden, sich nicht ändern müssen, weil man irgendwie nicht genügt. Will nicht perfekt werden und dies täglich neu unter Beweis stellen müssen, sondern trotz aller eventuellen Fehler für das geliebte Du perfekt sein, und zwar auf immer und ewig.

In Zeiten, in denen die Liebe den Weichzeichner vor die Linse der Wahrheit setzt und dem anderen jeder Wunsch von den Augen abgelesen oder mit einem Kuss von den Lippen gepflückt wird, ist das Perfektsein leicht. Wenn aus eigenem Antrieb vorausschauend für den anderen mitgedacht, mitempfunden, mitgewünscht wird, wenn das seelische und körperliche Hineinversetzen in den anderen das höchste Glück bedeutet, können unausgesprochene Ansprüche wie Rücksicht, Umsicht, Vorsicht, Nachsicht gar nicht anders als erfüllt werden. Aber nicht jede Liebe hält dem Alltag stand. Früher oder später müssen Paare erkennen, dass sie einfach zwei Menschen sind, die sich ebenso verändern wie die Welt ringsum, und zwar nicht nur äußerlich, sondern auch geistig und in ihren Gefühlen.

Hat man mit 20 gerade das Lachen an IHM so geliebt, gerade diese Ernsthaftigkeit an IHR, stellt man mit 30 vielleicht fest, dass einem diese Albernheit von IHM so auf die Nerven geht oder IHR ständiges tiefsinniges Hinterfragen unerträgliches Geschwätz ist. Und dann? Plötzlich ist »Schluss«, auf einmal kann man sich nicht mehr ertragen.

Plötzlich? Machen Sie sich jetzt nichts vor: Es geschieht nie plötzlich. Es bahnt sich langsam an, schleicht sich in den Alltag, tückisch gerade in der Allmählichkeit, denn zunächst kaum bemerkt, ist es dann, wenn es auffällt, meist schon Gewohnheit. Und Gewohnheiten nimmt man hin. Sie reiben heimlich auf, zehren das Innere auf, während der äußere Anschein gewahrt bleibt.

»Das kann doch nicht wahr sein?!«, höre ich von Vätern oft, die fassungslos vor den Trümmern ihrer Ehe stehen und erst jetzt bemerken, dass die Frau, von der sie sich trennen, hinter der Maske der Vertrautheiten längst schon eine andere geworden ist als die, der sie das Ja-Wort gaben.

Doch Sie können den allmählichen Entwicklungsprozess nachvollziehen, indem Sie die Ereignisse nochmals aufrollen. Schauen Sie in die Vergangenheit zurück, betrachten Sie offen und ehrlich Ihre persönliche Entwicklung, die Ihrer Partnerin und Ihrer gemeinsamen Beziehung. Das kann Ihnen helfen, die Situation, in der Sie sich jetzt befinden, besser zu verstehen.

Lassen Sie Revue passieren, was geschehen ist

Eine Reise kann mindestens zweierlei Stimmungen in uns auslösen: Vorfreude oder Angst. Auch mit Reisen in die Welt der eigenen Erinnerungen ergeht es uns nicht anders. Da Sie diesmal nicht mit dem angenehmen Ziel starten, Örtlichkeiten zu bewundern, sondern eine Reise in Ihre eigene Seele antreten, müssen Sie damit rechnen, dass eine Fülle von Gefühlen und Verhaltensmustern in Ihnen aufbrechen, welche Sie normalerweise verdrängen oder sogar noch nie bewusst wahrgenommen haben. Dies wird Ihnen eventuell unangenehm sein oder sogar Ängste in Ihnen wecken. Lassen Sie sie dennoch zu. Ja, breiten Sie gerade diese ganz bewusst und intensiv vor Ihrem inneren Auge aus. Der Erfolg Ihrer Reise hängt davon ab.

Wie bei jeder Reise erleichtert Ihnen eine vernünftige Planung den Start. Für Ihre Zeitreise müssen Sie keine Koffer packen. Ein kleines Handgepäck kann jedoch nicht schaden. Legen Sie sich Schreibpapier – wie wäre es mit einem Tagebuch? – und einen Stift zurecht, den Sie gern in der Hand fühlen. Fotoalben oder der berühmte Schuhkarton mit den Bildern, die Sie immer schon mal ordnen wollten, dürfen nicht fehlen. Außerdem brauchen Sie einen gemütlichen Sitzplatz und eine rundum angenehme Atmosphäre.

Rechnen Sie nicht damit, dass Ihre Zeitreise an einem einzigen Abend zum Abschluss kommen wird. Immerhin umfasst der zu durchmessende Zeitraum auch mehr als ein paar Stunden.

Manchmal werden Sie feststellen, dass Sie Ihre Zeitreise nicht oder nicht länger als ein paar Minuten aushalten oder zu anderen Gelegenheiten gar nicht erst starten wollen. Das ist okay. Prüfen Sie aber die Gründe, welche dazu führen. Drücken gilt nämlich nicht!

Erstellen Sie eine persönliche
Soll- und Haben-Liste

Unter einer Soll- und Haben-Liste verstehe ich hier eine wertende Aufzählung der für Sie persönlich wichtigen Ziele, welche Sie erreicht haben oder nicht, sowie der Gründe, weshalb Sie Erfolg oder Misserfolg hatten. Sie benötigen für jeden der nachfolgend näher erläuterten Themenblöcke einige Bögen Papier. Erfahrungsgemäß eignen sich dafür gebundene Schul- oder Ringhefte recht gut.

Wenn Sie eher gewohnt sein sollten, mit einem Diktiergerät zu arbeiten, rate ich Ihnen für diesen speziellen Fall ebenso davon ab wie von der Benutzung eines Computers. Die Beschäftigung mit einem elektronischen Gerät lenkt einen Teil Ihrer Aufmerksamkeit, die Sie jetzt ausschließlich auf sich selbst verwenden sollten, ab. Reduzieren Sie sich für diese mehr oder minder kurze Phase ganz auf sich selbst und lösen Sie sich dabei von allem, was Ihren Alltag in Turbulenzen stürzt. Nach einer kurzen Phase des Umgewöhnens werden Sie die innere Ruhe zu schätzen wissen, die mit dem unmittelbaren Strom Ihrer Gedanken vom Kopf zur Hand zum Papier in Ihrer Seele Einzug halten wird.

Sie werden feststellen, dass Sie zunächst die rein materiellen oder berufsbedingten Ziele erfassen möchten. Dies ist verständlich, weil Sie sich damit auf sicherem Gebiet bewegen. Wenn Sie der Frage, aus welchem Grund sie diese Ziele verifizierten oder nicht, intensiv nachgehen und auch die Ihnen weniger angenehmen oder schmeichelhaften Ursachen ehrlich benennen, leisten Sie gute Vorarbeit für den zweiten Teil dieser Liste.

Dieser befasst sich mit den Menschen: mit Ihnen selbst, mit Ihrer Lebenspartnerin, Ihren Kindern und Ihren Eltern sowie anderen Sie prägenden Persönlichkeiten. Bitte antworten Sie immer ehrlich. Und noch etwas: Diese Liste muss weder perfekt schön noch fehlerfrei ausfallen. Sie ist ganz allein für Sie selbst bestimmt. Und wenn Ihnen dabei manchmal zum Heulen ist, lassen Sie die Tränen getrost laufen. Sie verstopfen vielleicht die Nase, aber Sie reinigen das Gemüt.

Themenschwerpunkte Ihrer Soll- und Haben-Liste sind:
- berufliche Ziele
- finanzielle Ziele
- meine Ziele für die Zukunft
- meine Kindheit
- mein Leben vor der Ehe
- meine Frau
- meine Ehe
- meine Kinder
- meine Eltern

Selbstverständlich ist Ihre individuelle Liste zu erweitern oder um den einen und den anderen Punkt zu kürzen. Auch die folgenden Vorschläge zu konkreten Fragestellungen können nicht umfassend sein, sondern bieten in erster Linie Anregungen.

Mein bisheriges Leben

Schreiben Sie auf, was Ihnen zu folgenden Punkten einfällt:

Die Ehe meiner Eltern

Wie lange sind sie verheiratet? Waren/sind sie glücklich? Warum? Geschieden? Warum? Wie charakterisiere ich meine Mutter? Meinen Vater? Wie habe ich sie als Eltern empfunden? Wie haben sie mich erzogen?

Haben Sie Geschwister? Sind diese verheiratet? Glücklich? Geschieden? Wenn ja, warum?

Meine Schulzeit und Ausbildung

Bin ich gern zur Schule gegangen? Warum, warum nicht? Warum habe ich meinen Beruf gewählt? Welche Erwartungshaltung hatten meine Eltern an mich? Habe ich sie erfüllt? Hätte ich sie gern nicht erfüllt? Warum, warum nicht?

Meine Frau und unsere Ehe/Lebensgemeinschaft

Wann, wie und wo habe ich meine Frau kennen gelernt? Was für ein Mensch ist sie? Was habe ich an ihr besonders geliebt und warum? Was nicht? Wie hat sie sich verändert und warum? Wie verlief unsere Liebesbeziehung vor der Ehe? Wie hat sich dies in der Ehe verändert und warum? (Denken Sie hier auch an Aspekte wie Beruf, Hausarbeit – würden Sie sich selbst eher als Familienmenschen mit Bereitschaft zur selbstverständlichen und bereitwilligen Arbeitsteilung oder als »verheirateten Junggesellen« einstufen? – Welche Konflikte haben sich daraus in den Bereichen Geld, Gefühle, Sex ergeben?)

Habe ich meine Frau geachtet, respektiert, bewundert und dies auch gesagt und gezeigt? Wann, wie oft, wie gern?

Habe ich als Ehemann/Lebenspartner versagt? Warum, warum nicht? Was habe ich gut gemacht oder nicht? Warum? Was hat meine Frau/Lebensgefährtin gut gemacht oder nicht? Warum? Welche innere Einstellung haben wir zueinander entwickelt?

Meine Kinder

Wollte ich Kinder? Habe ich an der Schwangerschaft, der Geburt, der Windelzeit und Erziehung bewusst und aktiv Anteil genommen? Warum, warum nicht? Hat meine Frau mich als fähigen Vater gesehen? Habe ich mich so benommen? Woran zeigte sich dies? Wie ist das Verhältnis meiner Kinder zu mir? Zu meiner Frau? Wie ist mein Verhältnis zu ihnen? Wie das meiner Frau? Warum? Welche Erwartungshaltung habe ich den Kindern gegenüber? Bin ich eher zufrieden oder enttäuscht? Warum? Welche Erwartungshaltung hat meine Frau den Kindern gegenüber? Gehen wir konform? In welcher Weise? In welcher nicht? Was weiß ich von meinen Kindern? Wie erziehe ich sie? Worauf lege ich besonders Wert? Sind die Kinder mir eher lästig (gewesen)? Hätte ich gern mehr Nähe mit ihnen genossen? Warum gelang es nicht?

Mein jetziges Leben

Überdenken Sie und schreiben Sie auf, was Ihnen zu folgenden Themen einfällt. Begründen und erläutern Sie jede Antwort genau:

Mein ausgeübter Beruf

Arbeite ich gern? Bin ich erfolgreich und glücklich in meinem Beruf? Warum, warum nicht? Wie werte ich meinen Beruf im Vergleich zu der Bedeutung meiner Familie für mich? Warum?

Mein Einkommen

Wieviel verdiene ich? Bin ich damit zufrieden?

Habe ich diese Gefühle mit meiner Frau bewusst geteilt? Warum, warum nicht? Habe ich meiner Frau ein Haushaltsgeld gezahlt? War Sie damit einverstanden? Habe ich ihre Ausgaben kontrolliert? Hat meine Frau ein eigenes Einkommen? Haben wir in einen Topf gewirtschaftet? Hatten wir Streit um Geld? Wie habe ich mich in diesem Streit verhalten, wie meine Frau? Warum haben wir uns so verhalten?

Meine materiellen Verpflichtungen gegenüber mir selbst

Wieviel Geld habe ich aktuell monatlich für eigene Bedürfnisse? Wieviel bekommt meine Frau von mir? Wieviel bekommen die Kinder von mir? Bin ich damit zufrieden? Warum, warum nicht? Kann ich etwas ändern? Wie?

Meine menschlichen Verpflichtungen gegenüber mir selbst

Mag ich mich selbst? Warum, warum nicht? Bin ich eher ein gepflegter oder ein ungepflegter Typ? Wie wirke ich auf andere? Warum? Habe ich Freunde?

Nehme ich aktiv am Leben teil? Warum, warum nicht? Wie? Schaffe ich es, mich als eigenständigen Menschen zu betrachten und mir eigene Bedürfnisse zuzugestehen? Welche? Lasse ich mir helfen? Wie? Fresse ich alles in mich hinein oder teile ich mich mit? Was ändere ich? Warum, wie, wann?

Meine Verpflichtungen gegenüber meinen Kindern

Will ich meine Kinder trotz Trennung/Scheidung regelmäßig sehen? Warum, warum nicht? Welche Erwartungshaltung habe ich ihnen gegenüber: Dankbarkeit, Freude, Liebe? Warum? Will ich das Sorgerecht/Umgangsrecht wahrnehmen? Warum, warum nicht?

Was haben Sie zum Scheitern der Beziehung beigetragen?

Als Sie sich verliebten und heirateten, beziehungsweise beschlossen zusammen zu bleiben, waren Sie überzeugt, dass Ihre Beziehung ein Leben lang dauern werde und Sie alles tun würden, um Ihre Frau glücklich zu machen und umgekehrt. Was ist aus diesen Plänen geworden?

Wann und aus welchem Anlass begannen Sie erstmals zu streiten? Was missfiel Ihnen eines Tages an der Frau Ihres Lebens? Was missfiel ihr an Ihnen? Sprachen Sie miteinander darüber? Liebevoll, ernsthaft, geduldig und wann immer der jeweils andere dies gerne wollte? Ab wann nahmen Sie einander nicht mehr so bewusst und intensiv wahr? Warum konnte dies geschehen? Was unternahmen Sie dagegen? Wann und warum begannen Sie immer öfter zu streiten? Wie gelangen Versöhnungen? Warum versöhnten Sie sich nicht mehr? Wann und warum begannen Sie oder Sie beide immer öfter und selbstverständlicher getrennter Wege zu gehen? Waren Sie Ihrer Frau körperlich und seelisch treu und umgekehrt? Warum, warum nicht? Haben Sie einer um den anderen gekämpft, als Sie merkten, es geht schief? Auf welche Weise? Oder haben Sie nichts geahnt, kam alles wie der Blitz aus heiterem Himmel? Warum, warum nicht? Wer von Ihnen sprach zuerst von Scheidung/ Trennung? Warum? Lieben Sie Ihre Frau noch?

Wie gut kennen Sie Ihre Partnerin?

Über den Körper einer Frau sind heutzutage schon kleine Jungen früh informiert. Bis sie ins Erwachsenenalter kommen, hat die Mehrheit den Wahrheitsgehalt der theoretischen Kenntnisse intensiv überprüft. Auch wie Zurückweisung schmerzt und Liebeskummer sich anfühlt, wissen sie dann schon. Was aber wissen sie über die Seele der Frau, über ihre Gefühle, ihre Art zu denken? Was wissen SIE im konkreten Fall über IHRE Frau? Testen Sie sich selbst, indem sie die genannten Fragen zu Ihrer Person nun auch in Bezug auf Ihre Frau beantworten.

Das bisherige Leben Ihrer Partnerin

Die meisten Informationen zum Leben Ihrer Frau vor dem Zeitpunkt Null des Beginns Ihrer Beziehung kennen Sie vermutlich aus ihrem Mund. Wenn Sie sich an den Fragen orientieren, die ich Ihnen unter »Bestandsaufnahme« zur Anregung Ihres Gedankenflusses gegeben habe, werden Sie rasch feststellen, wie gut Sie Ihrer Frau früher zugehört haben.

Lassen Sie zur besseren Sichtbarkeit dieser Qualitätsfrage die unbeantworteten Fragestellungen bitte offen. Sie brauchen den Anblick später noch.

Das jetzige Leben Ihrer Partnerin

Dieser Punkt macht für Sie persönlich deshalb Sinn, weil Sie mit Hilfe der Beantwortung der Ihnen unter »Bestandsaufnahme – Hilfen zur Fragestellung« offerierten Fragen erkennen werden, ob Ihnen die Lebenslage Ihrer Ex-Partnerin tatsächlich klar ist oder ob Sie sich diese in Ihrer eigenen Verletztheit nur so zurechtlegen, wie sie in Ihr Bild passt.

Falls Ihnen zahlreiche Angaben schwer fallen oder Ihnen zu den Fragen häufig nichts einfällt, übertölpeln Sie sich bitte nicht selbst. Gestehen Sie sich offen ein, dass diese Lücken vorhanden sind, und hinterfragen Sie den Grund. Tragen Sie diesen unverblümt in Ihre Liste ein und bemühen Sie sich, dabei konkret in der Ich-Form zu antworten. Also nicht lapidar »uninteressant«, sondern besser »Das hat mich nicht interessiert«.

Was will Ihre Partnerin für sich selbst?

Die Antworten auf diese Frage sollten Ihnen leicht fallen, weil Ihre Frau im Verlauf der letzten Zeit vermutlich oft darüber gesprochen hat. Haben Sie ihr zugehört, sie ernst genommen, ihr zu helfen versucht? Wenn ja, ist dieser Teil rasch abgehakt. Falls nicht, haben Sie ein Indiz für das Scheitern Ihrer Beziehung entdeckt.

Bedeutsam zur Feststellung Ihrer persönlichen Anteilnahme an der Persönlichkeit Ihrer Frau ist zum Beispiel die Überlegung, ob sie vielleicht gern in den Beruf zurückkehren oder gar einen anderen erlernen wollte. Übten Ihre Freundinnen einen Beruf aus oder waren soeben neu durchgestartet? Wünschte sie sich, dies auch zu können? Warum tat sie es nicht? Aus Angst vor dem Neuanfang?

Weil sie keinen »vernünftigen« Beruf erlernt hatte und sich nicht zutraute, nochmals die Schulbank zu drücken?

Klagte sie darüber, innerlich ausgebrannt, aufgebraucht zu sein und das Gefühl zu haben, immer nur geben zu müssen, ohne dass ihre Reserven von außen aufgefüllt würden? Fühlte sie sich zu Hause mit den Kindern über- oder unterfordert? Hatte sie den Eindruck, Sie wären für die Kinder immer nur der Abenteuer-Papa, der mit den Kindern die spannenden, vergnüglichen Unternehmungen machte, während sie selbst den Alltag mit den Kindern zu bewältigen hatte? War sie traurig darüber oder gar eifersüchtig darauf, dass die Kinder mit Ihnen als Vater spielen wollten, mit ihr als Mutter aber um die leidige Pflicht zankten, die Hausaufgaben zu machen oder das Zimmer aufzuräumen? Fühlte sie sich insgesamt mit den Anforderungen der Haus- und Familienarbeit von Ihnen im Stich gelassen, während Sie als »Herr im Haus« allerlei Hobbies pflegen konnten?

Mit welchen Bemerkungen quittierte sie etwa den Einkauf eines dicken Blumenstraußes für eine Freundin, die sie gemeinsam besuchen wollten? Oder wenn Sie dieser Freundin später lobende Anerkennung für das gelungene Essen aussprachen, daheim aber eher schnell alles in sich hineinschaufelten, was Ihre Frau auf den Tisch brachte, weil im Fernsehen ja gleich Fußball kam, oder Sie womöglich gar die Zeitung dabei zu lesen pflegten?

Erinnern Sie sich noch, wie es war, wenn Sie Lust auf Sex hatten? Gab es da bei Ihnen die Verführung zur Verführung? Oder gehörten Sie auch zu den Ehemännern, die beim Nachhausekommen zuerst den Fernsehknopf, dann den Hund und das Kind und zuletzt Ihre Frau drückten, wenn überhaupt? Kennen Sie das, diese Luftküsschen irgendwo zwischen Ohr und Schläfen oder knapp über der Lippe? Oder den behaglichen Fernsehschlaf, während sie in der Küche mit den schmutzigen Tellern klapperte? Und hinterher die demonstrativ gähnende, immer rein rhetorische Frage: »Maus, ich bin müde. Kommst Du?«

Wenn Sie sich hier wieder erkennen, brauchen Sie keine große

Phantasie, um herauszufinden, was Ihre Ex-Frau sich für die Zukunft wünscht. Die große Frage bleibt dann allenfalls, wie lange der neue Partner der Traummann bleiben wird, ehe auch er zum Alltagsmann mutiert.

Was hat Ihre Partnerin zum Scheitern der Beziehung beigetragen?

Aus der Auswertung der vorhergehenden Antworten und mehr noch aus der Summe der von Ihnen belassenen Lücken entnehmen Sie erste Erkenntnisse darüber, was Ihrer Meinung nach von Seiten Ihrer Frau schief gelaufen ist beziehungsweise warum Sie beide diese Schieflage nicht begradigen konnten. Diese Betrachtung ermöglicht Ihnen, das Scheitern der Beziehung als gemeinsame Fehlleistung zu akzeptieren und sowohl sich selbst als auch Ihre Frau als Alleinschuldige zu entlasten. Eine solche Entlastung mildert den Schmerz erlittenen Unrechts und ermöglicht, aus den Fehlern der Vergangenheit zu lernen.

Was lernen Sie aus dem Scheitern der Beziehung für Ihre Zukunft?

Sie haben nunmehr eine ziemlich umfassende und möglichst ehrliche, also auch weitgehend objektiv richtige Bilanz gezogen. Vor dem Hintergrund dieser Erkenntnisse sind Ihnen die Zusammenhänge zwischen eigenem Verhalten, dessen Einschätzung aus persönlicher Sicht und tatsächlicher Wirkung auf andere klar geworden. Sie haben Mechanismen aufgedeckt, die in Ihnen seit Kindertagen mehr oder weniger bewusst aktiv sind und deren Ursache erspürt.

Möglicherweise wissen Sie jetzt, warum Ihre Frau so oft Migräne hatte und in der von Ihnen ersehnten ehelichen Lust bloß noch Pflichten sehen konnte. Oder warum sie schon zu schimpfen anfing, wenn Sie doch bloß ein Stündchen mit dem Filius zum Fußballplatz wollten. Oder weshalb Sie selbst zum Beispiel immer öfter wütend wurden, wenn Ihre Frau Ihnen in aller Ausführlichkeit von scheinbar völlig unwichtigen Dingen erzählen wollte. Lappalien, die in Ihren Augen kein Problem darstellten, aber erfahrungsgemäß zum Problem wurden, sobald Sie offen legten, dass sie nicht der Rede wert seien.

Was Ihre Frau gewollt hatte, war – wie Sie jetzt wahrscheinlich erkennen –, sich mental ein wenig bei Ihnen anzulehnen, durch etwas Jammern Dampf abzulassen und sich dabei Ihres Verständnisses zu versichern. Statt ihr eine starke Schulter und die Bereitschaft zum emotionalen Austausch zu bieten, sahen Sie gar keinen Grund zur Diskussion oder boten Ihr nur pragmatische Fakten. Und obwohl Sie mit dem Angebot dieser Fakten einen Beweis Ihrer Liebe erbrachten, kamen sie bei Ihre Frau als Ohrfeige für die Seele an. Der auf diese Weise vorprogrammierte Krach wäre zu vermeiden gewesen, hätten Sie damals schon gewusst, was Sie heute bilanzieren. Dass nämlich eine simple Frage nach dem Gefühlszustand Ihrer Frau genügt hätte, um ihr das ersehnte mitfühlende Verständnis zu signalisieren und Solidarität herzustellen.

Frauen sind nun mal anders und Männer auch. Ein bisschen mehr von dieser Einsicht und sehr viel mehr echtes Interesse am Anderen, dann kann in der nächsten Beziehung alles nur besser werden.

Welche Ziele und Wünsche haben Sie für die Zukunft?

Unser aller Leben ist weit stärker von den Lehren des Christentums geprägt, als wir wahrhaben wollen. Eine dieser Lehren ist die von der Nächstenliebe: »Liebe deinen Nächsten wie dich selbst.« Gemeinsam mit dem frommen Spruch, »Hochmut kommt vor dem Fall«, und »Wer sich selbst erhöht, wird erniedrigt werden«, woraus sich ergibt, dass »Eigenlob stinkt«, vermitteln diese Weisheiten schon Kindern erste soziale Verhaltensregeln. Unter dem Strich kommt für die meisten dabei heraus, dass man zwar den Nächsten lieben müsse, sich selbst aber tunlichst in die hinterste Reihe zu verfrachten habe.

In Wahrheit liegt die Betonung dieser Weisung zur Nächstenliebe in einem Vergleich, welcher im Umkehrschluss eine zweite Weisung offenbart. In dem Vergleich nämlich, den Nächsten so zu lieben wie sich selbst. Und somit in der Weisung, sich selbst zu lieben. Dies ist ein kluger und schöner Ratschlag zum privaten und gesellschaftlichen Glück. Denn, wer sich selbst nicht liebt, nicht kennt, nicht ernst nimmt, nicht die eigenen Bedürfnisse wahrnimmt und den berechtigten Wunsch nach Glück freimütig äußert sowie sich ohne falsche Scham erfüllt, weiß nicht, wie er den anderen lieben soll.

Deshalb prüfen Sie, was Sie selbst an diesem Wendepunkt Ihres Lebens für sich erreichen, was Sie ändern, was Sie erneuern möchten, wie Sie Ihr Glück beim Schopfe packen wollen. Arbeiten Sie heraus und notieren Sie sich, was Ihnen im Leben besonders wichtig ist. Worauf Sie nicht verzichten wollen und wo Sie Zugeständnisse einräumen könnten. Fragen Sie sich, ob Sie einen anderen Beruf erlernen und umschulen möchten? Warum, warum nicht? Sehnen Sie sich nach einer neuen festen Partnerschaft? Welche Charaktereigenschaften müsste die Partnerin der Zukunft haben? Und warum? Was wollen Sie im Zusammensein mit ihr anders, besser machen als früher? Welche Fehler werden Sie künftig meiden? Wie erreichen Sie, ganz bewusst nicht in die alten Verhaltensmuster zu verfallen? Welche Pläne haben Sie im Hinblick auf Ihre Kinder?

Bei der Bewältigung Ihres Alltags wird es Ihnen helfen, sich zwischendurch immer wieder in Ihre private Zeitmaschine zu setzen und eine Reise in Ihre eigenen unerforschten Tiefen anzutreten. Falls Sie ein Tagebuch angelegt haben, wird dieses Ihnen dabei treue Dienste leisten.

2.

Die Entscheidung

Wenn Sie zu der Erkenntnis gelangt sind, dass Ihre Lebensbeziehung nicht geglückt ist, führt der einzige erfolgversprechende Weg aus der Krise über Ihre Fähigkeit, Altvertrautes loszulassen und mutig nach neuen Ufern zu suchen.

Ganz bewusst nenne ich es mutig, sich und anderen einzugestehen, dass man das einst gesteckte Ziel nicht erreicht hat, einander in »guten und in bösen Tagen« beizustehen und sich auf immer und ewig zu lieben. Nur die wenigsten sehen in einem solchen Eingeständnis den Startschuss zum großen Glück. Weit eher umschließen damit einhergehende Gefühle wie Trauer und Scham einen Kern aus Schmerz und Angst.

In demselben Maße, wie man sich selbst als Versager wahrnimmt, glaubt man, auch von anderen als Versager angesehen zu werden. Es ist also kein Wunder, dass es schwer fällt zu bekennen, den eigenen Erwartungen und denen anderer nicht entsprechen zu haben. Dennoch muss es sein, wenn man mit sich selbst wieder ins Reine kommen will.

Ihrer Entscheidung, das Leben auf den Kopf zu stellen, Sicherheiten aufzugeben, nochmals ganz von vorn zu beginnen – auch gegen Widerstände –, muss ein Doppelbeschluss vorausgehen:

1. Ich lasse los, was mir zur Last geworden ist.
2. Ich lasse das zu, was mir Freude und Glück bereitet.

Es ist eine selbstsüchtige, eine egoistische Entscheidung. Und es wird Ihnen vermutlich unbehaglich zumute, wenn Sie dies so konkret zugeben. Aber wäre die Alternative des Selbstopfers angenehmer? Wollen Sie, um den äußeren Schein der Selbstlosigkeit zu wahren oder um die Hoffnungen Ihrer Partnerin nicht zu enttäuschen, weiterhin und dauerhaft an dem festhalten, was Ihnen selbst längst schon zur Last geworden ist und Ihrem Glück im Wege steht?

Wenn Sie dies nicht wollen, gibt es nur die andere, die egoistische Lösung, nämlich die des Loslassens. Ihr schlechtes Gewissen loszulassen wäre ein guter Anfang. Auch wenn Sie für sich selbst jetzt eine Entscheidung getroffen haben, sind davon auch andere betroffen. Sie sind nun mit neuen Konflikten und Fragen konfrontiert.

Die einvernehmliche Scheidung

Wenn Sie und Ihre Partnerin die Scheidung wollen, so ist das eine günstige Konstellation. Versuchen Sie, die Übereinstimmung Ihrer Absichten möglichst frühzeitig und dauerhaft in eine einvernehmliche Regelung hinsichtlich Ihrer Kinder und materiellen Interessen einfließen zu lassen. Letztlich werden nicht nur Sie selbst als Individuen, sondern auch Ihre Kinder damit am glücklichsten sein.

Trotz genereller Einigkeit können Sie leider nicht davon ausgehen, dass eine einvernehmlich gewünschte, in allen Schritten vorab geregelte Scheidung binnen weniger Monate über die Bühne gebracht wird. Wie jedes scheidungswillige Paar müssen auch Sie ein Jahr getrennt leben, um die Ernsthaftigkeit Ihrer Absichten zu prüfen und eventuelle Chancen zur Versöhnung zu nutzen. Dann erst kann der Scheidungsantrag bei Gericht eingereicht werden. Anschließend benötigt das Gericht mindestens ein weiteres Jahr, bis alle scheidungsrelevanten Auskünfte eingeholt beziehungsweise in einem Vertrag erfasst worden sind. Diese sogenannte *Scheidungsfolgenvereinbarung* schreibt die speziellen Modalitäten Ihrer Scheidungsbedingungen fest. Einige Familiengerichte verlangen eine solche Vereinbarung bereits als Beilage zum Scheidungsantrag. Die meisten geben sich damit zufrieden, wenn sie anlässlich des definitiven Scheidungstermins vorgelegt wird.

Im Verlauf der zwischen Trennungsabsicht und vollendeter Scheidung verstreichenden Zeit fällt es scheidungswilligen Paaren zusehends schwer, ihre unfreiwillige Bindung zu ertragen. Der Gedanken- und Informationsaustausch mit Rechtsanwälten und bereits geschiedenen Dritten sowie Ihr wachsendes Bedürfnis nach einer Wiederherstellung Ihrer Unabhängigkeit können die Situation erheblich verschärfen.

Lassen Sie sich dann nicht beirren und halten Sie an der einmal beschlossenen Einigkeit fest. Dies gelingt leichter, wenn Sie sich immer wieder bewusst machen, dass es Zeiten der großen Liebe gab. Ihre damalige Wahl kann nicht so falsch gewesen sein. Derselbe Mensch, mit dem sie Kinder bekommen haben, muss auch heute noch Liebenswertes an sich haben. Erinnern Sie sich an die positiven Eigenschaften, an die guten Zeiten. Und machen Sie sich bewusst, dass auch Sie selbst die jetzige Situation mit verursacht haben.

Scheidung und Trennung sind keine reinen Gefühlsangelegenheiten. Vielmehr kommen auch eine ganze Anzahl finanzieller, materieller und rechtlicher Fragen auf Sie zu, die Sie unbedingt abklären müssen. Diese beziehen sich auf die gemeinsamen Kinder und die Frage, wie Sie die Ihnen obliegende elterliche Sorge regeln wollen.

Hier sind neben der Abklärung des Unterhaltes für die Kinder vor allem deren künftiger Wohnort festzulegen sowie Umgangsvereinbarungen zu treffen. Darüber hinaus sind Regelungen hinsichtlich des Unterhalts für den Partner, des gemeinsamen Hausrates, der bisherigen Familienwohnung und anderer Besitztümer erforderlich. Relevant ist, wer welche Schulden tilgt, wie der

Zugewinnausgleich und die Kosten des Scheidungsverfahrens vereinbart werden.

Erfahrungsgemäß geraten selbst sehr diszipliniert und in bester Absicht miteinander um eine positive Regelung bemühte Paare in Streit, wenn es um Geld geht. Sollten Sie und Ihre Lebensgefährtin deshalb davor zurückscheuen, allein eine für Sie beide günstige Auflösung Ihrer Verbindlichkeiten zu erarbeiten, empfiehlt es sich, die Hilfe eines neutralen Dritten in Anspruch zu nehmen.

Dies könnte ein gemeinsamer Freund oder eine Freundin sein, welche sich während der schwierigen Prozedur weitgehend unparteiisch und objektiv in Ihrer beider Interesse einzubringen gewillt und imstande ist.

Eine kluge Lösung wäre auch, einen professionellen Scheidungsbegleiter als »Mediator« einzuschalten. Dieser hat in seiner Schulungszeit gelernt, mit Situationen wie der Ihren umzugehen und die erforderliche Neutralität zu wahren. In den zermürbenden Phasen Ihrer inneren Ablösung von Ihrer Lebensgefährtin und der gemeinsam durchlebten Zeit werden Sie die besonnene Unparteilichkeit eines solchen Helfers schätzen lernen. (Siehe hierzu auch *Beratung und Hilfe*)

Sicherlich hat sich bei Ihnen und Ihrer Partnerin einiges an Konfliktpotential angestaut. Deshalb ist es jetzt besonders wichtig, achtsam miteinander umzugehen. Dies können Sie schaffen, indem Sie die Erinnerung an Intimes körperlicher und seelischer Art bewusst hinter einem gedanklichen Tresor verschießen. Blenden Sie die Bilder konsequent aus, die vielleicht in Ihnen aufsteigen möchten, wenn Ihre Frau ein bestimmtes Parfum aufgelegt hat oder sich in der ihr eigenen Weise bewegt, die seit jeher erotische Gefühle in Ihnen auslöste. Sie beide als »ihr Mann« und »meine Frau« haben aufgehört zu existieren. Übrig geblieben sind ein Mann und eine Frau, deren einzige lebenslange Verbindung in der Elternschaft besteht.

Begegnen Sie einander künftig, wie Sie einem Arbeitskollegen oder einer guten Bekannten entgegentreten würden: Mit Respekt und einer ganz selbstverständlich ohne Beschimpfungen, verletzendem Spott oder Demütigungsversuchen auskommenden Sprache. Pflegen Sie einen akzeptablen Diskussionsstil miteinander, bei dem einer den anderen ausreden lässt und Sie ernsthaft bestrebt sind, ihre Argumente zu verstehen. Versuchen Sie Kompromisse einzugehen, ohne dass Ihnen dabei regelmäßig die etwas kleinere Hälfte des Geteilten zufällt. Und berühren Sie einander nicht in alter Vertrautheit, sondern gewähren Sie sich die gleiche Distanz, die Sie gegenüber Außenstehenden einnehmen.

Wollen Sie mit Ihren auf diese Weise erarbeiteten Regelungen nicht nur die Scheidung beschleunigen, sondern auch hinsichtlich Unterhaltsvereinbarungen auf der sicheren Seite stehen, empfiehlt es sich, einen Notar hinzuzuziehen. Er überprüft Ihre Vorschläge unter juristischen Gesichtspunkten und erstellt die für das Aussprechen der Scheidung unerlässliche *Scheidungsfolgenvereinbarung*. Deren Vorlage erspart Ihnen langwierige Verhandlungen vor Gericht, in deren Verlauf Regelungen für Ihre Zukunft zu treffen sind. Dadurch wird das Verfahren im Allgemeinen so erheblich vereinfacht, dass bei der Endverhandlung nur Sie oder Ihre Frau anwesend sein müssen und der abwesende Partner seine Zustimmung schriftlich erteilen kann. Da auf diese Weise kein Ehekrieg stattfindet, kann als weitere Erleichterung auf einen zweiten Anwalt verzichtet werden.

Wenn ein Partner nicht mit der Scheidung einverstanden ist

Einen Menschen gegen seinen Willen dauerhaft in einer Ehebeziehung festhalten zu wollen ist unmöglich. Haben Sie ein Jahr lang getrennt gelebt und die Scheidung eingereicht, wird Ihrem Scheidungswunsch letztlich entsprochen, auch wenn Ihre Partnerin nicht damit einverstanden ist. Alles, was Sie oder Ihre Partnerin mit ernsthaftem Widerstand erreichen könnten, wäre ein Aufschub. Vor dem Familiengericht wird ein Antrag auf Ablehnung des Scheidungsverfahrens nicht fraglos hingenommen. Bereiten Sie sich darauf vor, offen legen zu müssen, warum Sie die Scheidung verweigern. Beliebt ist die Frage, ob Sie ernsthaft überzeugt sind, die Ehe retten zu können, und wie oder warum. Wenn bei Ihnen jetzt innerlich alle Ampeln auf Rot schalten, funktioniert Ihr Frühwarnsystem optimal. Eine solche Frage ist die perfekte Stolperfalle. Räumen Sie nämlich ein, dass Sie ein Scheitern Ihrer Bemühungen einkalkulieren, sind Sie hereingefallen. Bereits ein Zweifel am Erfolg könnte vor Gericht als Beweis der emotionalen Zerrüttung Ihrer Ehe gewertet werden. In diesem Fall würde das Gericht Ihren Einspruch gegen die Scheidung ablehnen. Sie sollten eine Scheidung also nur dann verweigern, wenn Sie genau wissen, dass und wie Sie die verblasste Liebe zurückgewinnen wollen, und keinen Zweifel am Erfolg dieser Aktion hegen. Bringen Sie Ihre Argumente glaubhaft vor, wird das Gericht voraussichtlich eine dreijährige Trennungszeit anberaumen. Die im Gesetz vorgesehene Scheidungsverweigerung von fünf Jahren wird kaum jemals anerkannt. Sollte auch in dieser verlängerten Wartezeit keine Versöhnung erreicht worden sein, wird die Ehe geschieden.

Eine Möglichkeit, die Scheidung umgehend – also vor Ablauf des gesetzlich vorgeschriebenen Trennungsjahres – auch gegen den Willen Ihrer Frau zu erzwingen, haben Sie, wenn Sie ihr ein schwer wiegendes, Ihnen unzumutbares Fehlverhalten nachweisen. Zum Beispiel, wenn

- Ihre Frau heimlich Ihr Vermögen beiseite schafft oder ebenso heimlich erhebliche Schulden macht;
- Ihre Frau drogensüchtig, Alkoholikerin oder spielsüchtig ist oder auf andere Weise in unkontrollierbaren Abhängigkeitsverhältnissen lebt und keine Entziehungskur annehmen beziehungsweise keinen Versuch unternehmen will, ihre Lebensverhältnisse zu ändern;

- Ihre Frau Sie und die Kinder schlägt, vergewaltigt, übel beleidigt oder ernsthaft bedroht;
- sie Ihren neuen Geliebten trotz Verbotes immer wieder oder gar dauerhaft in Ihre Familienwohnung mitbringt.

Da die Scheidung nur ausgesprochen werden kann, wenn alle Scheidungsfolgen schriftlich und rechtsverbindlich geklärt und vereinbart wurden, sollten Sie in Ihrem strittigen Fall unbedingt frühzeitig einen Rechtsanwalt einschalten oder zumindest Beratungshilfe in Anspruch nehmen.

Scheidungskosten und künftige Finanzlage

Anders als noch vor hundert Jahren, als die Ehe in erster Linie eine Frage der Wirtschaftlichkeit und der Besitzstandsmehrung durch Zusammenlegen zweier Vermögen war, entscheidet heute im Allgemeinen das Herz, wenn zwei auf immer und ewig miteinander leben wollen. Konsequenterweise sehen die meisten Menschen eine Beziehung als gescheitert an, wenn das Herz nicht mehr Ja zum anderen sagt. Dass die Ehe trotz alledem bis heute eine Erwerbsgemeinschaft und die Familie eine Unterhaltsgemeinschaft darstellt, entdecken Paare spätestens bei der Scheidung. Damit die Abrechnung am Ende der Ehe nicht zur Bankrotterklärung führt, sollten Sie im Vorfeld aktiv werden.

Besprechen Sie möglichst frühzeitig mit Ihrer Frau, welche Konsequenzen die Scheidung haben wird.

Sobald zwischen Ihnen und Ihrer Frau immer öfter die Drohung im Raum steht: »Ich lasse mich scheiden!«, oder: »Hau doch endlich ab!«, ist es an der Zeit, sich gemeinsam Gedanken darüber zu machen, wie ernst diese Worte gemeint sind. Wenn auch Aussprachen nicht den gewünschten Erfolg bringen und Sie erkennen müssen, am Scheideweg zu stehen, ist es wichtig, Klarheit über die

Folgen zu gewinnen, die eine Trennung beziehungsweise Scheidung mit sich bringen kann.

Die Kosten im Einzelnen

Wenn Sie nicht bereits vor der Ehe etwa einen Ehevertrag geschlossen haben, in welchem Sie Regelungen für den Fall der Trennung beschlossen haben, leben Sie mit Ihrer Frau im *gesetzlichen Güterstand der Zugewinngemeinschaft*. Das heißt, es wird am Ende der Ehe ein *Zugewinnausgleich* vorgenommen. Dies besagt, dass alle Vermögenswerte, die während der Ehe erworben wurden, gleichmäßig aufgeteilt werden. Dabei werden Familienarbeit und Erwerbstätigkeit als gleichwertige Beiträge zum Familienunterhalt zugrunde gelegt. (Weitere Informationen unter *Zugewinnausgleich*)

Um Ihre Frau auch für das Alter abzusichern, steht ihr nach der Scheidung ein *Versorgungsausgleich* zu. Dieser bezeichnet den während der Ehe erworbenen Anspruch auf Altersrente und stellt beide Ehepartner gleich. Letztlich verpflichtet das Gericht den Partner, der während der Ehe eine höhere Rente sicherstellen konnte – im Allgemeinen den Mann – dazu, dem schwächeren Partner einen Teil der eigenen Rente abzugeben. Die Summe beläuft sich auf die Hälfte des Unterschiedsbetrages zwischen den beiden Rentenansprüchen. Berechnungsgrundlage sind alle ab der Heirat bis zur Zustellung des Scheidungsantrages erworbenen Rentenansprüche inklusive einer eventuell auf Rentenbasis abgeschlossenen Lebensversicherung. (Lesen Sie auch unter *Versorgungsausgleich*)

Zusätzlich zu der Aufteilung Ihres Familienkapitals fallen unmittelbare Scheidungskosten an. Diese setzen sich aus Gerichtskosten und Anwaltsgebühren zusammen, welche in Gebührenordnungen vorgeschrieben werden. Die Höhe dieser Kosten richtet sich nach dem Gesamt-«Streitwert». Dessen Summe wird aus den jeweiligen Streitwerten jeder Scheidungsfolge, über die das Gericht entscheiden muss, sowie dem Streitwert der Scheidung selbst ermittelt. Die Kosten steigen also mit jeder Entscheidung, die das Gericht zu treffen hat.

Da die Gerichte die Höhe der Streitwerte erst festsetzen, nachdem das Scheidungsurteil gefällt wurde, ist es schwierig, die Kosten des Verfahrens vorab festzulegen. Als Richtlinien für den »Streitwert« gelten:

- Scheidung: gemeinsames monatliches Nettoeinkommen x 3: mindestens 4000 Mark
- Versorgungsausgleich: 1 x Jahresbetrag der gesamten Rentenansprüche: mindestens 1000 Mark
- Elterliche Sorge: 1500 Mark
- Umgangsregelung: 1500 Mark
- Unterhalt für den unterhaltsberechtigten Elternteil: 1 x Jahresunterhaltsbetrag
- Unterhalt für die unterhaltsberechtigten Kinder: 1 x Jahresunterhaltsbetrag
- Ehewohnung: 1 x Jahreskaltmiete
- Hausrat: nach belegbarem Wert oder Schätzwert
- Zugewinnausgleich: nach belegbarem Wert oder Schätzwert

Während Gerichtsgebühren vergleichsweise niedrig ausfallen, werden Anwaltskosten teuer. Sie ermitteln sich aus der Summe der einzelnen für Sie als Auftraggeber übernommenen Leistungen. Pro Leistung können Sie von ca. 320 Mark Gebühren in den alten und 228 Mark Gebühren in den neuen deutschen Bundesländern plus Mehrwertsteuer sowie der Erstattung der für Sie verauslagten Geldbeträge etwa für Porto oder Telefongebühren ausgehen. Für eine unkomplizierte Scheidung, bei der alle Fragen im Vorfeld abgeklärt und einvernehmlich geregelt wurden und kein großes Familieneinkommen vorhanden ist, werden Sie mit etwa 2000 Mark zur Kasse gebeten. Müssen bei Besserverdienenden mit etwa 5000 Mark Monatsnettoeinkommen über Unterhaltsansprüche und Sorgerecht verhandelt werden, liegen Sie schon bei mindestens einem Monatsbudget.

Jeder Ehegatte zahlt die Hälfte der Gerichts- plus die eigenen Anwaltskosten. Unter Umständen kann Prozesskostenhilfe gewährt werden. Eventuell muß auch ein Partner für den anderen Prozesskostenvorschuss bezahlen. Weitere Informationen dazu unter *Geldfragen*)

Der soziale Status

Wenn Sie nicht gerade zu den begüterten Privilegierten gehören, die durch eine Scheidung zwar Millionen verlieren, aber dadurch nicht in ihrer Lebensqualität eingeschränkt werden, bedeutet die Scheidung für beide Betroffenen erhebliche Belastungen und Verluste. Die bisher für eine Familie ausreichenden finanziellen Mittel müssen nun für zwei getrennte Familien ausreichen. Machen Sie sich in Ihren Beratungsgesprächen bewusst, was es für Sie bedeuten würde, das gemeinsame Haus, Ihre Eigentums- oder wunderschöne Mietwohnung aufzugeben, und wie hoch die entstehenden Verluste wären. Berechnen Sie sehr gewissenhaft die mit allen Nebenkosten anfallenden Beträge für zwei getrennte Wohnungen und Haushalte. Falls Sie nicht wissen, wie teuer eine Mietwohnung in der von Ihnen gewünschten Qualität wäre, erkundigen Sie sich bei einem regionalen Mieterverein. Berücksichtigen Sie unbedingt die Aufwendungen für bestehende Kredite oder andere Schulden. Vergessen sie auch nicht, dass das gemeinsame Familienauto nicht in der Mitte durchgeschnitten werden kann und nach der Trennung in jedem der beiden Haushalte alle die Dinge fehlen werden, die der andere mitgenommen hat. Geld ist auf der Liste der Ehekrisen und Scheidungsursachen ganz oben angesiedelt. Auch wenn Geld vielleicht nicht glücklich macht, so macht es doch zweifelsfrei unglücklich, ständig zu wenig davon zu haben. Dummerweise ist es ein Trugschluss, dass am Ende der Scheidungsverhandlungen die wundersame Geldvermehrung eintritt. Im Gegenteil, vor allem Geschiedene mit geringen Einkünften fallen schneller ins soziale

Netz, als sie es sich als Verheiratete je träumen ließen. Schon heute sind in Großstädten mindestens 40 Prozent der Sozialhilfeempfänger weiblich; die meisten unter ihnen alleinerziehende Mütter. Mit ihnen verarmen die Kinder. Ganz davon zu schweigen, dass die zugehörigen Väter auch nicht auf Rosen gebettet sind und dass die »Zweit«familie zumindest finanziell immer im Schatten der »Erst«familie stehen bleibt.

Unter dem Strich kommt bei Ihrer Kostenberechnung vermutlich das ernüchternde Ergebnis heraus, dass für beide zum Sterben zuviel und zum Leben zu wenig bleiben wird. Urlaubsreisen, Freizeitvergnügen oder der Einkaufsbummel »einfach mal so« werden künftig voraussichtlich via Fernsehprogramm oder »auf Balkonien« absolviert.

In der Folge der materiellen Einschränkungen kommt es unverhofft schnell zu Vereinsamung. Die Freunde, mit denen man sich früher traf, haben sich vielleicht im Zusammenhang mit der Scheidung zurückgezogen. Vor allem dann, wenn es gemeinsame Freunde waren, gehen sie auf Distanz oder ergreifen Partei für denjenigen, dem sie emotional näher stehen. Und um neue Freunde zu finden, mangelt es oft an Gelegenheit, Zeit oder Mut.

Wenn in Ihrem Bekanntenkreis Geschiedene sind, fragen Sie sie, ob sie wirklich so glücklich in der wiedergewonnenen Freiheit sind, wie sie es sich ausgemalt hatten. Schauen Sie kritisch hin. Nicht immer wird man Ihnen die Wahrheit sagen. Es fällt schwer, zu Fehlentscheidungen zu stehen. Leichter ist es, nach außen hin den Schein zu wahren. Geben Sie sich deshalb nicht mit einer knappen Antwort zufrieden. Haken Sie nach, ob mit der Freiheit auch die Unbeschwertheit der Jugend zurückkam; ob der Partnertausch das erhoffte große Glück brachte; wie lange die neue Beziehung, die eventuell als Scheidungskatalysator wirkte, nach der Scheidung andauerte. Scheuen Sie auch vor der Frage nach der Reue nicht zurück: Ob man anders entscheiden würde, hätte man nochmals die Chance dazu. Und wenn ja, wo der Fehler lag.

Folgen für die schulische Ausbildung Ihrer Kinder

Ebenso wie Sie selbst als geschiedene Eltern Ihre Ansprüche deutlich zurückschrauben müssen, trifft die neue Geldknappheit auch Ihre Kinder. Taschengeldleistungen oder die begehrten »Markenklamotten«, der PC mitsamt Spielen und Ähnliches müssen reduziert werden oder fallen ganz weg. Vielleicht haben Ihre Kinder während der Ehe eine musikalische Zusatzausbildung erhalten oder eine Privatschule – beispielsweise eine Waldorfschule – besucht. Möglicherweise bekamen sie teure Reit- oder Ballettstunden.

All dies kostet nicht nur Geld, das Sie nach der Trennung und Scheidung eventuell nicht mehr aufbringen können, es muss auch für die Zukunft in einer anderen Lebensumgebung neu organisiert werden.

Kinder von einer Waldorfschule in eine staatliche Schule zu integrieren, bedeutet nicht nur eine Umstellung auf andere Lernmethoden, sondern voraussichtlich einen gravierenden Bruch in der Persönlichkeitsentwicklung. Wollen Sie dies riskieren?

Auch eine musikalische oder andere künstlerische Ausbildung steht und fällt in ihrem Wert mit der Qualität des Unterrichtes. Selbst der Wechsel etwa von einem traditionellen Gymnasium zu einer Gesamtschule oder umgekehrt, besonders dann, wenn ein Umzug von einem Bundesland in ein anderes ansteht, deren Fächerfolgen und Lehrpläne differieren, bedeuten unter Umständen eine Rückstufung des Kindes in seiner schulischen Laufbahn. Frage also: Gibt es dort, wo Sie sich einen Neuanfang vorstellen, adäquate Schulen und Lehrkräfte für Ihre Kinder? Werden Sie als Eltern die Zeit und die Fähigkeiten haben, Ihren Kindern in der Phase des Umbruchs tatkräftig zu helfen?

Gehen Sie bitte nicht davon aus, dass Ihre Kinder die anfallenden Veränderungen locker oder gar mit derselben freudigen Aufbruchstimmung wie Sie selbst bewältigen. Die Trennung der Eltern stellt für Kinder aller Altersgruppen eine schwerwiegende Belastung dar, deren Folgen oftmals lebenslang spürbar bleiben. Indem Sie die Bedürfnisse Ihrer Kinder ebenso ernst nehmen wie Ihre eigenen, helfen Sie ihnen, angstfrei in die Zukunft zu gehen.

Im Fall der Kinder ist es besonders wichtig, gemeinsam Lösungen zu finden, denn auch nach einer Trennung bleiben beide Partner Eltern. Aus diesem Grunde ist es angebracht, sich frühzeitig klar zu machen, dass keine Scheidung gelingen kann, die in Feindschaft oder gar hasserfüllter Rachsucht ausgeht. Liebe endet, materielle Abhängigkeiten wandeln sich, Elternschaft bleibt.

Nicht zuletzt wegen gemeinsamer Kinder sollten Sie sich noch einmal überlegen, ob Sie sich unbedingt scheiden lassen wollen? Könnten Sie sich Alternativen vorstellen? Zum Beispiel, verheiratet, aber getrennt lebend zu sein?

Der Nachteil einer solchen Lösung liegt auf der Hand, wenn Sie eine neue Ehe anstreben. Haben Sie hingegen nicht die Absicht, sich erneut ehelich zu binden, sollten Sie prüfen, ob Ihnen für die Zukunft eine getrennte Lebensweise bei gleichzeitigem Erhalt der Ehe gelegen käme.

Der Vorteil einer solchen Lösung wäre, dass Sie und Ihre Frau als Lebenspartner alleinentscheidend über die Modalitäten Ihres Lebens blieben. Abgesehen davon, dass es klug und vorausschauend wäre, wenn Sie Ihre vorab in aller Überlegtheit getroffenen Vereinbarungen notariell absichern ließen, mischen sich weder Juristen noch Gerichte als Vertreter des staatlichen Gesetzgebers in Ihre privaten Angelegenheiten ein.

Vor allem für Ihre Kinder könnte eine solche Lebensform vorteilhaft sein, da sie weiterhin das Gefühl hätten, beide Eltern zu behalten – wenn auch an getrennten Orten.

Scheidungs- und Trennungs- vereinbarungen

Ob Sie mit Ihrer Lebensgefährtin in einer ehelichen oder nichtehe- lichen Gemeinschaft leben wollen, ist Ihrer beider Privatangele- genheit. Angesichts der hohen Scheidungsraten kann weder ein Ehepaar noch ein unverheiratet zusammenlebendes Paar davon ausgehen, dass der in Zeiten der Liebe starke Wunsch nach einer lebenslangen Bindung erfüllt wird.

Ihnen für den Fall der Fälle einen Vertrag anzuraten, den Sie in guten Tagen miteinander für kommende schlechte Tage entweder allein oder mit Hilfe eines Rechtsanwaltes vereinbaren und vor einem Notar beglaubigen lassen sollten, ist daher alles andere als eine Empfehlung zum Misstrauensvotum. Im Gegenteil, ein sol- cher Vertrag bietet Ihnen als Lebensgefährten wechselseitig Sicher- heit und Halt. Gleichzeitig kann er im Scheidungs- oder Tren- nungsfall zu einer möglichst raschen und kostengünstigen Rege- lung vor Gericht verhelfen.

Um Ihnen einen ersten Eindruck zu vermitteln, wie vertraglich gesicherte Scheidungsvereinbarungen aussehen könnten, übernehe- me ich Auszüge aus einem Mustervertrag, den der ISUV (Interes- senverband Unterhalt und Familienrecht e.V.) in München erarbei- tet hat. Auf Vollständigkeit wird kein Anspruch erhoben. Details bedürfen der persönlichen Absprache und Klärung.

---

1. Elterliche Sorge

Version A für den Fall der gemeinsamen Sorge:

Wir, die Eheleute/das nicht verheiratete Paar Frau A und Herr B, sind uns darüber einig, im Falle der Scheidung die elterliche Sorge über unser Kind C gemeinsam auszuüben. Dies werden wir beim Familiengericht beantra- gen.

Version B für den Fall der Alleinsorge eines Elternteils und des großzügigen Umgangsrechtes des anderen Elternteils (Die nachfolgenden Vereinbarungen stehen hier nur beispielgebend. Sie können jederzeit individuell ausgeweitet und genauer formuliert werden):

Der unser Kind C ständig betreuende Elternteil verpflichtet sich, dem anderen folgendes Umgangsrecht zu gewähren:
Herr B/Frau A ist berechtigt,

- *jährlich in den Schulferien (Sommer) drei Wochen Urlaub mit unserem Kind C zu verbringen. Außerhalb der Schulferien soll das Kind jedes zweite Wochenende bei dem Umgangsberechtigten verbringen, solange er seinen Wohnsitz beibehält.*

Varianten könnten sein:

- *Außerhalb der Schulferien soll unser Kind C jedes zweite Wochenende von Freitag 15.00 Uhr bis Sonntag 19. 00 Uhr bei dem Umgangsberechtigten verbringen.*
- *Der betreuende Elternteil bringt unser Kind C zum Umgangsberechtigten. Dieser wiederum verpflichtet sich, das Kind pünktlich zurückzubringen.*
- *Die Hälfte der Oster- oder Pfingstferien verbringt unser Kind C zusammen mit dem Umgangsberechtigten.*
Unser Kind C hat jederzeit das Recht, ungehindert telefonischen Kontakt mit dem Umgangsberechtigten zu pflegen.
- *Beeinflussungen unseres Kindes C gegen den anderen Elternteil oder ein Mitglied seiner Familie sind zu unterlassen.*
- *Treten Schwierigkeiten bei der Anwendung der aufgestellten Regelungen auf, so verpflichten sich Frau A und Herr B, bei einer Beratungsstelle sachverständige Hilfe in Anspruch zu nehmen.*

2. Kindesunterhalt

Eltern haben kein Recht, über die Höhe des Kindesunterhalts zu entscheiden. Die gesetzlichen Ansprüche eines Kindes auf Unterhalt bleiben auch dann erhalten, wenn die Eltern eine private Vereinbarung darüber treffen. Eine solche ist sinnvoll, um die Frage der Unterhaltsleistungen für den Fall abzuklären, dass die Eltern sich zwar trennen, aber nicht scheiden lassen.

Frau A/Herr B verpflichtet sich, für unser Kind C monatlich im Voraus Unterhalt zu Händen des kinderbetreuenden Elternteils zu zahlen.

Die Höhe des Unterhaltes richtet sich nach den entsprechenden Unterhaltsrichtlinien des Oberlandesgerichtes. Das Kindergeld steht den Beteiligten je zur Hälfte zu.

Zur Zeit beträgt der Unterhalt DM .... (Betrag)
Diese Regelung gilt nur bis zur Volljährigkeit des Kindes C.

3. Wohnung und Hausrat

Variante 1:

Die frühere Ehewohnung steht dem Ehemann, Herrn B./der Ehefrau, Frau A., zu. Der andere Ehegatte ist bereits ausgezogen. Der Vermieter der Wohnung hat einer entsprechenden Änderung des Mietvertrages zugestimmt.

Variante 2:

Die frühere Ehewohnung wird dem Ehemann/der Ehefrau überlassen. Der andere verpflichtet sich, zum .... (Datum) aus der Wohnung auszuziehen.

Ergänzung 1:

Wohnungseinrichtung und Hausrat haben wir bereits aufgeteilt. Der Ehemann erhält folgende Gegenstände zum Alleineigentum .... (Aufzählung). Die Ehefrau erhält folgende Gegenstände zum Alleineigentum .... (Aufzählung).

4. Ehegattenunterhalt

Wegen der Tragweite und des Schwierigkeitsgrades der zu berücksichtigenden Fakten sollte für diesen Punkt eine ausführliche anwaltliche Beratung in Anspruch genommen werden.

Einige besonders wichtige Aspekte könnten wie folgt formuliert werden:

Variante 1:

Herr B verpflichtet sich, Frau A/Frau A verpflichtet sich, Herrn B monatlich im Voraus folgenden Unterhalt zu zahlen:
- *Bis einschließlich .... (Monat/Jahr) monatlich DM 2 000,–*
- *Ab .... (Monat/Jahr) bis einschließlich ... (Monat/Jahr) monatlich DM 1 000,–*
  Diese Vereinbarung berücksichtigt, dass Frau A/Herr B nach Abschluss ihrer/seiner Ausbildung künftig in der Lage sein wird, für ihren/seinen Unterhalt selbst aufzukommen. Die Höhe des Unterhalts wird fest vereinbart.
  Der Unterhaltsbedarf erhöht sich, wenn sich der Lebenshaltungskostenindex gemäß Auskunft des Statistischen Bundesamtes, bezogen auf den .... (Monat/Jahr) um ... Prozent (genaue Angabe) erhöht. Eine Anpassung gemäß § 323 ZPO ist möglich/nicht möglich.

Variante 2:

Der Unterhaltspflichtige zahlt an den Berechtigten einen Ehegattenunterhalt in Höhe von 3/7 des ihm nach Abzug des Kindesunterhalts verbleibenden Nettoeinkommens.

(Zur Ermittlung des dem Unterhalt zugrunde liegenden Einkommens dürfen verschiedene Aufwendungen abgezogen werden. Diese betreffen u.a. die Kosten für Versicherungen, Pflegebedürftigkeit und berufsbedingte Aufwendungen. Vergleiche dazu auch unter *Unterhaltsfragen.)*

Variante 3:

Zur Abfindung des nachehelichen Unterhalts zahlt der unterhaltspflichtige Ehegatte/Lebenspartner an den anderen DM .... (Betrag).
Im Übrigen verzichten die Ehegatten/Lebensgefährten Frau A und Herr B auf Ehegattenunterhalt und nehmen diesen Verzicht beiderseitig an.

(Achtung! Pro Jahr ist nur ein bestimmter Betrag an Unterhalt als Sonderausgaben steuerlich anerkannt. Es ist daher zu empfehlen, Unterhaltsabfindungen in mehrere Raten zu teilen, um Steuervorteile für mehrere Jahre zu nutzen.)

Ergänzung 1:

Wenn der Unterhaltsberechtigte eine neue Ehe eingeht, verzichtet er auf künftigen Ehegattenunterhalt.

Ergänzung 2:

Frau A/Herr B verpflichtet sich, die Zustimmung zum begrenzten Realsplitting nach § 10 Absatz 1 EstG zu geben.

(Vergleiche dazu auch unter *Geldfragen*.)

5. Vermögen

(*Achtung!* Diese Regelungen können auch nach der Scheidung erfolgen.)

Variante 1:

(*Achtung!* Muss notariell nach § 1378 Absatz 3 Nr. 2 BGB beglaubigt werden.)

Wir sind uns darüber einig, dass keine gegenseitigen Ansprüche auf Zugewinnausgleich bestehen, und verzichten vorsorglich auf etwaige Zugewinnausgleichsansprüche und nehmen diesen Verzicht gegenseitig an.

Variante 2:

(*Achtung!* Vereinbarungen über die Ausgleichsforderung bei Beendigung der Zugewinngemeinschaft können beinhalten: den vollständigen gegenseitigen Verzicht oder die Zahlung eines einmaligen Geldbetrages oder die Übertragung eines Grundstücks beziehungsweise einer Immobilie.)

Zum Ausgleich des Zugewinns und zur Abgleichung aller Ansprüche bei der Auseinandersetzung des gemeinsamen Vermögens überträgt der eine Ehegatte an den anderen die Eigentumswohnung Str. ... (genaue Angaben).

6. Versorgungsausgleich

Nach § 1587 o BGB können Ehegatten im Zusammenhang mit der Scheidung eine Vereinbarung über den Versorgungsausgleich schließen. Diese muss notariell beurkundet und vom Gericht genehmigt werden. Eine Genehmigung wird das Gericht nur aussprechen, wenn der Verzichtende nachweislich einen Gegenwert erhalten hat, welcher die Alterssicherung garantiert.

Variante 1:

Wir, Herr B und Frau A, schließen den Versorgungsausgleich aus. Die Genehmigung des Gerichts wird beantragt.

Wir sind übereinstimmend der Auffassung, dass der Ausschluss des Versorgungsausgleichs unter Berücksichtigung der Übertragung des Grundbesitzes ... (genaue Bezeichnung und Lage) *angemessen ist.*

Variante 2:

Zum Ausgleich von Versorgungsanwartschaften verpflichtet sich Herr B an die Versicherungsgesellschaft ... (genaue Bezeichnung, Adresse) *für eine von der Ehefrau, Frau A, nachweislich abzuschließende Lebensversicherung einen Betrag von DM ...* (Betrag) *bis zum ...* (Monat/Jahr) *zu bezahlen.*

Sonderfall: Sie leben als ehemaliger DDR-Bürger in den neuen Ländern

Da das Scheidungsrecht in der ehemaligen DDR in wichtigen Punkten von der Gesetzgebung der alten deutschen Länder abwich, ergeben sich für Sie als ehemaligen DDR-Bürger bei der Prüfung der heutigen Begleitumstände einer Scheidung wichtige Fragen.

Anwaltspflicht ja oder nein?

Vor den Kreisgerichten der ehemaligen DDR gab es keine Pflicht zur anwaltlichen Vertretung. Es stand beiden Ehegatten frei, sich selbst zu vertreten.

Seit Einführung der westdeutschen Gerichtsbarkeit und der Zuständigkeit der Amtsgerichte besteht auch in den neuen deutschen Ländern im Falle der Ehescheidung Anwaltszwang sowie der Anspruch auf Prozesskostenhilfe.

Vorübergehend gilt die DDR-Regelung noch in den Fällen, die bereits zu DDR-Zeiten eingereicht wurden und nun bei einem Amtsgericht anhängig sind.

Gibt es ein gesetzliches Trennungsjahr?

Nach DDR-Recht konnte eine Scheidung eingereicht und ausgesprochen werden, wenn einer der beiden Ehepartner die Ehe als gescheitert ansah. Eine Probephase vor dem endgültigen Scheidungsverfahren war nicht erforderlich.

Seit dem 3. Oktober 1990 ist auch in der ehemaligen DDR ein Trennungsjahr Pflicht.

Die eheliche Wohnung

Laut DDR-Recht waren die verheirateten Bewohner einer ehelichen Wohnung beide wohnberechtigte Mieter. Ein unterschriebener Mietvertrag war nicht zwingend notwendig. Wurde die Ehe geschieden, einigten sich die Mieter entweder außergerichtlich, wer künftig in der Ehewohnung bleiben werde, oder es entschied das Gericht. Der nicht mehr wohnberechtigte Mieter zog aus. Dem Vermieter stand kein Entscheidungsrecht zu.

Die westdeutsche Rechtsprechung räumt dem Vermieter größere Machtbefugnisse ein. Sind sich scheidungswillige Lebenspartner darüber einig, wer die Familienwohnung für sich allein oder mit

Kindern mieten will, muss dies dem Vermieter mitgeteilt werden. Sollte dieser eine Entlassung des nicht mehr wohnberechtigten Partners aus dem Mietvertrag verweigern, kann der in der Wohnung verbliebene Mieter nach Ablauf eines Jahres gerichtlich einklagen, einen Mietvertrag als alleiniger Mieter zu erhalten. Diesem Antrag wird voraussichtlich stattgegeben.

Diese Änderung tritt auch dann in Kraft, falls der in der Familienwohnung verbleibende Partner aufgrund der ehemaligen Rechtssituation keinen gültigen Mietvertrag hat.

Eheliches Güterrecht

In der DDR galt für Ehepaare generell der gesetzliche Güterstand einer Eigentums- und Vermögensgemeinschaft, in der das erwirtschaftete Eigentum automatisch beiden Ehepartnern zu gleichen Teilen gehörte. Mit dem Inkrafttreten westdeutscher Rechtsgrundlagen in den neuen Ländern wurde das Prinzip der Zugewinngemeinschaft übernommen.

Bis zum 2. Oktober 1990 hatte jeder Ehegatte die Chance, einem Wechsel in den Güterstand der Zugewinngemeinschaft zu widersprechen. Dazu war eine entsprechende Erklärung gegenüber dem Kreis- beziehungsweise Amtsgericht zu formulieren und mit einer notariellen Beglaubigung einzureichen. Haben Sie diese Gelegenheit wahrgenommen, gilt der alte Güterstand der Eigentums- und Vermögensgemeinschaft fort.

Am 3. Oktober 1990 trat das Prinzip der Zugewinngemeinschaft in Kraft. Dies ist insofern bemerkenswert, als nun zum Beispiel bei Neuanschaffungen und Wertanlagen Alleineigentum eines Ehegatten gebildet werden kann. Im Umkehrschluss gilt, dass Gläubiger des einen Ehepartners sich nicht mehr selbstverständlich am Eigentum des anderen schadlos halten dürfen.

Eigentum aus der Zeit vor dem 2. Oktober 1999

Anders als zu DDR-Zeiten ist heute eine Aufteilung des gemeinsam während der Ehe erworbenen Eigentums bei Scheidung nicht zwingend erforderlich. Falls Sie keine entsprechenden Anträge beim Familiengericht eingereicht haben, bleiben Sie auch weiterhin gemeinsame Besitzer.

Erst mit der Aufteilung des Besitzes entsteht Alleineigentum der Ehepartner. Dabei soll jeder Partner zu gleichen Teilen berücksichtigt werden. Um diese Teilung rechtlich einwandfrei vorzunehmen, muss das Anfangsvermögen zu Beginn und das Endvermögen zum Zeitpunkt der Scheidung der Ehe genau ermittelt werden. (Siehe dazu auch unter *Zugewinnausgleich*)

Da die Materie komplex ist, empfiehlt sich dringend eine kompetente anwaltliche Beratung.

Ehegattenunterhalt

Wurden Sie vor der Wiedervereinigung Deutschlands nach DDR-Recht geschieden, sah das Gericht eine auf maximal zwei Jahre beschränkte Ehegattenunterhaltspflicht vor. Waren Sie als Ehegatte unterhaltspflichtig, kann Ihre Frau heute keine Verlängerung der Zahlungspflicht einklagen und umgekehrt.

Einzige Ausnahme: Der unterhaltspflichtige Partner flüchtete vor dem 3. Oktober 1990 in die Bundesrepublik. In diesem Fall würde das an seinem Wohnsitz geltende Recht angewandt.

Kindesunterhalt

Seit dem 3. Oktober 1990 gelten in der gesamten Bundesrepublik einheitliche Regelungen auf der Basis verschiedener Unterhaltsbemessungstabellen. Diese variieren in den einzelnen Bundesländern vor allem hinsichtlich des Selbstbehaltes des Unterhaltspflichtigen und dem Anspruch von in der Ausbildung befindlichen Kindern.

Besteht Ihre Unterhaltspflicht seit DDR-Zeiten, kann der Anspruch der Kinder nach aktuellem Recht neu berechnet werden. Für Sie als Unterhaltspflichtigen wird dies in jedem Fall teurer als zuvor. Leben Sie selbst als Unterhaltspflichtiger weiterhin in ehemaligem DDR-Gebiet, Ihre Kinder aber im Westen oder umgekehrt, muss die zwischen Ost und West bestehende Einkommenskluft bei der Unterhaltsberechnung berücksichtigt werden. Der Kindesunterhalt kann die bestehenden Unterschiede nicht ausgleichen.

Auch in den neuen deutschen Ländern wird das Gesetz über die Zahlung von Unterhaltsvorschuss angewandt, falls der Unterhaltspflichtige nicht zahlen kann. Die bis zum zwölften Lebensjahr des Kindes vorgestreckten Beträge sind voll rückzahlungspflichtig und werden eingetrieben, sobald die Lebensumstände des Zahlungspflichtigen dies gestatten.

Sonderfall: Binationale Ehen

Falls Sie und/oder Ihre Partnerin nicht die deutsche Staatsangehörigkeit besitzen, stellt sich die Frage, ob deutsche Gerichte überhaupt für eine Scheidung zuständig sind. Dies ist der Fall, wenn eine der folgenden Voraussetzungen vorliegt:

- Sie und Ihre Frau leben in Deutschland;
- Sie sind beide ausländische Staatsbürger, haben aber den größten Teil der Ehezeit in Deutschland verbracht;
- Sie oder Ihre Frau waren bei der Heirat Deutscher oder sind es noch immer;
- nur Sie oder Ihre Frau leben in Deutschland.
  In diesem speziellen Fall können Sie wählen, ob Sie nach deutschem Recht oder dem Ihres Heimatlandes geschieden werden wollen. Weil die Anerkennung des Urteils von Ihrem Heimatstaat erfolgen muss, sollten Sie jedoch nicht mit einer raschen Scheidung rechnen. Da alle schriftlichen Anträge über das Kon-

sulat zugestellt und eventuell übersetzt werden müssen, sind hohe Kosten und lange Wartezeiten unvermeidlich. Falls der Heimatstaat die deutsche Entscheidung nicht anerkennt käme das Recht des Heimatstaates zur Anwendung.

Alle für Sie maßgeblichen Informationen finden Sie in verschiedenen internationalen Abkommen wie dem sogenannten »Haager Übereinkommen«. Auch die deutschen Gesetze beinhalten Regelungen zum internationalen Privatrecht, so beispielsweise das Einführungsgesetz zum BGB, die Zivilprozessordnung und das Strafgesetzbuch.

Falls in Ihrem Fall nicht das deutsche Scheidungsrecht angewandt wird, so bestimmen sich die Scheidungsfolgen wie Unterhalt, Sorgerecht, Versorgungsausgleich und Zugewinn nach ausländischem Recht. Dieses unterscheidet sich meist erheblich von der deutschen Gesetzgebung. Eventuell gilt noch das in Deutschland längst abgeschaffte Schuldprinzip, welches den für das Scheitern der Ehe verantwortlichen Partner ermittelt. Auch die Anforderungen hinsichtlich der Trennungszeiten oder Antragsfristen weichen meist stark voneinander ab. Überwiegend haben Unterhaltsberechtigte nach ausländischem Recht schlechtere Aussichten auf Absicherung als nach der deutschen Regelung.

Über das Sorgerecht für Kinder, die keine deutsche Staatsangehörigkeit haben und schon einige Jahre im Ausland aufwachsen, entscheidet das dortige Gesetz. Im Gegensatz dazu unterliegen Kinder mit ausländischer Staatsangehörigkeit, die in Deutschland leben, deutschem Recht. Ausnahmen bilden Länder, die mit Deutschland für diesen Punkt spezielle Abkommen getroffen haben.

Als besondere Härte erweist sich, dass nach nur kurzer Ehedauer der aus dem Ausland nach Deutschland immigrierte Ehepartner das Bleiberecht verliert. Entweder wird die bestehende Aufenthaltserlaubnis nachträglich befristet oder die Verlängerung abgelehnt. Erst nach mindestens vier Ehejahren gilt das Bleiberecht als dauerhaft erteilt.

Ausnahmen ergeben sich nach der sogenannten Härteregelung des § 19 des Ausländergesetzes. Diese besagt, dass ausländische Ehepartner, die nach Auflösung der Ehe und damit verbundener Abschiebung in ihr Herkunftsland dort eine »außergewöhnliche Härte« zu erwarten hätten, nicht ausgewiesen werden dürfen. Ihre Aufenthaltserlaubnis muss verlängert und im Einzelfall Sozialhilfe gewährt werden.

Wegen der Komplexität der Problematik ist eine frühzeitige und umfassende anwaltliche Beratung sehr zu empfehlen. Zudem würde ein die Scheidungsfolgen zwischen Ihnen als Ehepartnern regelnder Vertrag die Verfahrensschritte nicht nur erleichtern, sondern auch beschleunigen und Kosten sparen.

Wie sagen Sie es Ihrem Kind?

Sie als Erwachsene stehen nun am Ende Ihrer Entscheidungsfindung und haben beschlossen, sich zu trennen oder scheiden zu lassen. Wahrscheinlich hat dieser Entschluss neben einer gewissen Trauer über das Scheitern Ihres Lebensplanes auch Erleichterung ausgelöst und Klarheit geschaffen. Der letzte Schritt vor dem endgültigen Countdown ist für Eltern meist der schwerste: ihre Kinder zu informieren.

Sie als Eltern wissen, dass Ihre Kinder über die Scheidung unglücklich sein werden, dass sie Mutter *und* Vater lieben und keinen von beiden verlieren wollen. Auch wollen die Kinder nicht umziehen, da sie an ihren Freundinnen und Freunden hängen und die Schule nicht wechseln möchten. Am allerliebsten hätten sie es, wenn alles bliebe wie immer, denn Vertrautes schafft Sicherheit. Sicherheit bietet Schutz, und Schutz verleiht Mut, Neues zu wagen. Kinder brauchen viel Mut, um sich verändern, reifen, erwachsen werden zu können.

Vordergründiges Anliegen scheidungsbereiter Eltern muss deshalb sein, ihren Kindern das Bewusstsein beständiger Präsenz zu erhalten und auch für die Zukunft den beiderseitigen liebevollen Schutz zu gewährleisten, nach dem Kinder sich sehnen. Es kommt also nicht darauf an, die Kinder vor vollendete Tatsachen zu stellen, über die nicht mehr diskutiert werden darf. Es gilt vielmehr, ihnen zu vermitteln, dass Sie als Eltern zwar sicher sind, sich trennen zu wollen, über die Bedürfnisse der Kinder aber nicht hinweggegangen wird.

Sprechen Sie also mit Ihren Kindern nicht nur über die Gründe, aus denen heraus Sie als Eltern einander nicht mehr lieben und nicht mehr länger gemeinsam leben wollen. Zwar ist Ihr Wunsch verständlich, dass die Kinder diese Entscheidung verstehen, akzeptieren und am liebsten mittragen sollten. Dies läuft letztlich aber darauf hinaus, dass Sie von Ihren Kindern die Absolution erteilt haben möchten. Indem Ihre Kinder sagen: »Ja, ich verstehe, dass du die Mama nicht mehr lieben kannst und die Mama dich nicht mehr lieben kann und Ihr euch deshalb scheiden lassen müsst!«, würden sie die Berechtigung der Scheidung anerkennen und Ihnen als Eltern die Schuldgefühle abnehmen, von welchen Sie gegenüber den Kindern geplagt werden.

Mit einer solchen Last sind Kinder jedoch entschieden überfordert. Sie trauern. Sie sind verzweifelt. Sie ängstigen sich. Sie lehnen sich auf und protestieren. Dies alles ist ihr gutes Recht. Umso mehr, als die Scheidung nicht ihr Wille ist und absolut nicht ihrer Verantwortung obliegt. Erwarten Sie also keinen Freispruch und versuchen Sie auch nicht, einen solchen herbeizuführen. Wie immer Sie es vor Ihren Kindern drehen, die gescheiterte Ehe und die daran zerbrochene Familie bleibt Ihre Erwachsenensache.

Fragen Sie Ihre Kinder lieber, wie Sie sich ein Leben nach der Scheidung vorstellen, was Sie gern möchten und wie Sie als Eltern dies verwirklichen könnten. Für den Fall, dass Ihre Kinder noch nicht sprechen gelernt haben oder mit der Vorausschau in eine ungewisse Zukunft überfordert sein sollten, versetzen Sie sich in ihre Lage. Vergessen Sie dabei nie, dass Kinder nicht Ihr Besitz sind.

Sie sind klein, sie wachsen noch, sie sind von Ihnen abhängig, auf Sie angewiesen. Aber sie sind dennoch bereits bei der Geburt eigenständige Persönlichkeiten. Nicht zwangsläufig sind deshalb die Interessen der Eltern auch diejenigen der Kinder.

Sobald Sie offen mit Ihren Kindern sprechen, werden Sie feststellen, dass diese schon längst etwas ahnen. Auch dann, wenn sie noch klein sind und kein Wort für Scheidung haben. Oft genug haben sie Streitigkeiten, Tränen und leidenschaftliche Ausbrüche der Eltern mitbekommen. Selbst wenn Sie und Ihre Frau sich nicht vor den Kindern zu Auseinandersetzungen hinreißen ließen, haben diese die atmosphärischen Misstöne zwischen Ihnen gespürt. Sobald Sie als Eltern wissen, was Sie wollen, sollten Sie deshalb auch Ihre Kinder von ihren Vorahnungen erlösen.

Versuchen Sie ein gemeinsames Gespräch, dem später beliebig viele Einzelgespräche folgen können. Bleiben Sie stets ehrlich dabei, denn es hilft nicht, um den heißen Brei herum zu reden. Klare, besonnene Worte in einer dem Sprachvermögen des Kindes angemessenen Ausdrucksweise holen das hochsensible, emotional beladene Thema auf eine mit Hilfe des Verstandes distanziertere Ebene. Ihr Kind muss wissen, dass es selbst keine Schuld am Scheitern der Ehe hat. Sie lassen sich nicht scheiden, weil das Kind ungezogen war oder weil Sie sich mit der Mutter über Erziehungsfragen gestritten haben. Es soll auch begreifen, dass es selbst vor keiner Entscheidung steht. Es muss nicht klären, auf wessen Seite es steht oder wen es lieber hat. Indem Sie als Eltern Ihrem Kind vermitteln, dass Sie beide immer da sein werden, kann es erfassen, dass die Liebe zwischen Eltern und Kind nicht automatisch endet, wenn Mutter und Vater einander nicht mehr lieben.

Aber bitte versprechen Sie nichts, was Sie nicht einhalten wollen oder können. Für Sie mag ein gegebenes Wort korrigierbar sein. Für Kinder, speziell für Scheidungskinder, deren Welt aus den Fugen zu geraten droht, sind Versprechen wie Balancierstangen bei einem Drahtseilakt. Sie halten sich daran nicht nur fest und bleiben so im Gleichgewicht, sondern sie stürzen innerlich ab, wenn

Versprechen sich als Worthülsen entpuppen: Zweifel brechen auf, Ängste schleichen sich ein, Verunsicherung macht sich breit. Ihr Kind weiß plötzlich nicht mehr, was es von Ihnen, und auch nicht mehr, was es von sich selbst halten soll. Woher soll es nun noch eine vertrauenswürdige Antwort auf die Frage finden, ob Sie als Eltern Ihr Versprechen gebrochen haben, weil das Kind nichts Besseres wert war, oder ob Sie wortbrüchig wurden, weil Sie als Eltern versagt haben.

Da Kinder dazu neigen, Eltern als unfehlbar anzusehen, werden sie die Gründe für einen Fehler bei sich selbst suchen. Sie werden vermuten, nicht lieb genug, nicht gehorsam genug, zu laut, zu leise, zu wild, zu feige, zu dumm, zu frech, zu oft bei Freunden gewesen zu sein, zu wenig im Haushalt geholfen zu haben, ihr Zimmer nicht sauber genug gehalten zu haben – irgendetwas so falsch gemacht zu haben und irgendwie so schlecht gewesen zu sein, sodass sie nicht mehr geliebt werden können. Kinder wollen nichts so sehr, wie geliebt zu werden. Also werden sie entweder versuchen, wieder oder vielmehr noch liebenswerter, sprich angepasster zu werden und darüber jeden Mut zur Eigenständigkeit verlieren. Oder sie werden sich trotzig auf sich selbst reduzieren und sich aus Prinzip jeder elterlichen Erwartung widersetzen. Beides stört die Persönlichkeitsentwicklung eines Kindes nachhaltig.

Bedenken Sie deshalb unbedingt: Ihr Kind hat ein Recht auf Wahrhaftigkeit und Vertrauenswürdigkeit ohne Netz und doppelten Boden oder das Schlupfloch irgendeiner Ausrede. Sie als Eltern aber haben die Pflicht, genau diese Wahrhaftigkeit und dieses Vertrauen zu gewährleisten. Immer.

3.

Beratung und Hilfe

Selbstverständlich sind Sie Ihr eigener Herr und frei in Ihren Entscheidungen. Niemand zwingt Sie, Rechenschaft abzulegen. Die meisten Menschen entdecken jedoch irgendwann, dass es erleichtert, mit anderen zu reden, Gedanken und Erfahrungen auszutauschen, Zuspruch und Anregung zu erfahren.

Menschen, deren Lebensbeziehung gescheitert ist, sind besonders verletzlich. Sie haben die bestürzende Erfahrung machen müssen, unwiderruflich versagt zu haben. Meist sind ihnen nicht einmal die Ursachen so ganz klar. Gerade das verunsichert am meisten. Fast jeder von uns ist seit Kindertagen darauf getrimmt, möglichst fehlerfrei zu funktionieren, optimale Leistungen zu erbringen, Erfolg zu haben und aus diesem den eigenen Wert zu bestimmen. Auf einmal liegt offen zutage, dieses Ziel verfehlt zu haben. Gerade in dieser Situation sollten Sie sich nicht von Ihren Mitmenschen zurückziehen, sondern Kontakt und Gespräche suchen und auch mal Ihre Wut herauslassen.

Wagen Sie es, sich von der inneren Klagemauer weg und dem Leben wieder zuzuwenden und nach der Hand eines anderen zu greifen, der Sie stützt, Ihnen helfen kann, und mit dessen Hilfe Sie sich wieder aufrichten können. Es gelingt vielleicht nicht beim ersten Versuch. Trotzdem: – Bleiben Sie dran. Leben ist eine wunderbare Alternative.

Freunde in der Not

»Freunde in der Not gehen tausend auf ein Lot«, sagt ein altes Sprichwort. Und wie so viele gewachsene Lebensweisheiten trifft auch dieses den Kern, wenn man in Notsituationen diejenigen zählt, die dem Druck des Unerfreulichen, Unbequemen standhalten.

Aber – Hand aufs Herz – zu welcher Sorte Freund gehören Sie selbst? Was bedeutet Ihnen Freundschaft? Nein, antworten Sie nicht zu rasch, nicht so lapidar. Welche Eigenschaften muss jemand haben, mit dem Sie sich anfreunden möchten? Kann es eine Frau sein? Und wieviel sind Sie bereit, in eine solche Beziehung zu investieren? Wo hört die Freundschaft auf? Wie steht es für Sie mit dem Unterschied zwischen Freundschaft und Liebe? Was kommt hinzu, was fehlt?

Wenn Sie diese Fragen für sich selbst auflösen, wird Ihnen klar sein, ob Sie mit einem Freund über Ihre Scheidungssituation sprechen möchten. Nicht nur schwätzen, nicht nur stammtischmäßig loswettern, nicht nur klagen. Ich meine ein Sprechen im Sinne von wechselseitigem Austausch, Offenheit, Kritikfähigkeit, Zuhörenkönnen und respektvoller Rücksichtnahme. Und eines noch: Ein solcher Freund muss nicht immer nur der sein, der einem bestätigt, was für ein toller Kerl man ist.

Vielleicht werden Sie feststellen, dass sich im Zusammenhang mit Ihrer Scheidung selbst diejenigen Beziehungen in Wohlgefallen auflösen, für deren Bestand Sie die Hand ins Feuer gelegt hätten. Freunde, die während Ihrer Ehe eine Beziehung zu Ihnen und zu Ihrer Frau aufgebaut haben, schaffen es selten, jedem von Ihnen beiden neutral gegenüber zu stehen. Bewusst oder unbewusst ergreifen sie Partei. Vielleicht haben sie den Eindruck, Ihrer Frau beistehen zu müssen, sie ein wenig auffangen zu wollen, ihr mit den Kindern zu helfen. Ohne dass dies zwingend Antipathie Ihnen gegenüber bedeutet, werden diese Freunde Ihrer Frau öfter und aufmerksamer zuhören als Ihnen, sich häufiger mit ihr treffen. Fast über Nacht werden diese Freundschaften sich verändern, nicht ohne in Ihnen eine gewisse Bitterkeit zurückzulassen.

Andere Freunde werden aus dem Bestreben heraus, keinem von Ihnen wehzutun, eine Zeitlang den Balanceakt zwischen allen Stühlen versuchen. Da dies anstrengend ist und zugleich immer das Risiko birgt, ins Fettnäpfchen zu treten, wird irgendwann mehr oder minder bewusst der Rückwärtsgang eingelegt. Man »kann es nicht mehr mitansehen«, man »kann es nicht mehr hören«, »es schlägt einem aufs Gemüt« oder »schnürt einem den Hals zu«. Ohne einander gezielt zu meiden, lebt man sich ganz allmählich auseinander.

Wieder andere meiden den Umgang mit Ihnen und Ihrer Frau aus der bösen Befürchtung heraus, Scheidung werde durch Viren oder Bakterien verursacht und sei aufs höchste ansteckend. Von einer Scheidung scheint eine ähnliche Versuchung auszugehen wie von Schwangerschaften oder Hochzeiten.

Wie dem auch sei, Scheidung macht einsam. Wenn Sie dies nicht ertragen wollen, werden Sie aus dem Schneckenhaus Ihrer Verletztheit herauskriechen und auf Entdeckungsreise gehen müssen. Einer der ersten Wege wird Sie vermutlich in die Kneipe an der Ecke führen. Aber Sie werden rasch feststellen, dass die Zeiten des lustvollen Herumhängens an Kneipentheken nicht wieder zu beleben sind. Auch die während der Ehe vielleicht vermissten »One-night-stands« verlieren schnell ihren Reiz, wenn die Frage »Gehen wir zu mir oder zu dir?« sich stereotyp wiederholt. Was bleibt?

Sie könnten etwas ganz Neues in Angriff nehmen, beispielsweise ein neues Hobby. Haben Sie nicht immer schon Lust gehabt, Kajak zu fahren, sich als Bergsteiger oder Taucher zu versuchen, Fallschirm zu springen, Segelfliegen zu lernen, Gitarre zu spielen, in einem Chor zu singen, Angelsport zu betreiben, Jugendgruppen auf Freizeiten zu betreuen, Ihre Malkünste zu testen, Kochen zu lernen, Schach zu spielen oder einer Laienschauspielgruppe beizutreten? Warum dann nicht jetzt? Geld, meinen Sie? Zeit? Sie sind kein Vereinsmeier? Trauen Sie sich nicht?

Und das sind alles echte Gründe? Unabänderliche? Oder brauchen Sie nur einen kleinen Schubs, um sich aufzuraffen, sich zu erkundigen, es anzugehen? Adressen von Interessengemeinschaften und Vereinen finden Sie in einschlägigen Taschenbüchern, die der Buchhandel bereit hält, oder in Ihrem regionalen Telefonbuch. Ganz sicher bekommen Sie über Vereinsregister bei jeder Stadt- oder Gemeindeverwaltung Auskunft darüber, ob es für Sie interessante Gruppen gibt und wer als Ansprechpartner in Frage käme. Taucher werden beispielsweise beim DLRG ausgebildet. Beim Laienschauspiel braucht man nicht nur Darsteller, sondern zum Beispiel auch Requisiteure. Betreuer für Jugendgruppen werden händeringend gesucht, unter anderen auch für aus Staatsmitteln unterstützte Reisegruppen. Fragen Sie bei den Jugendämtern oder bei karitativen Stellen nach.

Wenn Sie erst einmal die Nase in den Wind gestreckt haben, werden Sie kaum noch verstehen, wieso Sie es so lange in Ihrem Schneckenhaus aushalten konnten. Neue Freunde finden Sie dabei von ganz allein.

Mediation als neutrale Hilfe zur Vermittlung

Sie hatten sich wirklich fest vorgenommen, in aller Ruhe zu reden. Über die Wohnung, den gemeinsam aufgenommenen Kredit für das Auto, das sie jetzt fährt, über die Lebensversicherung auf seinen Namen, über das Fahrrad, das Ihre Tochter Marieke zum Geburtstag haben sollte, über alles eben, was noch zu klären war. Sie wollten sich nicht gegenseitig zerfleischen. Schließlich war es mal Liebe. Und dann war es doch wieder so weit gekommen, dass sie stritten wie die Kesselflicker, sich angifteten, beleidigten, jeder den anderen aus der alleruntersten Schublade der Gemeinheiten bediente, wohl wissend, wo die Schmerzpunkte liegen. Irgendwann war er mit diesem Gesichtsausdruck, den sie so hasste, aufgesprungen und mit knallender Tür aus der Wohnung gestürmt. Hatte sie in Tränen, zitternd vor empörter Wut, sitzen lassen. Unverrichteter Dinge. Hatte sich verdrückt, wieder einmal. Oder hatte sie ihn rausgeschmissen? Wieder einmal?

Kennen Sie das? In Amerika, dem Land, in dem Filme wie *Kramer gegen Kramer* oder Kinohelden wie die Figur des Scheidungsvaters *Ms. Doubtfire* entstanden, würde man es in Anlehnung an einen Film, in dem sich ein Ehepaar die Schlacht seines Lebens lieferte, *Rosenkrieg* nennen.

Um Szenen wie diese zu vermeiden, wurde Anfang der siebziger Jahre in den USA die *Mediation* erfunden, eine Methode, um zwischen scheidungswilligen Paaren zu vermitteln und Konfliktlösung zu betreiben.

Ende der achtziger Jahre brachten amerikanische Trainer ihr Know-how nach Westeuropa. Seitdem arbeiten auch hierzulande Psychologen, Familienberater, Juristen und andere als Mediatoren im Scheidungskonflikt.

Anders als bei einem Rechtsanwalt, dessen Pflicht es ist, einseitig die Interessen seines Mandanten wahrzunehmen, besteht die Aufgabe des Mediators in einer wertneutralen, streng vertraulichen Beratung beider Partner mit dem Ziel, Informationen zu vermitteln, auf deren Basis eigenständig einvernehmliche Lösungen erarbeitet werden. Über Entscheidungsgewalt wie etwa der Familienrichter verfügt ein Mediator nicht.

Auch ist er nicht berechtigt, über Inhalte der Mediation mit Dritten wie etwa einem Richter, Anwalt, dem Jugendamt oder einem Gutachter zu reden. Ausgenommen sind lediglich Informationen, die zur Ermittlung der gerichtlich zu klärenden Einkommenslage dienen.

Für den Erfolg einer Mediation ist es unerlässlich, dass beide Konfliktpartner ihre persönlichen Ziele kennen, zugleich aber sowohl gesprächs- als auch kompromissbereit sind. Besonders im Zusammenhang mit Kindern und Jugendlichen kann eine Mediation sehr hilfreich sein.

Wo findet man einen Mediator?

In Deutschland, Österreich und der Schweiz gibt es zahlreiche Stellen, die Ihnen bei der Suche nach einem Scheidungsmediator helfen können. Wenden Sie sich beispielsweise an

- Beratungsstellen für Ehepaare, Kinder und Jugendliche
- das Jugendamt
- soziale Dienste
- die Anwaltskammer
- die Bundesarbeitsstelle für Familienmediation (BAFM), Rathausplatz 25
22926 Ahrensburg.
- den Internetdienst *paPPa.com*

Telefonnummern finden Sie im örtlichen Telefonbuch. Kirchlich-karitative und behördliche Stellen helfen Ihnen auch gerne weiter.

Die Kosten

Mediaton in einer karitativen oder behördlichen Beratungsstelle, wie zum Beispiel bei den sozialen Diensten des Jugendamtes, sind im Allgemeinen kostenlos. Bei Beratungsstellen freier Träger wird ein Beratungshonorar erhoben. Meist wird auch auf die Möglichkeit einer Spende hingewiesen. Nicht umsonst, aber vergleichsweise kostengünstig bieten staatlich geförderte Einrichtungen, wie etwa der Familiennotruf, eine Mediation an.

Da die preiswerten oder kostenlosen Angebote nicht in beliebiger Anzahl zur Verfügung stehen, kommt es häufig zu Terminnöten und Beratungsengpässen. In diesen Fällen bleibt Betroffenen der Weg zu einem selbstständig arbeitenden Mediator. Im Durchschnitt erhebt er eine Gebühr zwischen 150 und 350 Mark pro Sitzung. Wie in jedem Mediationsverfahren muss ein Zeitaufwand von 10 bis 20 Stunden einkalkuliert werden. Um von den Kosten später nicht überrascht zu werden, empfiehlt es sich, einen Kostenvoranschlag zu verlangen, zumindest aber das Stundenhonorar verbindlich abzuklären.

Selbsthilfegruppen

Vor dem Hintergrund der Erkenntnis, dass geteiltes Leid halbes Leid ist, setzte sich die in den USA bereits seit den siebziger Jahren etablierte Einrichtung von Selbsthilfegruppen auch im deutschsprachigen Raum durch. Vorreiter waren die Selbsthilfegruppen von Frauen, die als Kinder sexuell missbraucht worden waren. Mittlerweile gibt es zu nahezu jedem Konfliktherd die passende Gruppe oder Interessengemeinschaft. (Siehe *Anhang*)

Was Selbsthilfegruppen leisten können

Je nachdem, aus welchem Motiv heraus und von wem eine Selbsthilfegruppe gegründet wurde, dient sie unterschiedlichen Zwecken. Die ersten Selbsthilfegruppen wurden, wie gesagt, auf Initiative von Opfern sexuellen Kindesmissbrauchs ins Leben gerufen. Sie verfolgten das Ziel, erstens das erlittene Unrecht zu benennen und im Schutz der Gemeinschaft öffentlich anzuprangern, zweitens betroffenen Frauen/Kindern zu helfen und drittens eine Veränderung der geltenden Gesetze herbeizuführen. Unter diesen Aspekten waren es also kämpferische Gruppen mit konkreten Plänen. Ähnlich stark wurde der Verein alleinerziehender Mütter und Väter, dessen Stimme mittlerweile bis in die obersten Regierungsetagen vordringt und bei wichtigen Fragen der Familienpolitik durchaus einen gewissen Einfluss hat.

Wenngleich weniger bekannt, formieren sich seit einigen Jahren nun auch Väter-Selbsthilfegruppen. Unter Bezeichnungen wie »Interessenverband Unterhalt und Familienrecht e.V.«, »Väteraufbruch für Kinder«, »Dialog zum Wohle des Kindes e.V.«, »Initiativgruppe Jugendamtsgeschädigter e.V.« oder »paPPa.com e.V. – Eltern im Internet« und anderen schießen sie mit zahlreichen Regionalgruppen und -grüppchen landesweit aus dem Boden. Ihre Mitglieder sind überwiegend geschiedene oder nichtehelich-getrennt lebende Väter, deren sowohl politisches als auch zwischenmenschliches gemeinsames Anliegen es ist, bestimmte Scheidungsfolgen abzuwenden. Als eine der schmerzlichsten steht der Verlust der Kinder im Vordergrund, die mit der Mutter mehr oder minder endgültig aus dem Leben der Väter ausgeschieden sind.

Logischerweise steht und fällt die Qualität einer jeden Gruppe mit derjenigen ihrer Mitglieder. Wie überall finden sich in ihr unterschiedlichste Persönlichkeiten. Da gibt es die Lamentierer ebenso wie die eher stillen Tatmenschen, die in ihrem Leid Erstarrten und die Kämpfer, denen oftmals jeder als Feind erscheint, sogar die in den eigenen Reihen. Sie finden sich zu Väter-Aktionen zusammen, die teils bundesweit organisiert werden und nur zu oft an der Trägheit oder schamvollen Resignation der nicht teilnahmebereiten Mitglieder scheitern. Sie verfassen Schreiben an Politiker und Juristen. Sie veranstalten Feste für Kinder und Väter, anlässlich derer auch Mütter und komplette Familien willkommen sind. Sie fangen einander auf, wenn es dem einen oder anderen persönlich dreckig geht. Sie beraten in bestimmten Krisen. Auch begleiten sie Betroffene zu Gerichten und Ämtern oder sind ihnen bei der Formulierung von offiziellen Schreiben behilflich. Als besonderer Gewinn erweist sich die oft kostenlose Rechtsberatung, der Austausch über die Qualität von Rechtsanwälten, Gutachtern und Familienrichtern inklusive der Möglichkeit von Weiterempfehlungen.

Seit Veröffentlichung meines Buches *Der gebrauchte Mann – Abgeliebt und abgezockt – Väter nach der Trennung* und des Titels *Die vaterlose Gesellschaft* von Matthias Matussek im *Spiegel* sowie als Taschenbuch setzen sich auch die Medien mit der Problematik der durch angewandtes Familienrecht ausgegrenzten Väter immer öfter auseinander. Ihre ersten Ansprechpartner sind meist die Vorstandsmitglieder der diversen Väter-Gruppen, welche auf diese Weise Gelegenheit erhalten, die Ziele ihrer Mitglieder nach außen zu vertreten und ein gesellschaftliches Umdenken zu fördern.

Das Erfolgsrezept der Selbsthilfegruppen und Selbsthilfevereine begründet sich jedoch im Erfahrungsaustausch mit anderen, denen man keine langen Erklärungen anbieten muss, weil sie die Empfindungen des Gegenübers aus der eigenen Betroffenheit heraus spontan verstehen. Die Bemerkung »Plötzlich habe ich gemerkt, dass ich nicht der einzige Mensch auf der Welt bin, dem so was passieren konnte!«, ist ein typisches »Aha-Erlebnis«. Es stellt Solidarität her, die Menschen, welche soeben in einer menschlichen Gemeinschaft gescheitert sind, zum Aufbau ihres ins Wanken geratenen Selbstwertgefühls benötigen.

Die Probleme von Väter-Selbsthilfegruppen

Die deutsche Bundesregierung wendet alljährlich im Namen des Ministeriums für Frauen, Familie, Jugend und Soziales Millionen auf, um zahlreiche Organisationen zu unterstützen, die sich als Initiativen zur Förderung der Frauen und Mädchen im Lande verstehen.

Eine entsprechende Förderung für Jungen- und Männerprojekte gibt es nicht oder allenfalls in geringem Umfang. Selbst die bundesweit vertretenen Vereine wie »Väteraufbruch für Kinder e.V.« gehen trotz anerkannter Gemeinnützigkeit leer aus. Beliebte Erklärung für diese jeder Gleichberechtigung widersprechende Vergabepraxis der öffentlichen Mittel ist, dass Männer traditionellerweise die Vormacht genießen und folglich nicht gestärkt werden müssten.

Um hier ein Umdenken zu bewirken, wäre es nötig, eine Protestflut an die Bundesregierung zu richten. Schreiben Sie also, faxen Sie, mailen Sie, rufen Sie an und fragen Sie, wo staatlich finanzierte Förderprojekte für Jungen und Männer laufen, die in Not geraten sind! Überwinden Sie die Scham, als Mann Unterstützung zu beanspruchen. Stehen Sie dazu. Fordern Sie die Gleichbehandlung ein, die jedem Menschen ohne Ansehen der Person im Grundgesetz zugesichert ist. Verlangen Sie, dass Väter denselben gesetzlich garantierten Schutz der Gesellschaft genießen wie Mütter. Gesetze sind von Menschen gemacht. Sie enthalten Fehler.

Und Fehler kann man korrigieren. Gefährlich wird es erst, wenn das, was falsch ist, für richtig erklärt wird und jedermann stillschweigend auf »des Kaisers neue Kleider starrt« und die tatsächliche Nacktheit nicht zu benennen wagt.

Gemeinnützige Vereine, die keinerlei öffentliche Unterstützung erfahren und nahezu ausschließlich Mitglieder haben, die nur geringe Mitgliedsbeiträge zahlen können, haben kleine Budgets. Oft genug legen die Aktiven in den Vorständen ansehnliche Beträge aus eigener Tasche vor, um beispielsweise Telefon-Hot-Lines für Ratsuchende besetzt zu halten, Fotokopien oder Briefe erstellen zu können oder Benzinkosten aufzubringen. Angesichts dessen, dass unterhaltspflichtige Väter in Deutschland wie Singles besteuert werden, ist dies oftmals ein schweres Opfer. Wer Hilfe von Selbsthilfegruppen erwartet, sollte sich daher zuerst einmal überlegen, wie er sich dort einbringen und auch seinerseits persönlich Hilfe zur Selbsthilfe leisten könnte. Es ließe sich beispielsweise mit Hilfe steigender Mitgliederzahlen vieles bewegen. Es würde eine gesündere Finanzlage im Verein erreicht und stabilisiert. Ferner wäre eine den Einzelnen entlastende Verteilung der Vereinsarbeit möglich. Darüber hinaus ließe sich vor dem Hintergrund ansehnlicher Mitgliederzahlen eine ernst zu nehmende Reputation nach außen erzielen, was wiederum unmittelbar auf die Anerkennung des Anliegens der Gruppe zurückwirken würde und ins öffentliche Bewusstsein bringen würde, dass die Trennung für Väter ebenfalls ein sehr schmerzhafter Prozess ist.

Wenn Sie jetzt am liebsten sofort zum Telefon oder Anmeldeformular greifen wollen, gibt es keinen Grund, sich zu bremsen. Im Anhang dieses Buches finden Sie Ihre speziellen Ansprechpartner ganz in Ihrer Nähe. Sollte dies nicht der Fall sein, bliebe Ihnen immer noch die Chance, einen Freund oder zwei zu motivieren, sich Ihnen anzuschließen. Dann ließe sich eine Fahrgemeinschaft bilden oder sogar eine neue Gruppe, mit deren Hilfe ein weiterer weißer Fleck auf der Landkarte der Väter-Initiativen in einen grünen umgewandelt werden könnte. Grün wie die Hoffnung.

Professionelle Hilfe annehmen

Das Zerbrechen einer Ehe oder einer auf Dauer angelegten Partnerschaft geht selten mit Glücksgefühlen einher. Meistens verspürt man Scham darüber, enttäuscht und betrogen worden zu sein. Es ist die Scham des Mannes, dem die Frau »Hörner aufgesetzt« hat, oder die er nicht »beherrschen« konnte. Diese Erkenntnis geht mit der Furcht einher, als Schwächling oder »Weichei« zum Gespött der Leute gemacht worden zu sein. Bei Männern, die ihr Selbstwertgefühl vornehmlich aus der ihnen von außen zuteil werdenden Bestätigung beziehen, heilt eine solche Verletzung nur schwer.

Weitaus widerwilliger setzen Männer – und Frauen – sich mit der Tatsache auseinander, selbst versagt zu haben, wortbrüchig geworden zu sein, die Partnerin beziehungsweise den Partner enttäuscht zu haben und selbst zumindest Mitschuld an dem die Beziehung schädigenden Verhalten des anderen gehabt zu haben oder gar dessen alleiniger Auslöser gewesen zu sein. Mit diesem Eingeständnis tun sich Männer vor allem deshalb schwer, weil sie ihr Selbstverständnis eng mit dem traditionellen Ehrenkodex von Zuverlässigkeit und Perfektion verbinden.

Um sich nicht mit dem eigenen Fehlverhalten, das zum Scheitern der Beziehung führte, auseinandersetzen zu müssen, schlagen diese Männer meist verschiedene Fluchtwege ein. Am Beginn der Trennung steht häufig die Flucht in den Alkohol, der die Gedanken benebelt und Vergessen schenkt. »Frauen aufzureißen« poliert das angekratzte Ego auf, bis spätestens dann die Depression einsetzt, wenn keine dauerhafte neue Beziehung zustande kommt. Oftmals ist es auch die Arbeit, die bis zur totalen Erschöpfung betäuben und von privaten Belangen ablenken kann. Selbst eine Krankheit bietet Zuflucht, indem sie die eigene Schwäche quasi legitimiert. Wem es jedoch nicht gelingt, sich aufzuraffen, den eigenen Wert zu erkennen und zu verteidigen, indem er neue Ziele für sich selbst steckt, kann es bis zum Suizidversuch oder ins soziale Aus treiben. Dies trifft vor allem Männer, die ihre Ehe als Fortführung der Mutter-Kind-Bindung lebten und nach der Trennung jeden Halt verlieren.

Zur Wahrung Ihres eigenen Glücks und Ihrer seelischen Gesundheit rate ich Ihnen, sich intensiv mit Ihrer eigenen Rolle innerhalb Ihrer Partnerschaft auseinander zu setzen. Schieben Sie die Verantwortung für das Scheitern nicht einfach Ihrer Frau zu. Sie haben diese Frau einmal geliebt. Sie wollten mit ihr alt werden. Ganz gleich, wie »biestig« Ihre Frau gewesen sein mag, wie dumm oder wie egoistisch – es gab Gründe, warum Sie dies nicht vor der Ehe merkten oder Ihre Frau sich während der Ehe zu diesem »Drachen« entwickelte, den Sie heute in ihr sehen. Vielleicht wäre sie nie dazu geworden, hätten Sie als Ihr Mann dies oder jenes nicht oder anders getan. Lernen Sie, sich selbst und Ihrer Frau zu verzeihen. Scham und das Bedürfnis, die eigene Unschuld zu beweisen, um Verantwortung abgeben zu können, sind schlechte Wegbegleiter fürs Leben.

Wenn Sie mit Ihrer Trennungssituation nicht zurecht kommen, überlegen Sie sich, ob Sie nicht professionelle Hilfe in Anspruch nehmen wollen. Bis vor zehn, fünfzehn Jahren war der Gang zum Psychiater in Deutschland an die Diagnose einer geistigen Krankheit geknüpft. Diese Vorstellung hält sich weiterhin hartnäckig. Immer noch schrecken daher die meisten Menschen, besonders Männer, davor zurück, die Hilfe eines Psychotherapeuten anzunehmen.

Sich Schwächen einzugestehen, sich mit Problemen auseinander zu setzen ist der beste Weg, persönliche Schwierigkeiten zu überwinden. Unverletzlichkeit ist kein Gütesiegel für Männer. Und auch, wenn die Seele unsichtbar ist, sind die Wunden auf ihr doch schmerzlich real. Zu trauern, zu leiden und klagen zu wollen, ist nicht nur »normal«, sondern notwendig, um Klarheit in sich selbst zu schaffen, sich von der Last des Schmerzes zu befreien und Lösungen zu finden.

Wirklich gute Freunde, die hinlänglich Zeit und Geduld aufbringen, sich Ihre Geschichte immer wieder anzuhören und sich ernsthaft mit Ihnen auseinander zu setzen, helfen. Haben Sie solche Freunde nicht oder wollen Sie ihnen nicht »auf den Geist gehen«, sollten Sie die Hilfe eines geschulten Psychotherapeuten annehmen. Wählen Sie diesen sorgfältig aus und wagen Sie, wenn Sie eine falsche Wahl getroffen haben, die Konsequenz zu ziehen. Nicht immer ist die erste Wahl die beste. Die Vertrauensbasis zwischen Ihnen und Ihrem Arzt oder Ihrer Ärztin muss tragfähig sein. Gelingt es nicht, diese innerhalb der ersten Sitzungen herzustellen, sollten Sie einen neuen Versuch starten.

Adressen erfahren Sie aus Branchenbüchern, bei der Ärztekammer sowie von den sozialen Diensten oder Ihrem Hausarzt, der Ihnen eine Überweisung ausstellen und einen Termin für Sie vereinbaren kann. Falls Sie trotz dieser Empfehlungen immer noch zweifeln, ob Sie eine gute Wahl getroffen haben, kann Ihnen eventuell eine Anfrage beim »Verein der Therapiegeschädigten« weiterhelfen, dessen Anschrift sich im Anhang findet.

Rechtsberatung durch einen Anwalt

In Ehesachen besteht grundsätzlich Anwaltszwang, da Sie anwaltlich vertreten sein müssen, um Prozesserklärungen bei Gericht vorlegen zu können.

Falls scheidungsbereite Ehepaare sich gütlich und einvernehmlich über die Modalitäten ihrer Trennung einigen können und daher vor Gericht mit nur einer Stimme sprechen wollen, besteht nur für eine Partei, in der Regel den Antragssteller, Anwaltszwang.

Wenn Ihre Frau einen eigenen Anwalt will

Niemand hat das Recht, Ihrer Frau vorzuschreiben, ob sie eine eigene anwaltliche Vertretung in Anspruch nehmen will oder nicht.

Wenn sie jedoch bis zu einem gewissen Zeitpunkt mit einem gemeinsamen Anwalt einverstanden war und plötzlich umschwenkt, hat sie vermutlich Angst bekommen, von Ihnen übervorteilt zu werden. Dies kann verschiedene Ursachen haben. Die wahrscheinlichste ist, dass sie sich mit jemandem beraten hat, der entsprechende Befürchtungen in ihr weckte. Häufig sind dies gute Freundinnen, die aufgrund der eigenen Scheidung als »Scheidungsberaterinnen« auftreten. Nicht selten ist der Berater der neue Mann im Leben Ihrer Frau. Ist er womöglich selbst geschieden und hat die Rechte der Ehefrauen hautnah erfahren, wird er womöglich ganz entschieden darauf pochen, dass gleiches Recht für alle gilt und Ihre Frau keinen Anlass hat, sich anders zu verhalten als seine. Vielleicht treibt ihn auch die Eifersucht dazu, von Ihrer Frau drakonische Maßnahmen als Beweis dafür zu fordern, dass sie nichts mehr von Ihnen wissen will. Vielleicht ist es der Drang, nicht der einzige Verlierer zu sein. Sicher ist, dass Ihre Frau seinen Ratschlägen folgen wird, und wenn es nur deshalb wäre, um dem neuen Mann ihre Loyalität zu beweisen.

Im Allgemeinen führt der Weg der nun verunsicherten Frau zu einer Anwältin, die ihr aus Frauenkreisen empfohlen wurde. Diese erklärt ihr, dass sie viel mehr Rechte habe, als ihr bisher bewusst war, und sie keinesfalls auf etwas verzichten solle, was ihr gesetzlich zustehe. Vor allem die Angst, bei Unterhaltszahlungen übervorteilt zu werden, wird gern geschürt, was um so leichter gelingt, als gerichtlich anerkannte Unterhaltsvereinbarungen in der Tat auch dann nicht abgeändert werden können, wenn sie nachweislich zu Ungunsten des Unterhaltsberechtigten ausgefallen sind.

Ist Ihre Frau noch immer nicht schlüssig, ob ein gemeinsamer Anwalt ausreichen könnte, erhält sie unter Umständen den guten Rat zu einem Test. Wenn Sie als Ehemann es ernst mit der einvernehmlichen und fairen Scheidung meinten, für die nur pro forma ein Anwalt her müsse, könnten Sie als Mann ja leicht damit einverstanden sein, dass Ihre Frau anwaltlich vertreten werde und Sie selbst nicht. Nun liegt der Schwarze Peter bei Ihnen. Falls Sie Ihrerseits nicht bereit sind, auf einen eigenen Anwalt zu verzichten, ist Streit vorprogrammiert. Der gute Vorsatz von der einvernehmlichen Scheidung ist dahin. Statt dessen verdienen künftig zwei Anwälte an Ihrer Scheidung.

Auch wenn Sie schließlich zwei Anwälte beauftragt haben, sollten sie versuchen, bösen Überraschungen vorzubeugen, indem Sie mit Ihrer Frau zu Beginn der Scheidungsplanung über Fragen der Schuld sprechen. Oftmals haben Frauen, die sich neu verlieben und deshalb die Scheidung wollen, ein extrem schlechtes Gewissen. Aller Aufklärung und Gleichberechtigung zum Trotz werden Mädchen auch heute noch dazu erzogen, dem Ehemann nicht wehzutun, dem man schließlich irgendwann mal die Treue geschworen hat »in guten und in bösen Tagen«. Dies treibt Frauen oft zur quasi bedingungslosen Zustimmung in Bezug auf alle materiellen Forderungen des Noch-Ehemannes. Unter der Kruste des Schuldgefühls bohrt jedoch meist der Zweifel an der Richtigkeit dieser Entscheidung.

Klären Sie deshalb von Anfang an mit Ihrer Frau, dass am Scheitern einer Ehe immer zwei Menschen beteiligt sind. Vermeiden Sie, an dieser Stelle, ins Aufrechnen zu verfallen oder sich Wutausbrüche gegen die neue Liebe im Leben Ihrer Frau zu gestatten. Es lohnt sich nicht, alte Wunden aufzureißen. Machen Sie Ihrer Frau stattdessen bewusst, dass Sie kein Opfer von ihr erwarten und auch keines dulden. Nehmen Sie zum Beispiel nicht hin, wenn Sie Ihnen die Regelung der familiären Geldangelegenheiten allein überlassen will. Die Ausrede: »Das hast du doch immer gemacht!« gilt jetzt nicht mehr. Teilen Sie stattdessen redlich und sehr bewusst die gemeinsamen Besitztümer, sodass jeder von Ihnen weitgehend das bekommt, woran ihm liegt, und mit dem Ergebnis zufrieden sein kann. Vereinbaren Sie die gemeinsame Elternschaft über die Scheidung hinaus so, dass Sie beide und Ihre Kinder nicht nur be-, sondern auch entlastet werden. Die Vorteile einer gemeinsamen Sorge müssen Ihrer Frau so bewusst sein, dass sie nicht bereit ist, darauf zu verzichten.

Wie schwer Ihre Frau es hat, eine faire Scheidung durchzuziehen und darauf zu verzichten, Ihre Rechte ohne Rücksicht gegen Sie durchzusetzen, ist Ihnen als Mann eventuell nicht bewusst. Geschiedene Frauen, die beispielsweise auf Unterhaltsleistungen für sich selbst verzichtet haben oder selbstverständlich bereit sind, die Kinder auch mal zum Vater zu bringen, damit dieser sein Umgangswochende wahrnehmen kann, wissen viel darüber zu berichten, wie verächtlich ihnen immer wieder begegnet wird. Haben sie gar ihre Kinder für immer beim Vater gelassen, werden sie vollends ins Abseits gedrängt. Helfen Sie Ihrer Frau, Rückgrat zu zeigen und auf die Solidargemeinschaft von Schwester zu Schwester verzichten zu können, indem Sie ihr die Entscheidung für Sie als verlässlichen Vater und Erziehungspartner leicht machen.

Die Auswahl Ihres Anwalts

Scheidungen sind folgenschwere und unter Umständen lebenslang andauernde Eingriffe in das Privatleben. Aus diesem Grunde sollten Sie bei der Wahl Ihres Anwaltes größte Sorgfalt walten lassen. Beachten Sie bitte:

• Nicht zwingend sind Anwälte die bessere Alternative für Männer.

- Nicht alle Anwälte/-innen können alles gleich gut. Wählen Sie eine/n Scheidungsspezialisten/-in aus, dessen/deren Kenntnisse auf Ihre Ansprüche zugeschnitten sind.
- Bei der Suche behilflich ist Ihnen zum Beispiel der ISUV/VDU mit Bundesgeschäftsstelle in München. (Siehe Anhang)
- Rechtsanwältinnen, die eventuell nicht nur Frauen vertreten, aber betont feministisch agieren, finden Sie in einem von der Rechtszeitschrift *Streit* herausgegebenen Verzeichnis. Dieses erhalten Sie unter der im Anhang angegebenen Bezugsadresse zum Preis von 30 Mark inclusive Versandkosten.
- Eine weitere Möglichkeit bietet der Anwaltsuchdienst, den Sie telefonisch oder im Internet erreichen.
- Auch unter der Internetadresse paPPA.com werden Sie entsprechend beraten. Allerdings ist man dort erst im Aufbau eines umfassenden Verzeichnisses begriffen.
- Nicht zuletzt teilt Ihnen die für Ihren Regionalbereich zuständige Anwaltskammer auf Anfrage eine Auswahl in Frage kommender Anwälte und Anwältinnen mit. Die Anschrift erfahren Sie sowohl aus Adressenverzeichnissen des Buchhandels als auch durch einen Anruf bei Ihrem regionalen Gericht.
- Setzen Sie ein Anschreiben auf, welches Sie an alle für Sie in Betracht kommenden Anwälte versenden. Entscheiden Sie erst nach Erhalt der Antworten, bei wem Sie ein erstes Beratungsgespräch führen wollen. Entsprechende Muster finden Sie auf den folgenden Seiten.
- Achtung beim Anwaltswechsel! Dies könnte sehr teuer werden.

Musterbriefe zur Anwaltssuche

Die meisten Menschen kommen anlässlich einer Scheidung erstmals mit Justiz und Gerichten in Berührung. Wie stets, wenn man sich auf unbekanntem Gebiet bewegt, ist man verunsichert.

Die hier folgenden Musterbriefe sollen Ihnen die notwendig gewordenen Wege erleichtern.

Ihr Absender mit Telefonnummer

An ...
Straße
PLZ Ort   Ort, Datum

Betreff: Anschriften von Rechtsanwalt/-anwältinnen mit Spezialisie-
rung auf Scheidungs- und Sorgerecht

(Falls Sie Ausländer oder mit einer Ausländerin verheiratet sind, muss als weiteres Auswahlkriterium die Kenntnis der Rechtssprechung des betreffenden Her-
kunftslandes hinzugefügt werden.)

Sehr geehrte Damen und Herren,

bitte senden Sie mir ein Anschriften-Verzeichnis von Rechtsanwäl-
ten/-innen im näheren Umkreis des Familiengerichtes in ...... (PLZ
Ort) zu, welche mit den Inhalten partnerschaftlicher Erziehung als
Voraussetzung zur Erzielung selbstverantwortlicher Persönlichkeiten
gemäß den legislativen und verfassungsrechtlichen Vorgaben des
Gesetzgebers vertraut und auch auf der Prozesskostenhilfebasis vertretungsbereit sind.

Mit freundlichen Grüßen

Unterschrift

Ihr Absender mit Telefonnummer

Anschrift der Anwalts
Straße
PLZ Ort   Ort, Datum

Betreff: Anwaltliche Vertretung in meinem Scheidungs- und Sorgerechtsverfahren

Sehr geehrter Herr/Frau ....,

von ..... (Bezeichnung des Informationsgebers) wurden Sie mir als ein/e auf die oben genannten Sachgebiete spezialisierte/r Rechtsanwalt/in benannt.

Ich bitte Sie daher um Auskunft, ob Sie auch auf Prozesskostenhilfebasis in meiner Sache vor dem Familiengericht in ... (PLZ, Ort) vertretungsbereit sind und eine anwaltliche Erstberatung auf Beratungshilfeschein vornehmen.

Ferner bitte ich Sie, mir Ihre besonderen Kenntnisse der legislativen und verfassungsgerichtlichen erzieherischen Vorgaben zu versichern.

Mit freundlichen Grüßen

Unterschrift

Anwaltliche Pflichten

Als oberste Pflicht ist dem Anwalt »der Dienst für den Mandanten und die Treue zum Recht« (Borgmann, Haug: *Anwaltshaftung*, Frankfurt/Main 1979) auferlegt. Um diesen Dienst optimal erfüllen zu können, steht am Anfang des Mandates (Auftrages) die *Information* durch den Mandanten (Auftraggeber). Während dieser *Informationsphase* klärt der Anwalt durch Befragen seines Mandanten und eventueller Zeugen alle Fakten ab, auf die es für die rechtliche Beurteilung des Falles ankommen kann. In diesem Zusammenhang müssen auch die in der Sache liegenden Ungereimtheiten oder Zweifel nicht nur erkannt, sondern intensiv erörtert werden. Ziel der Befragung ist es, ein möglichst umfassendes und objektives, also den Tatsachen entsprechendes Bild der Sachlage zu erhalten.

Im Anschluss an die Klärung des Sachverhaltes folgt die *Rechtsprüfung*. Dazu muss der Anwalt die rechtlichen Bestimmungen kennen und sich zudem weiterhin in den zur Verfügung stehenden Fachzeitschriften über den neueren Stand der Rechtsprechung informieren. Am Ende der Rechtsprüfung steht die sogenannte *Prozessprognose*, aus welcher die Mandantschaft einen zu erwartenden Erfolg oder Misserfolg ihrer Bemühungen ablesen kann.

Aus der mit Hilfe der Mandantschaft erworbenen umfassenden Kenntnis des Sachverhaltes und der professionellen anwaltlichen Kenntnis der Rechtslage erfolgt die *Beratung und Belehrung* des Mandanten über geeignete Schritte zum erstrebten Ziel. Nach einer solchen Belehrung wird der Mandant aktiv und überträgt dem Anwalt ein Mandat. An dessen Beachtung ist der Anwalt ausdrücklich gebunden.

Im Allgemeinen vermag ein Mandant nur jene Weisungen zu erteilen, welche er aus der vorherigen anwaltlichen Beratung ableiten kann. Für den Fall, dass er über diese Beratung hinausgehende Kenntnisse besitzt, wird er häufig feststellen, dass Anwälte gereizt auf spezielle Fragen oder Einwände reagieren. Es ist keine Seltenheit, dass dem »Querulanten« gedroht wird, das Mandat wegen angeblich fehlender Vertrauensbasis niederzulegen. Da dies mit erheblichen Kosten für den Mandanten verbunden ist, wird dieser einen Eklat natürlich vermeiden wollen und sich voraussichtlich mit seinen Anmerkungen zur Sache zurücknehmen.

Tatsache ist, dass die Sachkenntnis eines Mandanten und zur Information dienende Fragen kein Misstrauensbeweis gegenüber dem Anwalt sind und somit auch keinen Kündigungsgrund darstellen. Im Ernstfall wäre der Anwalt unmissverständlich darüber aufzuklären, dass in der Person des Mandanten kein objektiver Anlass zur Mandatsniederlegung gegeben ist und eine Kündigung folglich nur unter Honorarverzicht denkbar wäre. Die mangelnde Bereitschaft des Anwalts zu einer den Mandanten umfassenden Information und Beantwortung seiner im Sachzusammenhang stehenden Fragen würde dazu berechtigen. Sinnvoll ist eine solche Kündigung jedoch nur dann, wenn man als Mandant bereits einen anderen, besseren Anwalt kennt. Der Wechsel in der Prozessvertretung vor Gericht kann zu Verzögerungen oder neuen Unsicherheiten führen, die dem Verlauf der Sache womöglich größten Schaden zufügen. Klüger ist es daher, den Anwalt zum Verbündeten zu machen und ihm zu helfen, das gesteckte Ziel zu erreichen.

Laut Beschluss des Bundesverfassungsgerichtes vom 14. Juli 1987 (1 BVG 537/81 NJW 1988, 191f) ist der Anwalt »als unabängiges Organ der Rechtspflege und als der berufene Berater und Vertreter der Rechtsuchenden« verpflichtet,

»zum Finden einer sachgerechten Entscheidung beizutragen, das Gericht – und ebenso Staatsanwaltschaften oder Behörden – vor Fehlentscheidungen zu Lasten seines Mandanten zu bewahren und diesen vor verfassungswidriger Beeinträchtigung oder staatlicher Machtüberschreitung zu sichern; insbesondere soll er die rechtsunkundige Partei vor der Gefahr des Rechtsverlustes schützen.«

Wie in unzähligen Urteilen des Bundesgerichtshofes in Haftpflichtfällen zitiert und vom Bundesgerichtshof selbst ausdrücklich gefordert, muss jeder Anwalt bei der Erfüllung seiner Pflichten den »sichersten« Weg auf der Basis gesetzlicher Grundlagen gehen. Zugleich gestattet ihm der Gesetzgeber im Kampf um das Recht eine eindringliche, emotionale Ausdrucksweise, die Verwendung von sinnfälligen Schlagworten und sogar persönlich gemeinte Verbalattacken gegen Sachverständige, Richter und andere an der Urteilsfindung beteiligte Personen.

Darüber hinaus gehört es zur umfassenden Beratungspflicht des Anwalts, die Mandantschaft zur Abwendung von Nachteilen vor eigenen anwaltlichen Fehlern und deren Folgen zu bewahren.

Wenngleich ein Anwalt nicht zur Abgabe einer Erfolgsgarantie verpflichtet werden kann, sichert er durch die Übernahme eines Mandates seinem Mandanten zu, alle erforderlichen Spezialkenntnisse zu besitzen und alle rechtlichen Möglichkeiten auszuschöpfen sowie nach besten Kräften auf Richterschaft, Staatsanwaltschaften und Behörden im Interesse seines Mandanten Einfluss zu nehmen und Fehlentscheidungen zu vermeiden.

Anwaltliche Haftung

Verletzt ein Anwalt seine Pflicht und der Mandantschaft erwachsen daraus Schäden, so ist dies im Sinne des Gesetzes eine unerlaubte Handlung, aus welcher laut § 823 Bürgerliches Gesetzbuch (BGB) ein Schadenersatzanspruch erwächst.

In § 823 BGB Absatz 1 heißt es: »Wer vorsätzlich oder fahrlässig das Leben, den Körper, die Gesundheit, die Freiheit, das Eigentum oder ein sonstiges Gut eines anderen widerrechtlich verletzt, ist dem anderen zum Ersatz des daraus entstandenen Schadens verpflichtet.«

Als »fahrlässig« im Sinne des Gesetzes gilt jedes Außerachtlassen der »erforderlichen Sorgfaltspflicht«, welche in § 276 BGB geregelt wird. Dabei kommt es nicht auf den Umfang des Schadens, dessen häufiges oder seltenes Auftreten und damit verbundene Vorhersehbarkeit an, sondern allein auf die Verletzung eines Rechtsgutes. Ein solches Rechtsgut ist unter anderem die körperliche und geistige Gesundheit, welche etwa durch seelische Einwirkungen wie Schock versehrt werden kann.

Als ein im Scheidungsfall besonders wichtiges und zu Fehlentscheidungen geradezu herausforderndes Spezialgebiet ist das Sorgerecht anzusehen. In diesem sind vor allem die gesetzlichen Bestimmungen hinsichtlich der Priorität der fortwirkenden gemeinsamen elterlichen Sorge beziehungsweise alternativ die Kriterien zur Feststellung der besseren Alleinerziehungseignung von größter Bedeutung.

Versäumt ein Anwalt, zur Durchsetzung des gemeinsamen Sorgerechts (oder alternativ zur Feststellung der größtmöglichen Übereinstimmung eines elterlichen Erziehungsstils mit den gesetzlichen Vorgaben zur Erziehung und dem Wohle des Kindes), die zum 1. Juli 1998 aktualisierten gesetzlichen Vorgaben zur elterlichen Sorge für eheliche und nichteheliche Kinder mit aller Intensität anzuwenden, liegt eine Pflichtverletzung vor. Diese liegt ebenfalls vor, wenn die wissenschaftlichen Erkenntnisse über das sogenannte Parental-Alienation Syndrom, welches die Schädigung eines Kindes durch manipulative Erziehung eines Elternteils belegt, nicht oder nicht ausreichend berücksichtigt werden.

Wird aufgrund eines solchen Versäumnisses oder wegen zu schwacher, nachlässiger Beweisführung des Anwalts die vom Gesetzgeber ausdrücklich gewünschte gemeinsame elterliche Sorge zugunsten der Alleinsorge eines Elternteils – meist der Mutter – verweigert, obwohl dem Vater kein erzieherisches Fehlverhalten nachgewiesen wird, ist eine anwaltliche Pflichtverletzung wahrscheinlich.

Gern zieht sich der Anwalt in einem solchen Fall zum Beispiel auf die in der *FamRZ* 1986 veröffentlichte Entscheidung des Oberlandesgerichtes Hamm zurück, dass bei Gleichwertigkeit der Erziehungsfähigkeit beider Eltern der Vollzeit arbeitende Teil allein wegen der fehlenden Kontinuität der Kinderbetreuung der schlechter zur Erziehung geeignete sei. Dieser Verweis scheint Erfolg versprechend, weil das Gesetz den Richter bei der Entscheidung über das Sorgerecht nicht erstrangig dazu verpflichtet, die Interessen beider Eltern zu wahren, sondern als ausschlaggebend bewertet, bei welchem Elternteil das Kind die geringstmöglichen Nachteile zu verkraften hat.

Dies darf jedoch keinesfalls darüber hinwegtäuschen, dass das Sorgerecht durchaus trotz Berufstätigkeit eines Elternteils an denselben erteilt werden kann und auch bereits vielfach erteilt wurde. Grundlage dafür ist, dass die Betreuung des Kindes während der berufsbedingten Abwesenheit des Elternteils gesichert wird. Wer also ausschließlich wegen Berufstätigkeit die Teilhabe am gemeinsamen Sorgerecht und in der Folge fast automatisch auch das Umgangsrecht mit seinem Kind verliert, sollte die Berechtigung zu Haftungsansprüchen gegenüber seinem Anwalt ernsthaft überprüfen.

Gerät ein Vater im Zusammenhang mit einer mangelhaften anwaltlichen Ausübung des erteilten Mandats und dem damit verbundenem Verlust seiner Kinder in einen schweren seelischen Schockzustand mit psychischen Manifestationen, sodass er berufs- oder erwerbsunfähig wird, wirft dies den Verdacht auf, die Gesundheitsschädigung im Verbund mit Einkommenseinbuße nebst Zerstörung des sozialen Lebensstatus sei als direkte Folge der anwaltlichen Fehlleistung anzusehen.

Anders als unbescholtene, daher weder in Gesetzesfragen noch anwaltlichen Regeln bewanderte Durchschnittsbürger annehmen könnten, ist auch ein Rechtsanwalt für offenkundig mangelhafte Leistung haftbar zu machen. Schadenersatzforderungen könnten sich auf mindestens die angefallenen Anwaltskosten nebst Verfahrenskosten belaufen.

Selbstverständlich kann hier kein für alle individuellen Fälle geeigneter Musterbrief vorgelegt werden, der eine Erfolgsgarantie beinhaltet. Dieser Entwurf ist daher nach persönlichen und privaten Vorgaben abzuwandeln. Im Übrigen aber handelt es sich bei diesem Muster um ein in einem Haftungsstreit erfolgreich eingesetztes Schreiben eines mir persönlich bekannten Vaters.

Musterbrief 3

Sehr geehrter Herr Rechtsanwalt,

im abgeschlossenen Sorgerechtsprozess ... (Kennziffer usw.) haben Sie mich anwaltlich vertreten. Das Verfahren endete mit meiner Niederlage und mit der Erteilung des Alleinsorgerechts an die Gegenseite.

Nach den nationalen und internationalen rechtlichen Vorgaben hat das nach Trennung oder Scheidung der Eltern fortwirkende gemeinsame Sorgerecht Priorität. Nach BHG-Rechtsprechung obliegt es dem Anwalt in haftungsrelevanter Weise, »mit Rücksicht auf das auch bei Richtern nur unvollkommene menschliche Erkenntnisvermögen und die niemals auszuschließende Möglichkeit eines Irrtums [...] nach Kräften dem Aufkommen von Irrtümern und Versehen des Gerichtes entgegenzuwirken« (BGH, NJW 1974, 1865). Diese Pflichten haben Sie offenkundig versäumt.

Soweit das Gericht das Alleinsorgerecht für die Gegenseite ausurteilte, ist ebenfalls anwaltliche Pflichtversäumnis zu beklagen. Da die Eltern- und Kindesrechte regelnden legislativen Vorgaben des Gesetzgebers bei der im gerichtlichen Beweisbeschluss angeordneten Bestellung eines Gutachters von Ihnen nicht zwingend zum Beurteilungsmaßstab erklärt wurden, konnte der Gutachter einen eigenen, subjektiven Beurteilungsmaßstab anlegen. Dies zu verhindern und den »sicheren Weg« der Gesetzesvorgaben durchzusetzen, war Ihre Anwaltspflicht.

Auch nach Vorliegen des vom Gericht eingeholten Gutachtens haben Sie dieses nicht nach den legislativen Kriterien partnerschaftlicher Erziehung im Sinne des § 1626 II BGB angegriffen. Dadurch haben Sie Ihre Anwaltspflichten neuerlich verletzt.

Durch Ihre Pflichtverletzungen habe ich erstens den Verlust meiner Teilhabe an der elterlichen Sorge für meine Kinder erlitten.

Zweitens habe ich infolge der mit erheblichen körperlichen und geistigen Belastungen verbundenen alleinigen Unterhaltspflicht gegenüber meiner mir per Gerichtsbeschluss entzogenen Kinder einen psychischen Schock erlitten. Dieser hat sich in somatischen Langzeitfolgen manifestiert.

Drittens bin ich über die mit meinen Erkrankungen verbundene aufwendige medizinische Behandlung hinaus, in dieser Verfassung nicht arbeitsfähig.

Viertens muss ich aus der Summe der erlittenen Schäden und deren Folgen langfristig um den Verlust meines Arbeitsplatzes fürchten.

Der mir entstandene Schaden beinhaltet zunächst Ihr Honorar, mit dem ich in gleicher Höhe auch Schadenersatzforderungen aufrechne. Weitere Forderungen im Falle krankheitsbedingtem Arbeitsplatzverlustes behalte ich mir vor.

Ich bitte Sie im Rahmen Ihrer nachwirkenden Anwaltspflicht um Auskunft, ob und wie Sie meine Schadenersatzforderung zu regeln beabsichtigen. Ihrer Nachricht sehe ich mit Interesse entgegen.

Mit freundlichen Grüßen

(Unterschrift)

4.

Es ist soweit: Die Trennung

Die bangen Nächte und anspannungsreichen Tage der Entscheidungsfindung liegen hinter Ihnen. Sie haben sich mit Ihrer Frau und den Kindern ausgesprochen und wissen, was Sie wollen. Vielleicht haben Sie sich schon frisch verliebt und brechen die Zelte der Ehe freudigen Sinnes hinter sich ab. Eventuell packen Sie Ihre Siebensachen mit Trauer und Wehmut zusammen und starten in eine völlig ungewisse Zukunft. Möglicherweise trifft es Sie aber auch wie der Schlag, wenn Sie eines Tages von der Arbeit nach Hause kommen und die Wohnung leer, ohne Kinder und Ehefrau vorfinden.

Die Statistik zeigt, dass nur rund ein Drittel aller Scheidungen von Männern ausgehen. Gehören Sie dazu? Sind Sie vielleicht gar einer von denen, die auszogen, um eine Schachtel Zigaretten am Automaten zu ziehen und das Heimkommen vergaßen? Einer derer, die nach einer beruflichen Fortbildung als ein ganz anderer zurückkehrten und sich im Familienalltag nicht mehr zurechtfanden? Oder haben Sie wie so viele erst gemerkt, dass Ihre Ehe schlecht ist, als Ihre Frau Ihnen sagte, wie sie sich fühlt?

Die Mehrheit der Ehen wird heute geschieden, weil die Frau geht. Eine erstaunlich große Zahl der verlassenen Männer empfindet das Verschwinden der Ehefrau als einen unerwarteten, völlig überraschenden Schock.

Zahlen sagen nichts darüber aus, welche Gründe zu einer Trennung oder Scheidung führten. Die Lebenserfahrung lehrt, dass die

Liste der möglichen Scheidungskatalysatoren von Geld- und Erziehungsproblemen, einer neuen Liebesbeziehung und dem Wunsch nach Selbstverwirklichung angeführt wird.

Für das Scheidungsverfahren sind die Scheidungsursachen seit über 20 Jahren nicht mehr maßgeblich. Die Frage nach Schuld oder Unschuld des Einzelnen am Scheitern der Ehe wurde durch eine vom Gesetzgeber erklärte gemeinsame Schuld aufgehoben. Allenfalls bei der Ermittlung der erzieherischen Eignung eines Elternteils könnte Ihr Verhalten während der Ehe von Belang sein. Doch selbst dies wird selten abgefragt.

Vermutlich erklärt die pauschale Absolution des Gesetzgebers, warum sich die meisten Paare nicht sonderlich mit den tieferen Ursachen des Scheiterns Ihrer Beziehung auseinander setzen und ebenso blindlings in die Scheidung stürmen wie zuvor in die Ehe.

Ganz gleich, wie sich das Ende Ihrer Ehe in Szene setzt – als wichtigste Wegzehrung für die lange Durststrecke zwischen Aufbruch aus der Ehe und Ankunft in Ihrem neuen Leben sollten Sie einige Überlegungen in den Notfall-Rucksack stecken.

Eine Trennung in Würde
statt eines Rachefeldzuges

»Die Liebe wird durch den Zweifel verwundet, durch die Untreue getötet, durch das Vergessen begraben«, weiß der Volksmund. Für manche Menschen kommt es dazu freilich nie. Für sie bleibt die tote Liebe womöglich lebenslang im Zentrum ihrer Gefühle aufgebahrt, und die alten Wunden brechen auf, sobald ein Gedanke daran rührt.

In dieser Zeit der bestenfalls hauchdünn vernarbten Enttäuschungen stehen Hass und Rachsucht im Vordergrund. Ich kenne Geschiedene, die ihre Gefühle tagsüber mühsam im Zaum halten konnten und nachts regelmäßig loszogen, um die Autoreifen am

Fahrzeug ihrer Ex-Frau oder ihres Ex-Mannes zu zerschneiden, den Autolack zu zerkratzen, Nadeln neben dem Klingelknopf an der Haustür abzubrechen, Hundekot im Briefkasten zu deponieren, in jeder beliebigen Telefonzelle die Rufnummer Ihrer »Ex« mit einladendem Begleittext als »Call me!« an die Wand zu kritzeln oder wochenends eine Riesenhotelrechnung auf »seinen« Namen zu verursachen und ebenso von seinem Konto abbuchen zu lassen wie üppige Versandhausbestellungen.

Liebstes Racheinstrument sind leider die gemeinsamen Kinder. Gewähren oder Verhindern des Umgangsrechtes, Verweigerung des gemeinsamen Sorgerechtes, Manipulation des Kindes bis zur totalen Ablehnung des ausgegrenzten Elternteils; diese Aufzählung könnte Seiten füllend fortgesetzt werden.

Mein Appell: Vergessen Sie nie, dass Sie selbst Ihre Würde zu verlieren haben, und dass die Würde eines jeden Menschen, auch diejenige Ihrer Ex-Frau, unantastbar ist. Gestatten Sie sich nicht, verletzen zu wollen. Rache bringt allenfalls eine kurze Genugtuung. Sie verlangt aber suchtartig nach immer bösartigeren Tiefschlagerfolgen. Der nachhaltigste Schaden erwächst Ihnen selbst aus der Veränderung Ihrer Persönlichkeit und der eines Tages unweigerlich aufbrechenden Scham über Ihr entwürdigendes Verhalten. Statt eine Mauer aus Hass zu errichten, sollten sie lieber versuchen, die zum Zeitpunkt der Trennung noch bestehenden Verbindungsfäden zu Ihrer Frau – beispielsweise punktuell vorhandene gemeinsame Interessen – zu erkennen und im Interesse Ihrer Kinder zu wahren und zu nutzen.

Wie schaffen Sie es, dass Ihre Kinder Sie für diesen Schritt nicht hassen?

Unterschätzen Sie weder die innere Kraft Ihres Kindes noch die Angst, welche aus dem Zerbrechen der für die unbeschwerte, gesunde Entwicklung aller Kinder so unverzichtbaren »Familienhöhle« erwächst.

Fast jedes Kind entwickelt in dieser Zeit eine für das eigene Alter oftmals zu früh und zu massiv kommende Hellsichtigkeit gegenüber den Eltern. Die Erfahrung, dass die Familie zerbrechen, Liebe enden kann, Vater und Mutter nicht unfehlbar sind, sondern hilflos und unglücklich weinen oder sich genau so böse, zänkisch oder maßlos wütend und zerstörerisch verhalten, wie sie es als schlechtes Benehmen immer verboten hatten, verändert betroffene Kinder nachhaltig.

Da sie begreifen, dass die Eltern sich gegenseitig bitterste Vorwürfe wegen dieser oder jener Fehler machen und einer dem anderen die Schuld am Zerbrechen der Liebe geben will, bekommen Kinder Angst, ihr eigenes Verhalten werde ebenfalls dazu führen, dass die Liebe zu ihnen ende und die Eltern sich von ihnen abwenden könnten. In der Folge werden sie bedingungslos bestrebt sein, sich die Liebe zumindest eines Elternteils zu erhalten und immer etwas zu ernsthaft und ruhig, zu vernünftig, zu gehorsam, zu weinerlich, zu angepasst und zu leicht zu lenken sein. Oder sie werden den auf ihnen lastenden inneren Druck der Angst abreagieren, indem sie sich zu aggressiv, zu nervös, zu laut, zu abgebrüht geben und den coolen Max mimen.

Hass auf den Vater – von dem ebenso möglichen Hass auf die Mutter soll jetzt nicht die Rede sein – setzt bei Kindern in demselben Verhältnis ein, wie die Liebe zu ihm enttäuscht wurde, wobei dies sowohl das ureigene Gefühl des Kindes betreffen kann als auch das in Personalunion mit der Mutter solidarisch empfundene. Im Grunde haben Sie als Vater nur dann eine Chance, von Ihrem Kind auch nach der Trennung oder Scheidung ebenso dauerhaft wie zärtlich geliebt zu werden, wenn Sie bereits während der Ehe einen partnerschaftlichen, die Persönlichkeitsentwicklung und Kritikfähigkeit des Kindes fördernden Erziehungsstil anwandten. Ein selbstbewusstes Kind, welches sich ungestraft eine eigene Meinung bilden und diese auch äußern darf, ohne Liebesentzug fürchten zu müssen, wird wagen, sich zu seiner Liebe zu beiden Eltern zu bekennen und diese als gutes Recht ausdrücklich einzufordern.

Haben Sie einen partnerschaftlichen Erziehungsstil während der Ehe versäumt, sollten Sie diesen spätestens während der Zeit ändern, in der Sie mit Ihrer Frau noch mehr oder minder normal reden können und ein gemeinsames Sorgerecht ausüben. Arbeiten Sie jetzt an sich, um Ihrem Kind eine Chance, zu sich selbst zu stehen, zu geben. Wenn die Scheidung erst ausgesprochen und die Frage des Sorgerechts oder der Umgangserlaubnis gerichtlich so geregelt ist, dass Sie zum bloßen »Zahlpapa« geworden sind, ist es meist zu spät.

Unter einer Änderung Ihres Erziehungsstils verstehe ich nicht, dass Sie Ihrem Kind künftig keine Anweisungen mehr geben und es jederzeit gewähren lassen sollten. Ein blindes »Laissez faire« ist ebenso falsch wie unangemessene, launenhafte Strenge. Wozu ich Sie ermuntern möchte ist, sich selbst immer wieder ganz deutlich vor Augen zu führen, dass niemals Ihr Kind selbst schlecht oder böse ist, wenn es etwas in Ihren Augen Ungezogenes getan hat. Es kann die Handlung schlecht oder falsch gewesen sein. Das Kind ist es nicht. Schimpfen Sie deshalb nicht: »Du bist ein böses, schlechtes Kind! Kinder, die sich so benehmen wie du, kann ich nicht leiden!« Strafen Sie nicht durch stundenlanges Schweigen und Ignorieren des Kindes. Stellen Sie stattdessen in möglichst großer Ruhe und freundlicher Festigkeit heraus: »Da hast du etwas sehr Dummes angestellt. Lass uns sehen, wie du das wieder gut machen kannst. Ich helfe dir. Du schaffst das schon.«

Ihr Kind lernt aus einer solchen Bewertung, dass es trotz eines Fehlers liebenswert bleibt und weiterhin geliebt wird. Im Umkehrschluss gelingt es ihm dann auch, den Eltern Fehler zu verzeihen und sie trotzdem zu lieben. Die Verlustangst, wenn Eltern sich trennen, ist auf diese Weise überschaubar. Das Kind muss dann erst gar keinen Hass als Schutzwall um sich herum aufbauen.

Gefühlschaos – Die sich wandelnde Beziehung zwischen den Partnern

Es ist eine seltsam traurige Erfahrung, dass Paare in der Anfangszeit Ihrer Scheidungsphase einander plötzlich wieder wahrnehmen und dann in eine Turbulenz der Zweifel trudeln. Die Notwendigkeit, miteinander zu reden, etwa um Eigentumsfragen zu klären oder über die gemeinsamen Kinder zu beraten, führt zu einer lange vergessenen Vertrautheit zurück. Auf einmal weiß man wieder, wohin der andere geht, wann er kommt, verabredet sich in diesem oder jenem Lokal, bereitet sich aufeinander vor, zieht sich sorgfältig an, besinnt sich auf höfliche Umgangsformen zurück, respektiert die Grenzen des anderen und setzt eigene Ansprüche durch. Plötzlich fällt einem neu auf, dass sie oder er beim Frisör war, einen anderen Duft aufgelegt hat als sonst, irgendwie lockerer wirkt und wirklich attraktiv ist.

Oft erwacht über der erzwungenen neuen Annäherung der Eros wieder, weiß man nicht mehr so sicher, ob es nicht doch noch Liebe ist, testet es aus, wagt es, sich dem anderen nochmals ganz zu öffnen. Und scheitert doch, weil die Verletzungen zu tief sind, weil man sie nicht vergessen, nicht ruhen lassen kann, sondern sie jetzt, mit frisch gefasstem Zutrauen, auf den Tisch legen, sichtbar machen, Erklärungen, Entschuldigungen, Veränderungen herbeiführen will und dabei die alte Blindheit des anderen neuerlich entdeckt.

Eine echte Chance haben nur die Sehenden, die das eigene Verhalten und das des anderen erkennen, die Berechtigung der Klage verinnerlichen und Entscheidendes zu ändern vermögen. Und zwar an sich selbst. Wer glaubt, den anderen umerziehen zu müssen, um zu ihm zu passen, sollte ihn lieber endgültig loslassen.

Aus der einstigen Liebe kann jedoch Freundschaft werden. Auch das ist eine Form der Liebe. Sie gründet auf Sympathie, Respekt, Anerkennung, geduldiger Nachsicht, Ehrlichkeit, Vertrauen und der Freude an wechselseitiger Nähe. Faktoren also, ohne die auch in der Liebe kein Funke überspringt. Oftmals bedarf es nur einer geringfügig veränderten Wahrnehmung des anderen, um aus Freundschaft Liebe werden zu lassen.

Was macht es dann aber so schwer, Liebe in Freundschaft zu wandeln?

Ist es nur der Verzicht beziehungsweise der Entzug von einst gewährter sexueller Intimität? Wohl kaum. Was Liebe und Freundschaft unterscheidet, ist mehr als sexuelle Attraktion. Es ist die bedingungslose Bereitschaft zur Schutzlosigkeit, die freiwillige Öffnung aller persönlichen Grenzen bei gleichzeitiger rückhaltloser Aufnahme des anderen. Wer liebt, bewahrt sich nicht selbst, er vertraut sich an.

Wenn die Liebe endet, ist dieses Vertrauen zerstört. Und zwar sowohl das Vertrauen in den anderen, als auch das in sich selbst. Die Frage drängt sich auf, was falsch war. Menschen, die von Kind auf gelernt haben, dass Liebe der Lohn für bestimmte Verhaltensmuster ist, tun sich schwer damit, eigene Schuld einzugestehen. Es käme dem Beweis gleich, nicht liebenswert zu sein. Proportional zu der Angst vor Strafe und dem damit verknüpften Verlust des eigenen Selbstwertgefühls, steigert sich die Schuldzuweisung an den anderen sowie das Bedürfnis, ausgleichende Gerechtigkeit zu üben und selbst zu strafen.

Damit aus Liebe Freundschaft werden kann, ist eine gegenseitige Entlastung der Partner erforderlich. Jeder von ihnen muss sich sowohl selbst als auch dem anderen Fehler, Irrtümer, Bosheit, Zimperlichkeit, Zickigkeit und alle die anderen unangenehmen Details verzeihen, die in der eigenen Persönlichkeit begründet sind und diese letztlich inkompatibel mit der speziellen Zusammensetzung der Persönlichkeitsstruktur des anderen machten. Doch um Verzeihung zu bitten, fällt schwer. Es gehören Mut und Selbstbewusstsein ebenso dazu wie Achtung vor dem anderen. Nicht zuletzt aber auch das Bewusstsein, dass es auf Verzeihung keinen Gewährungsanspruch gibt.

Versuchen Sie deshalb, während der schmerzhaften Ablösungsphase, möglichst fair zu bleiben und wenig Anlass zu Entschuldigungen heraufzubeschwören. Haben Sie sich doch nicht so ganz in der Hand, bleibt das Echo schwächer, wenn Sie Ihr Verhalten umgehend oder spätestens beim nächsten Wiedersehen klar benennen. Es fällt Ihnen kein Zacken aus der Krone, wenn Sie eingestehen: »Du, das und das war jetzt wirklich gemein von mir. Tut mir leid. Ich versuche, auf die Reihe zu kriegen, dass so was nicht wieder vorkommt.«

Möglicherweise wird Ihre Frau oder Ex-Frau sich dann genau so verhalten, wie Sie es schon kennen und nicht ausstehen können. Lassen Sie sich trotzdem nicht hinreißen, in gleicher Münze auszuteilen. Bleiben Sie souverän und gelassen, auch wenn es schwer fällt. Oftmals ist in solchen Situationen keine Antwort die klügste. Und verkneifen Sie sich dieses bewusste Grinsen oder Augenbrauenhochziehen – Sie wissen schon, dass Körpersprache unmittelbarer trifft als Worte.

Wenn es »zu dick kommt«, reicht es, ruhig aber bestimmt darauf hinzuweisen, dass Sie beide vereinbart hatten, keine schmutzige Wäsche zu waschen. Selbst der Hinweis darauf, dass es vielleicht gescheiter wäre, sich an einem anderen Tag, wenn Sie beide bessere Nerven haben, erneut in derselben Frage zusammenzusetzen, kann Öl auf die Wogen gießen. Und denken Sie daran, die Chance, dass aus Liebe Freundschaft wird, steigt mit jedem gelungenen Versuch, einander Toleranz und Fairness zu erweisen. Ein Erfolgsrezept gibt es aber leider nicht.

Was ist beim Getrenntleben zu beachten?

Das Getrenntleben von Ehepartnern, die sich scheiden lassen wollen, unterliegt bestimmten gesetzlichen Regelungen. Werden diese nicht eingehalten, geht der Gesetzgeber davon aus, dass die Trennungsabsicht nicht ernsthaft besteht und spricht die Scheidung nicht aus. Deshalb sollten Sie einige Punkte beachten.

Getrennt in der gemeinsamen Wohnung

Angesichts der Tatsache, dass Wohnraum knapp und teuer ist und die gesetzlich vorgeschriebene einjährige Trennungsphase immer auch als Chance zur Versöhnung anzusehen ist, ziehen immer mehr Scheidungswillige nicht sofort aus der gemeinsamen Ehewohnung aus, sondern richten sich darin »getrennt von Tisch und Bett« analog zu einer Wohngemeinschaft ein.

Damit es keine Unstimmigkeiten bezüglich des Trennungszeitpunktes gibt, müssen Sie diesen festlegen. Dies kann in einem privaten Anschreiben oder durch ein anwaltliches Schreiben geschehen. Ob Ihre Frau mit der Trennung einverstanden ist, spielt dabei keine Rolle. Entscheidend ist Ihre freie Willenserklärung sowie die durch Sie vollzogene Trennung.

Als vollzogen gilt eine Trennung, wenn Sie diese sowohl räumlich als auch versorgungsmäßig vornehmen. Sie sind demnach verpflichtet, die Ehewohnung in zwei Privatbereiche zu teilen und keinen gemeinsamen Haushalt mehr mit Ihrer Frau zu führen. Falls Ihre Frau beispielsweise bereit wäre, auch künftig Ihre Wäsche zu erledigen, müssen Sie darüber theoretisch einen Arbeitsvertrag abschließen und die Leistung entsprechend entlohnen.

Darüber hinaus ist es geboten, schon jetzt getrennte Kassen einzuführen. Haben Sie bisher ein gemeinsames Girokonto mit Ihrer Frau geführt, sollte Ihre Frau sich nun ein eigenes Konto einrichten. Legen Sie für die vereinbarten Unterhaltsleistungen einen Dauerauftrag fest und sperren Sie Ihrer Frau die Verfügungsgewalt über bisherige gemeinsame Konten. Legen Sie fest, dass Abbuchungen von gemeinsamen Spar- oder Wertpapierkonten nur mit beiden Unterschriften der Ehepartner erfolgen und Sparbücher der Kinder bis zu einem bestimmten Alter der Kinder nicht ausgezahlt werden können.

Gemeinsam mit dem neuen Partner Ihrer Frau unter einem Dach

Manche Ehefrauen haben nach erklärter Scheidungsabsicht keinerlei Hemmung, ihren neuen Lebenspartner in die eheliche Wohnung mitzubringen. Sofern Sie dies nicht wünschen, haben Sie das Recht, Ihr Veto einzulegen. Auch wenn Sie in Scheidung leben und Ihre Frau innerhalb der Wohnung einen eigenständigen Wohnbereich nutzt, bleibt die Wohnung der gesetzlich geschützte eheliche Wohnraum, in dem Sie sich ungewünschten Zutritt Dritter nicht gefallen lassen müssen.

Umgekehrt gilt dies selbstverständlich ebenso. Auch wenn Sie die eheliche Wohnung nur allein angemietet und den Mietvertrag ohne Ihre Frau unterschrieben haben, bleibt der Schutz der ehelichen Wohnung bestehen und daher hat Ihre Frau das Recht, Ihrer neuen Freundin den Zutritt zu verweigern.

Sex gleich Versöhnung?

Wenn Sie sich während der Trennungszeit mit Ihrer Frau versöhnen und wieder eine eheliche Beziehung aufnehmen, ist dies nicht sofort und unbedingt als rechtlich relevante Unterbrechung der Trennungszeit anzusehen. Der Gesetzgeber räumt scheidungswilligen Paaren durchaus ein, einmal oder mehrmals Versöhnungsversuche zu wagen und in diesem Zusammenhang eine »kürzere Zeit« wieder miteinander zusammenzuleben.

Selbst ein gemeinsamer Urlaub sowie wiederholte Besuche oder gemeinsame Unternehmungen werden als ein solcher kurzzeitiger Versöhnungsversuch angesehen und stellen keine Unterbrechung der Trennungszeit dar und stehen somit der Scheidung nicht entgegen.

Ab wann ist es Belästigung, wenn Sie Ihre Frau nach dem Auszug sehen wollen?

Vor allem in den Fällen, in denen die Scheidungsabsicht von der Frau ausging, fällt es Männern oftmals schwer, sich mit den Tatsachen abzufinden und die getrennten Wege zu akzeptieren. Ihr Wunsch, die Trennung rückgängig zu machen, führt zu einem gesteigerten Bedürfnis, die Frau erneut zu umwerben und immer wieder ihre Nähe zu suchen. Der Frau, die sich neu verliebt oder aus anderen Gründen eine unwiderrufliche emotionale Trennung von Ihrem Ehepartner vollzogen hat, wird seine Annäherung nicht unbedingt gefallen. Was dann? Fühlt Ihre Frau sich durch Ihr Verhalten belästigt, hat sie das Recht, bei Gericht einen Antrag zu stellen, um Ihnen Ihr Benehmen verbieten zu lassen.

Eine Belästigung liegt zum Beispiel vor, wenn Sie sich trotz ausdrücklicher Verbote immer wieder Zutritt in die privaten Wohnbereiche oder die neue Wohnung Ihrer Frau verschaffen. Auch Beleidigungen, Bedrohungen oder gar Gewalt muss sie sich keinesfalls bieten lassen. Außerdem kann Sie es Ihnen untersagen, sie ständig zu Hause oder auf der Arbeitsstelle anzurufen oder ihr täglich Briefe, Karten, Telegramme, ja, selbst Blumen oder Ähnliches zu schikken. Auch wenn Sie immer wieder an bestimmten Plätzen schweigend auf sie warten, im Auto vor ihrem Haus stehen, sie beobachten, an Ihr Fenster klopfen oder auf andere Weise ein Gespräch mit ihr herbeiführen wollen, stellt dies eine Verletzung ihrer Privatsphäre dar und ist strafbar. Im schlimmsten Falle auferlegt Ihnen das Gericht ein Zwangsgeld oder sogar Zwangshaft.

5.

Unterlagen und Papiere

Scheidung ist ebenso wie die Eheschließung ein zwar privater Entschluss, aber zugleich ein den Regeln des Staatsapparates unterworfener formaler Akt. So kommt beispielsweise ein Scheidungsbegehren nur auf Antrag eines Ehepartners in Gang. Bei Gericht kann dieser Scheidungsantrag ausschließlich durch den Rechtsanwalt eingereicht werden.

Zuständig für das gesamte Scheidungsverfahren und alle damit verbundenen Familiensachen ist das Amtsgericht mit seiner Abteilung für Familiensachen. Der Gerichtsort richtet sich nach Ihrem gemeinsamen Wohnort beziehungsweise nach dem Gerichtsbezirk, in welchem der die gemeinsamen Kinder versorgende Ehepartner seinen Wohnsitz hat.

Zur Durchführung eines Scheidungsverfahrens benötigen Sie außerdem eine Menge persönlicher Unterlagen. Diese sind sowohl zur Vorlage bei Gericht als auch bei einem Anwalt Ihrer Wahl erforderlich. Zur Festlegung der Unterhaltszahlungen sowie zur Klärung, ob Prozesskostenhilfe gewährt werden kann, sind vor allem Einkommensnachweise wichtig.

Erstellen Sie eine Liste

Sobald Sie beginnen eine Trennung ernsthaft in Betracht zu ziehen, sollten Sie eine Liste wichtiger persönlicher Unterlagen erstellen, die Sie im Verlauf der Trennung benötigen. Weiterhin sollten Sie sich einen gründlichen Überblick über sämtliche Verträge, Versicherungen und materielle Verbindlichkeiten verschaffen. Eine solche frühzeitige Vorsorge erweist sich im Ernstfall als sehr sinnvoll, da es nach der Trennung häufig Schwierigkeiten gibt, die erforderlichen Unterlagen oder Auskünfte von Ihrer Frau zu erhalten beziehungsweise diese ihr auszuhändigen. Bedenken Sie, dass Sie später eventuell alles Fehlende schriftlich durch Ihren Anwalt anfordern lassen und für jede seiner in Ihrem Auftrag durchgeführten Dienstleistungen teuer bezahlen müssen.

Da Sie nicht nur Ihre eigenen Unterlagen benötigen, sondern auch genauestens über diejenigen Ihrer Frau informiert sein sollten, ist es wichtig, die Checkliste für Sie beide anzulegen. Am einfachsten geschieht dies in Tabellenform. Fertigen Sie außerdem Kopien der persönlichen Unterlagen Ihrer Frau an und stellen Sie eine Mappe zusammen, auf die Sie jederzeit zurückgreifen können. Sollten Sie den Verdacht hegen, Ihre Frau könne Sie überraschend verlassen und die gemeinsamen Kindern entführen, stellen Sie vorsorglich die persönlichen Unterlagen der Kinder sicher.

Die nachfolgend aufgeführte Auswahl wichtiger Unterlagen kann nicht auf Ihre ganz persönlichen Lebensumstände abgestimmt sein. Bitte ergänzen und variieren Sie die Liste entsprechend.

Persönliche Papiere
- Ausweispapiere
- Familienstammbuch
- Geburtsurkunde
- Heiratsurkunde
- eventuell Aufenthaltserlaubnis

- eventuell Arbeitserlaubnis
- Zeugnisse
- Arbeitsnachweise
- persönliche Fotos und Filme
- persönliche Briefe

Geldbesitz
- Sparbücher
- Nachweise über Festgeldkonten, Kapitalanlagen, Wertpapiere, Münzsammlungen, Briefmarkensammlungen oder anderer eventuell vorhandenen geldwerten Besitzes
- Fotos sämtlicher Einrichtungsgegenstände, Gemälde, Teppiche, Antiquitäten usw.
- Fotos kostbarer Familienerbstücke wie Schmuck und dergleichen mehr
- Kaufbelege und Wertbestätigungen in Form von Expertisen besonders wertvoller Besitztümer

Einkommensnachweise
- Gehalts- oder Lohnbescheide
- Nachweise über Sonderleistungen des Arbeitgebers wie Urlaubsgeld, Weihnachtsgeld, Jubiläumsgelder, Preisgelder, Spesenabrechnungen
- Lohnsteuerkarte
- Einkommenssteuererklärungen und -bescheide für jeweils die letzten drei Jahre
- Nachweise über eventuelle Nebenbeschäftigungen und daraus resultierender Einkünfte
- aktuelle Kontoauszüge sämtlicher Konten, am besten über die letzten 12 Monate (Nehmen Sie am besten die Originale an sich und hinterlegen Sie in den entsprechenden familiären Beleg-Ordnern Fotokopien).

Laufende Verbindlichkeiten
- Daueraufträge
- Kreditverträge
- Darlehensverträge
- Hypothekenverträge oder Grundschuldeintragungen
- Nachweise über Tilgungsraten, Sonderabzahlungen und Restschuld
- Bausparverträge
- eventuell zur Finanzierung genutzte Lebensversicherungen

Arbeitsunterlagen
- Arbeitsverträge
- Gehaltsbescheinigungen
- Rentenbescheide
- Sozialversicherungsbescheinigungen
- Unterlagen über Betriebsrente

Versicherungsunterlagen
- Versicherungskarte der Krankenkasse
- Krankenversicherung
- Rentenversicherung
- Lebensversicherungspolicen
- Haftpflichtversicherung
- Kraftfahrzeugversicherung
- Unfallversicherung
- Feuerversicherung und weitere Haus- und Wohnraum sichernde Policen
- Hausratversicherung

Bewilligungsbescheide über
- Kindergeld
- eventuell Erziehungsgeld
- eventuell Renten
- eventuell vom Arbeitsamt

- eventuell Wohngeld

Verträge
- Mietvertrag
- Nachweis über Mietnebenkosten
- Nachweis über laufende Ausgaben wie Strom, Wasser, Gas oder andere Heizungskosten, Müllabfuhr
- Haushaltshilfe und andere im familiären Bereich Dienstleistende
- Nachweis über Telefonkosten

Hausbesitz
- Grundbuchauszug
- Kaufverträge
- Vermietungsverträge nebst Mieteinnahmen- und Nebenkostennachweis

Unterlagen der Kinder
- Geburtsurkunde
- eventuell Adoptionsurkunde
- Kinderausweise
- Schulzeugnisse
- Sparbücher
- Gesundheitspässe und Impfausweise
- Versicherungskarten der Krankenkasse

Wie Sie sich Fehlendes beschaffen

Fehlende Unterlagen müssen nach der Trennung generell schriftlich angefordert werden. Dies kann speziell im Zusammenhang mit Vermögenswerten problematisch sein. Nicht nur Frauen wissen oftmals nichts über die Finanzsituation Ihres Mannes, sondern auch umgekehrt. Ehepartner sind jedoch verpflichtet, einander über ihre Vermögenswerte zum Zeitpunkt der Zustellung des Scheidungsantrags Auskunft zu geben.

Diese Auskunft muss genau, detailliert und nachprüfbar sein. Sie beide haben folglich ein Recht darauf, dass alle Angaben einzeln belegt werden. Sollten berechtigte Zweifel an der Richtigkeit der Angaben bestehen, können Sie eine eidesstattliche Erklärung verlangen. Verweigert Ihre Frau die Auskunft oder antwortet gar nicht erst auf Ihre Anfrage, bleibt Ihnen der Klageweg.

Wie verbindlich gelten Vereinbarungen aus einem Ehevertrag?

Jedes Kind weiß heute, dass Ehen zerbrechen können. Vorsorge in guten Zeiten zu treffen, ist daher kein Misstrauensbeweis oder Zeichen mangelnder Liebe, sondern ein ebenso realistisch zu sehender Vorgang wie etwa das Abschließen einer Lebensversicherung. Diese unterschreibt man ja auch nicht im sicheren Wissen um den eigenen Tod, sondern als Vorsorgemaßnahme für den Notfall.

Basis eines jeden Vertrages ist selbstverständlich die gegenseitige umfassende und rückhaltlose Offenlegung aller Einkommens- und Vermögensverhältnisse. Schon allein daraus ersehen Sie, dass eine Einigung in Zeiten der Liebe erstrebenswert und eine Absicherung vor dem Notar klug ist.

Falls Sie keinen Notar einschalten wollen, aber dennoch eine *Trennungs- oder Scheidungsfolgenvereinbarung* (siehe dazu auch Kapitel 2) miteinander abschließen, gilt diese im Ernstfall nur bedingt. So können Sie zwar eine Regelung über Hausrat und Unterhalt treffen, eine privatschriftliche Einigung über Zugewinnausgleich und Immobilienbesitz gilt jedoch nicht, da sie an bestimmte Formvorschriften gebunden ist. Auch die Frage des *Versorgungsausgleichs* ist sehr komplex und sollte ebenso wie eine Gütertrennung nicht ohne fachkompetente anwaltliche oder notarielle Hilfe abgeklärt werden.

Lassen Sie sich beim Abschluss eines Vertrags in jedem Fall Zeit. Prüfen Sie, ob die geplanten Regelungen in Ihrer beider Interesse liegen und nicht einer von Ihnen letztlich übervorteilt würde. Kontrollieren Sie die Ihnen vorgelegten Papiere und Vertragsformulierungen genau und ziehen Sie am besten den fachlichen Rat von zumindest einem Anwalt oder Notar hinzu. Die Konsultation eines zweiten kann insofern dienlich sein, als selbst Anwälte sich in dieser schwierigen Materie nicht immer umfassend auskennen und Fehler machen könnten. Übersehene Fehler sind Bestand Ihres Vertrages. Unterschreiben Sie deshalb nichts sofort, auch nicht, wenn Ihre Frau Ihnen versichert, sie habe bereits alles geprüft und für gut befunden. Einmal geleistete Unterschriften sind nahezu unwiderruflich.

Die schriftliche Mitteilung der Scheidungsabsicht

Ihre Absicht, sich scheiden zu lassen, wird Ihrer Frau kein Geheimnis geblieben sein. Um reinen Tisch zu machen, sollten Sie jedoch keine Unklarheiten zwischen Ihnen bestehen lassen. Teilen Sie Ihrer Frau daher Ihre Scheidungsabsicht schriftlich mit. Falls Sie noch keine feste Adresse haben sollten, richten Sie sich entweder ein Postfach ein oder geben Sie als Empfängeranschrift Ihre Arbeitsstelle an. Teilen Sie letzteres bei Ihrer Arbeitsstelle mit und bitten Sie um Weiterleitung eventueller Postsendungen an Sie.

Falls Ihnen die Adresse Ihrer Frau unbekannt ist, adressieren Sie den Brief an Ihre anwaltliche Vertretung, an Ihre Eltern oder Arbeitsstelle, oder bitten Sie die beste Freundin Ihrer Frau um Mittlerdienste. Auch der Kinderarzt Ihrer Kinder könnte einen solchen Brief eventuell übermitteln, da er die Kinder entweder selbst weiterhin behandeln oder ihre medizinischen Unterlagen an einen Kollegen weiterleiten wird. Besprechen Sie sich für diesen Fall mit ihm und bitten Sie um seine Hilfe.

Wie ein derartiger Brief an Ihre Frau aussehen könnte, zeigen die beiden folgenden Musterbriefe.

Musterbrief bei gemeinsamer Wohnung

Name und Anschrift des Absenders

Name und Anschrift der Empfängerin   Ort, Datum

Vorname,

um keine Missverständnisse zwischen uns aufkommen zu lassen, teile ich Dir mit, dass ich ab sofort von Dir getrennt leben und die Scheidung einreichen will.

Bis wir über getrennte Wohnungen verfügen, werde ich mir meinen persönlichen Lebensbereich in unserem bisherigen gemeinsamen Wohnzimmer einrichten. Dir steht das ehemalige Schlafzimmer zur Verfügung.

Da wir Küche und sanitäre Einrichtungen weiterhin gemeinsam nutzen müssen, teile ich Dir mit, dass ich während der Zeiträume von ... Uhr bis ... Uhr das Bad benötige, von ... Uhr bis ... Uhr die Küche benutzen werde und unsere Waschmaschine/Wäschetrockner jeweils ... (Wochentag) ab ... Uhr beanspruche.

Die Bereiche der Kinder bleiben weiterhin uns als Eltern gleichberechtigt zugänglich. Unsere Kinder haben selbstverständlich jederzeit wie bisher zu mir und meinem persönlichen Wohnbereich Zutritt. Ferner bin ich in jeder Beziehung weiterhin ebenso für sie zuständig wie Du. Um uns als Eltern auch künftig optimal ergänzen zu können, stehe ich Dir zur konkreten Absprache, Beratung und Unterstützung jederzeit zuverlässig zur Verfügung. Zur Kontaktaufnahme rufe mich bitte an oder hinterlege mir einen Zettel oder sprich mich unmittelbar an.

Zukünftig werde ich – nach Absprache und bei Bedarf zwar für die Kinder – für Dich persönlich weder einkaufen, noch kochen, putzen, Wäsche waschen und bügeln oder mich am Hausputz für die von Dir persönlich genutzten Bereiche beteiligen.

Über die vereinbarten Unterhaltsleistungen hinaus werde ich keinerlei Zahlungen mehr für Dich leisten, insbesondere keine Rechnungen begleichen.

Unterschrift

Musterbrief bei getrennten Wohnungen

...... (1. Satz identisch wie in vorausgegangenem Musterbrief)

Meine neue Privatadresse lautet.......
Telefonisch erreichst Du mich unter .... Am günstigsten zwischen ... Uhr und ... Uhr. Solltest Du mich wider Erwarten nicht erreichen, setze Dich bitte mit ... (Vertrauensperson, Kontaktadresse, Telefonnummer) in Verbindung. Sie wird mich umgehend benachrichtigen.

Unsere Kinder haben selbstverständlich wie bisher zu mir und meiner neuen Wohnung Zutritt ... (identisch wie im ersten Musterbrief bis »sprich mich unmittelbar an«).

Um das Verhältnis zwischen unseren Kindern und mir möglichst unbelastet fortsetzen zu können, bitte ich Dich – jeweils nach Absprache – um Zutritt zu den Wohnbereichen der Kinder. Im Gegenzug erteile ich Dir die Erlaubnis, Dich – ebenfalls nach Absprache – in meiner Wohnung in den für die Kinder eingerichteten Bereichen mit ihnen treffen zu können.

Über die vereinbarten Unterhaltsleistungen hinaus .... (identisch wie in Musterbrief eins).

Unterschrift

Fertigen Sie für sich selbst immer Kopien des Schriftverkehrs an, damit Sie nötigenfalls die einzelnen Schritte Ihrer Trennung belegen können.

6.

Geldfragen

Leider scheinen viele scheidungswillige Paare zu glauben, nach der Trennung und Scheidung werde nicht nur die selige Zeit der unbeschwerten Jugend und neuen Liebe zurückkehren, sondern auch eine wundersame Geldvermehrung eintreten. Tatsächlich wird in den meisten Scheidungsfällen nicht der Wohlstand geteilt, sondern der Mangel verwaltet. Am Ende bleibt für keine der beiden Splitterfamilien ein dem früheren Lebensstandard entsprechendes Einkommen übrig.

Was kostet die Scheidung?

Für eine Scheidung gibt es keine feste, sondern eine am Einzelfall ausgerichtete Kostenregelung (vgl. Kap. 2). Generell gilt: Die kostengünstigste Lösung ist stets die einvernehmliche Scheidung, bei der die wichtigsten oder besser noch alle scheidungsrelevanten Punkte vor der Gerichtsverhandlung verbindlich abgeklärt und notariell abgesichert wurden.

Einkalkulieren müssen Sie für eine rasche, unkomplizierte Scheidung bei einem geringen Familieneinkommen etwa 1300 Mark bis 1500 Mark monatlich. Verdienen Sie gemeinsam rund 5000 Mark und muss vor Gericht über Sorgerecht, Umgangsrecht und

Unterhalt gestritten werden, sind Sie mindestens mit einem Monatseinkommen dabei. Diese Skala ist nach oben offen!

Prozesskosten und andere Hilfen

Verfügen Sie über ein geringes Einkommen, steht Ihnen staatliche Unterstützung zur Klärung Ihrer Familienangelegenheiten zu. Diese reichen von anwaltlicher Beratung bis zur Gewährung von Prozesskostenhilfe. Die Berechtigung wird aus Ihrem »bereinigten Einkommen« ermittelt.

Um selbst zu prüfen, ob Sie auf staatliche Hilfe zählen können, ziehen Sie von Ihrem Einkommen ab:

- Steuern
- Sozialversicherungsbeiträge
- Versicherungskosten
- Werbungskosten aller Art
- Wohnungskosten/Hauskosten
- Berufstätige können gegenwärtig bis zu 266 Mark Mehrbedarf abziehen

Bleiben Ihnen unter dem Strich weniger als 600 Mark für den Eigenbedarf zuzüglich 600 Mark für Ihre im selben Haushalt lebende einkommenslose Frau plus 464 Mark für jede weitere von Ihnen zu versorgende oder von Ihnen Unterhalt beziehende Person, entstehen Ihnen keine Prozesskosten. Darüber hinaus erhalten Sie eine anwaltliche Beratungshilfe, die gegen eine geringe Gebühr erfolgt.

Da die anwaltliche Beratungshilfe, die dem Antrag auf Prozesskostenhilfe vorausgeht, ihrerseits nur auf Antrag gewährt wird, müssen Sie sich zunächst ein entsprechendes Formblatt bei der *Rechtsantragsstelle* des für Ihren Wohnbezirk zuständigen Amtsgerichtes holen. Füllen Sie den Vordruck aus und bringen Sie ihn zur anwaltlichen Beratung mit. Sie müssen Ihre Einkommensverhältnisse offen legen. Fügen Sie daher die erforderlichen Unterlagen bei.

Auch Prozesskostenhilfe muss anwaltlich beantragt werden. Dazu werden Ihre mitgebrachten Unterlagen überprüft und in den Antrag einbezogen. Sobald er bei Gericht vorliegt, prüft dieses Ihr mit dem Antrag auf Prozesskostenhilfe verbundenes Anliegen, um Ihre Erfolgsaussichten einzuschätzen. Da der Staat keine Unterstützung für aussichtslose Fälle gewährt, lässt sich aus der Zusage indirekt immer auch die Erfolgschance ablesen. Anschließend prüft das Gericht Ihr Einkommen nach den für Ihre Privatkalkulation angeführten oben genannten Gesichtspunkten. In diesem Zusammenhang legt es gegebenenfalls eine Ratenzahlung für die Rückzahlung der zu gewährenden Prozesskostenhilfe fest.

Auch wenn Ihr Einkommen über der Gewährungsgrenze liegt, kann ein Antrag auf Prozesskostenhilfe dennoch Erfolg haben. In diesem Fall legt das Gericht maximal 48 Monatsraten zur Rückzahlung fest. Die Höhe der Einzelrate wird anhand einer speziellen Tabelle bemessen. Als Richtwert ist ein Betrag von 120 Mark anzunehmen, wenn Sie als Single über ein »bereinigtes Einkommen« von etwa 1000 Mark verfügen. Als Alleinerziehende/r mit einem Kind und etwa 1800 Mark anrechenbaren Einkommen, müßten Sie mindestens 230 Mark zurückzahlen. Wichtig zu wissen ist, dass Sie bei Verschlechterung Ihres Einkommens nachträglich eine geringere Ratenzahlung vereinbaren können. Im umgekehrten Fall müssen Sie mit einer Nachforderung des Gerichtes rechnen.

Sollte Ihre Frau über höhere Einkünfte verfügen, müßte sie im Rahmen ihrer Unterhaltspflichten wahrscheinlich die für Sie beide anfallenden Scheidungskosten tragen. Möglich wäre auch, sie wegen eines Scheidungskostenvorschusses zur Kasse zu bitten, falls Sie selbst zahlungsunfähig sind. Umgekehrt würden Sie als Besserverdienender in die Pflicht genommen.

Prüfen Sie bitte auch die Police Ihrer Rechtsschutzversicherung, falls Sie eine solche abgeschlossen haben. Verfügen Sie über eine Familienrechtsschutzversicherung, die auf Ihren Namen abgeschlossen wurde, ist davon auszugehen, dass diese Ihre persönlichen Anwaltskosten und eventuell auch Folgekosten übernimmt. Fraglich ist, ob auch die anwaltliche Beratung Ihrer Frau sichergestellt wäre, die nicht ausdrücklich als Versicherungsnehmerin benannt ist. Klären Sie entsprechende Details mit Ihrer Versicherung ab. Unterschreiben Sie keinesfalls eine anwaltliche Vollmacht zur Interessenvertretung vor Gericht, ehe die Frage der Kostenübernahme oder Prozesskostenhilfe geklärt ist.

Besteuerung bei Trennung und nach der Scheidung

Aufgrund des im Steuerrecht vorgesehenen Splittingverfahrens kommen Ehepaare in den Genuss günstiger Steuerklassen. Diese können beide Ehepartner maximal für das Kalenderjahr beibehalten, in dem sie ihre Trennungsabsicht offiziell bekundet haben. Anschließend wird der Unterhaltsleistende – im Allgemeinen der Vater – skandalöserweise wie ein Single nach Steuerklasse I besteuert. Der Unterhaltsberechtigte – im Regelfall die Mutter – wird nach Steuerklasse II besteuert und muss Unterhaltsleistungen entsprechend angeben.

Steuererklärungen

Da verheiratete Frauen, die geringere Einkünfte erzielen als ihre Männer, generell in der höheren Steuerklasse eingestuft werden und folglich vergleichsweise geringere Auszahlungsbeträge erhalten, muss der ihnen erwachsene Verlust bei Trennung durch den steuerrechtlich begünstigten Mann ausgeglichen werden. In diesem Fall sind Sie als besserverdienender, aber steuerlich niedriger belasteter Mann verpflichtet, den Steuervorteil entweder über den monatlichen Unterhalt oder eine Blocksumme weiterzugeben.

Um sicher zu gehen, dass sie nicht benachteiligt wird, kann Ihre Frau beim Finanzamt beantragen, die zu erwartende Steuererstattung zu splitten und den auf sie entfallenden Anteil auf ihr eigenes Konto überweisen zu lassen. Stellen Sie sich darauf ein, dass Sie in diesem Fall mit einer erheblichen Steuernachzahlung rechnen müssen. Stehen Sie mit Ihrer Frau auf Kriegsfuß, sollten Sie zu Ihrem eigenen Schutz beim Finanzamt anfragen, ob ein entsprechender Antrag gestellt wurde.

Haben Sie das Recht auf eine gemeinsame Steuererklärung trotz Trennung?

Der Gesetzgeber betrachtet die Aussicht auf die geringst mögliche Steuerbelastung als Grundrecht. Daher sind Sie berechtigt, von Ihrer Frau trotz Trennung oder Scheidung eine gemeinsame Steuererklärung zu verlangen, sofern diese keinem von Ihnen Nachteile erbringt. Ihre Frau ist im Rahmen der gesetzlich geregelten Nachwirkung der Ehe verpflichtet, im Jahr der Trennung und dem laufenden Kalenderjahr der Scheidung eine gemeinsame Steuererklärung zu unterschreiben. Wenn sie dies verweigert, haben Sie das Recht, Schadenersatzansprüche geltend zu machen.

Wann muss die Steuerklasse geändert werden?

Spätestens nach Ablauf des Kalenderjahres, in dem die definitive Trennung vollzogen wird, muss das Finanzamt über die dauerhafte Trennung informiert werden. Verpassen Sie den Termin nicht! Da Sie als Unterhaltsleistender nach der Trennung in Steuerklasse I eingestuft werden und auch Ihre die Kinder betreuende Ex-Ehefrau nur mehr Steuerklasse II beanspruchen kann, kämen erhebliche Steuernachforderungen auf Sie zu.

Steuerschulden

Wenn Sie in der Ehe bislang gemeinsam steuerlich veranlagt wurden, laufen Sie Gefahr, als Alleinschuldner haftbar gemacht zu werden, falls Ihre Frau anfallende Steuerschulden nicht bezahlen kann. Berücksichtigen Sie im Ernstfall, dass Sie auch nachträglich und ohne Zustimmung Ihrer Frau eine Aufteilung der rückständigen Steuern verlangen können, so als wären Sie beide getrennt veranlagt worden. Auf diese Weise schließen Sie eine Haftung für die anteiligen Steuerschulden Ihrer Ex-Ehefrau aus und müssen nur für den auf Sie selbst entfallenden Teil geradestehen.

Ihr Schreiben an das Finanzamt könnte folgendermaßen aussehen:

Ihr Absender

An das Finanzamt
(genaue Adresse)   Ort, Datum

Betreff: Steuernummer .... gemeinsame Einkommens- und Kirchensteuerbescheide .... (Ihren Namen und den Ihrer Frau eintragen) für das Jahr .....

Da ich, ... (Ihr Name), Ehegatte von .... (Name Ihrer Frau), seit .... (Monat/Jahr) getrennt lebend bin, beantrage ich, die rückständige Einkommens- und Kirchensteuer für das Jahr ..... in demselben Verhältnis wie bei einer getrennten Veranlagung zu berechnen und zwischen meiner Frau und mir aufzuteilen.

Den auf mich entfallenden Anteil weisen Sie bitte auf mein Konto .... (Nummer) bei ..... (Name der Bank) mit der BLZ .... an.

Bitte senden Sie uns auch jedem eine Ausfertigung des Steuerbescheides zu.

Unterschrift

Kindergeld

Seit dem 1. Januar 1996 erhalten Eltern entweder ein monatlich ausgezahltes Kindergeld oder einen auf der Lohnsteuerkarte zur späteren Abgeltung eingetragenen Kinderfreibetrag. Für die Zuteilung der Steuerklasse nach der Trennung ist entscheidend, bei welchem Elternteil die Kinder zu Beginn des Kalenderjahres auf der Steuerkarte eingetragen waren, in dem die Trennung aktenkundig wurde. Waren die Kinder bei Ihnen als Vater gemeldet, erhalten Sie für das gesamte Kalenderjahr auch dann die steuergünstigere Lohnsteuerklasse II, wenn die Kinder de facto bei der Mutter leben. Diese wird wie ein Single nach Lohnsteuerklasse I besteuert.

Nach der definitiv erfolgten und dem Finanzamt gemeldeten Trennung wird beiden Eltern je die Hälfte des Kindergeldes ausgezahlt oder der halbe Kinderfreibetrag gutgeschrieben. Im Allgemeinen ist die Auszahlung des Kindergeldes die günstigere Lösung.

Den vollen Kindergeldbetrag können Sie beanspruchen, wenn Sie nachweisen können, dass die zu Unterhaltszahlungen verpflichtete Mutter keinen oder nur einen geringen Teil des Kindesunterhalts aufgebracht hat. Um Auskünfte für Ihren konkreten Fall zu erhalten, wenden Sie sich bitte an Ihr Finanzamt, wo sie kostenlos beraten werden, oder an Ihren Steuerberater.

Steuerabschreibungen oder »begrenztes Realsplitting«

Als Unterhalt leistender Ehepartner sind Sie berechtigt, jährlich bis zu 27 000 Mark Ihrer Unterhaltsverpflichtungen als Sonderausgaben von der Steuer abzusetzen und steuermindernd auf Ihrer Lohnsteuerkarte eintragen zu lassen. Eine der wichtigsten Voraussetzungen hierfür ist allerdings, dass Ihre Frau als Unterhalt beziehender Partner, dem zustimmt.

Zu diesem Zweck wurde ein Formblatt, die *Anlage U,* entwickelt, die Sie beim Finanzamt erhalten. Der Antrag, der nur für das laufende Kalenderjahr gilt und unwiderruflich ist, muss von beiden Ehepartnern unterschrieben werden. In der Folge ist die Unterhalt beziehende Person zur Versteuerung des Unterhalts verpflichtet.

Dieser gesamte Vorgang ist als »begrenztes Realsplitting« bekannt. In bestimmten Fällen ist die Steuerersparnis des Unterhalt leistenden Partners nun höher als die Besteuerung des Unterhaltsempfängers. Da durch die Steuerrückzahlung das Einkommen des Unterhaltspflichtigen erhöht wird, steigt gleichzeitig die Unterhaltsleistung selbst.

Dieser Vorteil kann jedoch zum Nachteil des Unterhaltsberechtigten umschlagen, zum Beispiel dann, wenn dieser aufgrund des gestiegenen Unterhaltseinkommens geringere Leistungen aus den Sozialkassen erhielte und beispielsweise auf Wohngeld verzichten oder für eine eigene Mitgliedschaft in der Krankenkasse bezahlen müsste. Vor allem feministisch orientierte Anwältinnen empfehlen ihren Klientinnen in diesem Fall, ihre Zustimmung zur *Anlage U* von einer schriftlichen Erklärung abhängig zu machen, die Sie als Unterhalt Leistender abgeben müssen.

Eine solche Erklärung hat im Allgemeinen ungefähr folgenden Wortlaut:

Name und Anschrift des Unterzeichnenden   Ort, Datum

Ich verpflichte mich, alle durch das Realsplitting entstehenden Belastungen aus Steuern, Steuerberechnungskosten, Steuervorauszahlungen und anderen Nachteilen zu übernehmen und meine Gattin ..... (Name) davon freizustellen. Insbesondere verpflichte ich mich, eventuelle Einkommenseinbußen auszugleichen, welche meiner Gattin durch den Verlust sozialer Leistungen erwachsen könnten.

Ich verpflichte mich weiterhin, einen Steuerfreibetrag in Höhe des von mir gezahlten Unterhaltes auf meiner Lohnsteuerkarte eintragen zu lassen und meine Gattin an den damit für mich verbundenen Vorteilen teilhaben zu lassen.

Unterschrift

7.

Unterhaltsfragen während der Trennungszeit

Nicht erst nach der ausgesprochenen Scheidung, sondern auch schon während der vorausgehenden Trennungsphase sind beide Eltern einander und ihren Kindern gegenüber versorgungs- und unterhaltspflichtig. Dieser Unterhalt wird als Bar-Unterhalt gezahlt oder in Form des geleisteten Betreuungsaufwandes verrechnet. Der Elternteil, der die Kinder nicht betreut, ist gegenüber dem betreuenden Elternteil und den Kindern zur Zahlung von Bar-Unterhalt verpflichtet. Die Betreuungsleistung wird unmittelbar erbracht und ist dem Bar-Unterhalt wertmäßig gleichgestellt.

Grundsätzlich gilt jedoch: Unterhaltsberechtigt ist stets nur, wer sich nicht selbst zu finanzieren imstande ist. Und zur Unterhaltsleistung ist nur verpflichtet, wer dadurch seinen eigenen Unterhalt nicht gefährdet.

Wann der Mann während der Trennungszeit zahlen muss

Kein Ehepartner ist verpflichtet, während der Trennungszeit gravierende materielle Einbußen hinzunehmen, die strafweise oder mutwillig durch den anderen bedingt wurden. Die gesamte Trennungszeit steht weiterhin unter dem Schutz der Ehe. Das heißt, sollten Sie als Mann trotz Trennungsabsicht in der Lage sein, Ihrer Frau einen vergleichbaren Lebensstandard wie zuvor zu garantieren, hat Ihre Frau einen Rechtsanspruch darauf – und umgekehrt. Im Allgemeinen muss jedoch jedes getrennt lebende Paar schwere materielle Einbußen verkraften.

Unter bestimmten Voraussetzungen hat Ihre Frau ein Recht auf Unterhaltsleistungen von Ihnen. Dies ist der Fall, wenn

- Sie der Alleinerwerbstätige in der Ehe sind;
- Sie und Ihre Frau einvernehmlich vereinbart hatten, dass sie zu Hause bleiben und die Kinder groß ziehen soll;
- Ihre Frau älter als 55 Jahre ist und ausschließlich Hausfrau war.
- Ihre Frau krank ist;
- Ihre Frau trotz eifrigen Bemühens keinen Arbeitsplatz findet;
- Ihre Frau wegen der Heirat ihre Ausbildung unterbrochen oder darauf verzichtet hat und diese nun nachholen will;
- Ihre Frau während der Ehe erwerbstätig war, aber weniger als Sie verdiente.

Fälle, in denen Ihrer Frau schon während der Trennungszeit eine Erwerbstätigkeit zugemutet wird

Um die nach einer Trennung auf den Unterhalt leistenden Ehepartner zukommenden Kosten zu beschränken, sieht der Gesetzgeber vor, dass der unterhaltsberechtigte Ehepartner sich möglichst rasch wieder selbstständig versorgen kann. Eine Erwerbstätigkeit wird Ihrer Frau bereits während der Trennungszeit zugemutet, wenn sie gesund, arbeitsfähig, jünger als 55 Jahre ist und keine Kinder zu betreuen hat.

Da es in den meisten Fällen die Frauen sind, die nach der Trennung keiner oder einer nur geringfügigen Erwerbstätigkeit nachgehen und von ihrem allein oder besser verdienenden Ehemann versorgt werden, habe ich hier nur dieses Beispiel ausgeführt. Sollte Ihre Frau die günstigere finanzielle Ausgangsposition haben und für Ihren Unterhalt zuständig sein, sind selbstverständlich Sie als Mann zu gleichen Leistungen verpflichtet.

Erwerbstätigkeit Ihrer Frau vor der Trennungszeit

Falls Ihre Frau im Verlauf der immer härter geführten Auseinandersetzungen die Absicht äußert, eine eigene Erwerbstätigkeit aufzunehmen, kann dies ein ernst zu nehmender Hinweis auf eine geplante Trennung sein. Wenn sie nämlich schon vor der offiziell erklärten Trennung einer Erwerbstätigkeit nachgeht, wirken sich die daraus erzielten Einkünfte auch dann positiv auf ihre zu erwartenden Unterhaltseinkünfte aus, wenn sie die Arbeit nach der Trennung wieder verliert. Grundlage der Unterhaltsberechnung bilden nämlich die ehelichen Lebensverhältnisse, die sich aus den familiären Einkünften berechnen.

Wenn Ihre Frau vor der Trennung eine Erwerbstätigkeit aufnimmt, wird die Qualität Ihrer ehelichen Lebensverhältnisse aus der Differenz Ihrer beider Einkommen ermittelt. Laut dieser sogenannten *Differenzmethode* stünden Ihrer Frau drei von sieben Teilen des Unterschiedsbetrages zu und würden ihrem eigenen Einkommen zugeschlagen. Nähme Ihre Frau hingegen erst während oder nach der Trennung eine Erwerbstätigkeit auf, würde der zu ermittelnde Unterhalt nach der sogenannten *Anrechnungsmethode* festgestellt. Dabei wird das vor der Trennung erzielte Familieneinkommen zugrunde gelegt. Auch in diesem Fall stehen dem Unterhalt empfangenden Ehepartner drei von sieben Teilen des Einkommens zu. Die eigenen neu erworbenen Einkünfte werden jedoch in vollem Umfang darauf angerechnet, sprich davon abgezogen.

Beispiel Differenzmethode

Herr Klein verdient *vor* der Trennung 4000 Mark netto. Frau Klein verdient *vor* der Trennung 1500 Mark netto. Herr Klein verdient also 2500 Mark mehr als seine Frau. Von diesem Unterschiedsbetrag stehen Frau Klein 3/7 als Unterhalt zu, also rund 1071 Mark. Gemeinsam mit ihrem eigenen Einkommen blieben Frau Klein 2571 Mark monatlich.

Beispiel Anrechnungsmethode

Herr Klein verdient *vor* der Trennung 4000 Mark netto. Frau Klein verdient vor der Trennung nichts und *nach* der Trennung 1500 Mark netto. Berechnungsgrundlage für den ihr zustehenden Unterhalt sind somit 3/7 des Einkommens Ihres Mannes, also rund 1713 Mark. Hiervon wird das eigene Einkommen Frau Kleins voll abgezogen, sodass sie von Herrn Klein nur mehr 213 Mark erhält. Zusammen mit ihrem eigenen Lohn verfügt sie über 1713 Mark.

Der Unterschiedbetrag von 858 Mark steht Frau Klein ausschließlich für den Fall einer eigenen Erwerbstätigkeit *vor* der Trennung zu. Eine Ausnahme besteht nur im folgenden Fall:

Frau Klein kann nachweisen, dass sie bereits vor der Trennung einer Teilzeitbeschäftigung nachgegangen ist, mit der Absicht, diese zu einer künftigen Vollzeitbeschäftigung auszubauen. Gelingt es ihr tatsächlich, während der gesetzlich vorgeschriebenen Trennungsphase auf eine volle Stelle zu wechseln, wird die vom Gesetzgeber vorgesehene *Anrechnungsmethode* zur Ermittlung des Unterhaltes nicht angewandt. Stattdessen wird die für Frau Klein günstigere *Differenzmethode* herangezogen.

In welchen Fällen kann Unterhalt für Ihre Frau ausgeschlossen werden?

Zieht Ihre Frau nach der vollzogenen Trennung Ihrer Ehe mit ihrem neuen Partner zusammen, kann dies ihren Unterhaltsanspruch schon während der Trennungszeit gefährden. Das Gericht geht in diesem Fall davon aus, dass beispielsweise die Miete nicht mehr allein von Ihrer Frau aufzubringen ist, Lebensmitteleinkäufe in Großgebinden preiswerter sind oder Ihre Frau bezahlte Hausarbeit für ihren neuen Freund leistet. Insgesamt kann eine Kostenersparnis beziehungsweise ein Zugewinn unterstellt werden, der sich anteilmäßig auf Ihrer Haben-Seite verbuchen ließe und Ihre Unterhaltsleistungen senken würde.

Bringt Ihre Frau in diesem Fall vor, dass sie mit ihrem Freund in einer Wohngemeinschaft lebt und keinen finanziellen Vorteil daraus zieht, ist die Unterhaltsminderung jedoch nicht durchsetzbar.

Da der Gesetzgeber davon ausgeht, dass eine eheähnliche Beziehung drei Jahre braucht, ehe sie als gefestigt und dauerhaft anzusehen ist, erlischt Ihre Unterhaltspflicht für Ihre mit ihrem neuen Freund lebende Frau erst nach Ablauf dieser drei Jahre. Zerbricht die Beziehung und ein neuer Freund taucht auf, beginnt die Zeitrechnung von vorne.

Weiterhin ist der Fall denkbar, dass Ihre Frau über ein eigenes Vermögen oder erhebliche eigene Einkünfte verfügt. Dann ist sie verpflichtet, diese zu ihrem eigenen Unterhalt zu verwenden. Unter Umständen muss sie Ihnen als dem geringer Verdienenden Unterhaltsleistungen zahlen.

Dies bedeutet nicht, dass Ihre Frau, wenn sie beispielsweise ein Haus besitzt, dieses verkaufen muss, um aus dem Erlös ihren Unterhalt zu bestreiten. Sofern sie dieses Haus weiterhin bewohnt, wird jedoch der Vorteil des mietfreien Wohnens von Ihrer Unterhaltsleistung abgezogen. Ebenso verhält es sich mit anderen Vermögenswerten, deren Verkauf unwirtschaftlich wäre.

Wenn Ihrer Frau Ihnen oder den Kindern gegenüber ein schwerwiegendes Fehlverhalten vorzuwerfen ist, kann der Gesetzgeber einen Unterhalt wegen »Unbilligkeit« oder vielmehr Unzumutbarkeit völlig ausschließen. Ein solches Fehlverhalten bestünde z.B. in einer Straftat. Auch eine böswillig oder leichtsinnig vorgenommene schwere Schädigung Ihres Vermögens könnte hierzu zählen. Eine grobe Verletzung der eigenen Unterhaltspflichten wäre aufrechenbar. Auch eine Drogenabhängigkeit, gegen die Ihre Frau nicht angeht, wäre ein solcher Fall.

Vor allem aber könnte der Tatbestand des »mutwilligen Verlassens« relevant werden. Dieser Fall liegt möglicherweise dann vor, wenn Ihre Frau unmittelbar oder wenige Tage nach der vollzogenen Ehetrennung zu ihrem Freund, den sie bereits während der Ehezeit kennen und lieben gelernt hat, zieht oder nachweislich seinetwegen die keineswegs zerrüttete, sondern völlig intakte Ehe aufgelöst hat.

Sicher werden die wenigsten Frauen in dieser Lebenslage bestrebt sein, ihren Unterhaltsanspruch unter allen Umständen und mit üblen Tricks zu erschleichen und durchzusetzen. Dennoch kann es Ihnen widerfahren, dass Ihre Ex-Ehefrau zu diesen Ausnahmen gehört. Sie könnte sich einer relativ häufig angewandten List bedienen und umgehend versuchen, vor Zeugen ein Scheinzerwürfnis mit dem neuen Freund zu inszenieren. Falls Sie genau wissen, dass die Darstellungen Ihrer Ex-Ehefrau über ihre neuen Lebensumstände und ihre Unterhaltsbedürftigkeit nicht zutreffen, bleibt Ihnen als Unterhaltspflichtigem nur der Versuch, vor Gericht nachzuweisen, dass Ihre Frau sich den Unterhalt unter Vorspiegelung falscher Tatsachen erschleichen will.

Wie viel Unterhalt müssen Sie Ihrer Frau während der Trennungszeit zahlen?

Zur Berechnung des Unterhaltes wird das gesamte Einkommen herangezogen. Dazu gehören auch Firmenabfindungen bei Entlassung oder Bonusleistungen aufgrund besonderer Verdienste, Krankengeld und Arbeitslosengeld. Selbst Vorteile durch mietfreies Wohnen, verbilligtes Tanken, für betriebsinterne Fabrikeinkäufe oder Kantinenessen beziehungsweise die preiswerte Ausgabe von Essensgutscheinen durch den Arbeitgeber werden angerechnet.

Die Summe aller regelmäßigen Bezüge und eventuell anfallenden Sonderleistungen des Arbeitgebers oder aus Nebentätigkeiten erzielten Einkünfte wird durch 12 geteilt. Das so ermittelte Monatseinkommen dient nach Abzug bestimmter Belastungen als Berechnungsbasis. Haben Sie schwankende Monatseinkünfte, wird der Einkommensnachweis des letzten Kalenderjahres vor der offiziellen Trennung zugrunde gelegt.

Welche Abzüge können Sie als Unterhaltspflichtiger geltend machen?

Von Ihrem Bruttoeinkommen sind abzugsfähig:

- Steuern;
- Sozialabgaben;
- Ausgaben für Ihre berufliche Tätigkeit: z.B. Fahrkosten, Berufskleidung, Gewerkschaftsbeiträge;
- Weiterbildungsmaßnahmen inklusive Bücher und anderer Aufwendungen, Telefonkosten oder Ähnliches;
- Autokosten, sofern Sie das Auto aus beruflichen Gründen fahren müssen, als etwa Handelsreisender, Kurierdienstfahrer, Taxiunternehmer etc.;

- familienbedingte Schulden, die auch nach der Trennung in gemeinsamer Absprache oder nach einem bestimmten Plan abgezahlt werden, z.b. Kredite für die Anschaffung des familiären Hausrates oder Mobiliars, eines Familienautos oder ähnlicher Besitztümer, Kredite für die Umschuldung familienbedingter Darlehen, Zinsen und Tilgungen für ein Haus, in dem Ihre Frau und Kinder auch nach der Trennung weiterhin leben usw.;
- Kindesunterhalt;
- Aufwendungen, die in unmittelbarem Zusammenhang mit der Umgangsregelung für Ihre gemeinsamen Kinder stehen, z.b. Fahrt- und Übernachtungskosten.

Alle abzugsfähigen Ausgaben müssen penibel nachgewiesen werden. Wenn Sie Ihr Auto zur Ausübung Ihres Berufes benötigen, sind Sie verpflichtet, den Kosten eine Aufstellung der Ersatzleistungen gegenüberzustellen, die Ihnen der Arbeitgeber etwa in Form von Spesen oder Steuerrückzahlungen gewährt. Jede Mark, die Sie nicht tatsächlich berufsbedingt aufwenden, sondern die Ihre eigenen Mittel erhöht, fließt mit in die Unterhaltsberechnung für Ihre Frau ein. Auch der Vorteil eines Firmenwagens wird entsprechend angerechnet.

Fahren Sie nur aus Bequemlichkeit mit Ihrem Auto zur Arbeit, dürfen Sie die Kosten für das Kraftfahrzeug gar nicht einberechnen, sondern allenfalls eine Monatskarte für öffentliche Verkehrsmittel oder die Aufwendungen für ein Fahrrad, das sie ersatzweise benutzen. Kritisch wird es auch, wenn Sie im Paket der anrechnungsfähigen, familienbedingten Schulden Ihre ganz privaten Anschaffungen zu verstecken versuchen. Aufwendungen, die für Ihre Golfausrüstung oder Ihr privat genutztes Musikinstrument entstanden sind, muss Ihre Frau nicht mittragen. Sie kann verlangen, dass diese Schulden nicht hinzugerechnet werden.

Die Ermittlung der tatsächlich abzugsfähigen oder anrechnungspflichtigen Summen ist hochkompliziert, und die Beträge stehen in für den Laien kaum durchschaubaren Abhängigkeiten zueinander. Falsche Unterhaltsberechnungen gelten verbindlich. Deshalb kann nicht auf fachkompetente anwaltliche Hilfe verzichtet werden. Scheuen Sie bitte nicht vor den Kosten oder der umständlichen Anwaltssuche zurück. Bedenken Sie, dass so manche vermeintliche Billig-Lösung, gerade wenn Sie wenig Geld haben, teuer werden kann.

Besteht eine Auskunftspflicht?

Ihre Frau hat das Recht, die Belege über Ihr gesamtes Brutto- und Nettoeinkommen einzusehen. Wenn Sie es wünscht, müssen Sie ihr alle Belege der letzten 12 Monate nebst zugehörigen Gehaltsabrechnungen vorlegen. Ferner kann sie darauf bestehen, sowohl die letzte Steuererklärung als auch den letzten Steuerbescheid zu prüfen.

Vor allem Selbständige glauben, dass sie ihre Einkünfte verschleiern können. Um die Interessen beider Ehepartner zu schützen und einen möglichst aussagefähigen Einkommensdurchschnitt ermitteln zu können, haben beide das Recht auf Herausgabe der Gewinn- und Verlustrechnungen, Bilanzen oder Einnahme- und Überschussrechnungen sowie der Steuererklärungen und -bescheide der letzten drei Jahre.

Ihrer Frau wird meist empfohlen, eine Aufstellung über Ihren bisherigen Lebensstandard anzulegen, um sie mit den von Ihnen offen gelegten Angaben vergleichen zu können. Stimmen die hochgerechneten Einkünfte mit den von Ihnen angegebenen deutlich nicht überein, wird man versuchen, Ihnen an Hand Ihrer Geschäftsentnahmen Fehler nachzuweisen. Verweigern Sie die Ihrer Frau zustehenden Informationen und Belege, kann sie Auskunftsklage gegen Sie einreichen und Sie zur Auskunft zwingen.

8.

Ehegattenunterhalt nach der Scheidung

Der pauschale Unterhaltsanspruch Ihrer Ex-Ehefrau beziehungsweise Ihr eigener, falls Sie unterhaltsberechtigt sind, wird mit Hilfe bestimmter Berechnungsschlüssel oder Tabellen ermittelt und aufgrund bestimmter Bedürftigkeiten in Unterhaltsarten geordnet. Die endgültige Festsetzung der Unterhaltsleistungen für Ihre Ex-Ehefrau oder Sie selbst erfolgt erst während des Scheidungsverfahrens.

Wie viel Geld bekommt Ihre Ex-Ehefrau?

In den meisten Fällen wird die Berechnung nach der sogenannten *Differenzmethode* oder *Anrechnungsmethode* (siehe dazu im Abschnitt *Erwerbstätigkeit Ihrer Frau vor der Trennungszeit*) im Verhältnis 3:7 vorgenommen.

Für den Fall, dass Ihre Ex-Ehefrau erwerbstätig ist, obwohl sie dies aufgrund gesetzlich bestimmter Bedürftigkeitsfaktoren nicht sein müsste, hängt es von den individuellen Umständen ab, ob und in welchem Umfang ihr eigenes Einkommen auf die Unterhaltsleistungen angerechnet wird. Selbst die völlige Freistellung ihres Einkommens kann rechtens sein.

Sind Sie als Unterhaltspflichtiger nicht mehr erwerbstätig, beziehen aber Einkünfte als Rentner oder Pensionär, müssen Sie für den Unterhalt Ihrer Ex-Ehefrau bis zur Hälfte Ihres »bereinigten« Einkommens aufkommen. Erzielt Ihre Ex-Ehefrau eigene Einkünfte, werden die Splittingberechnungen nicht mehr wie während Ihrer Erwerbstätigkeit im Verhältnis 3:7, sondern 1:2 vorgenommen.

Wie viel Geld steht Ihnen selbst zu?

Da die nachfolgenden Angaben nur Näherungswerte darstellen, sollten Sie sich dringend und umfassend von einem Anwalt oder im Sozialamt beraten lassen, wie viel Geld Ihnen als *Selbstbehalt* für Ihren eigenen Bedarf zusteht. Vor Ort kann man Ihnen die entsprechenden Beträge anhand bestimmter Tabellen, z.B. der Düsseldorfer Tabelle, genau ausrechnen. Als getrennt lebender, noch nicht geschiedener, aber gegenüber Ihrer Frau und Ihrem Kind unterhaltspflichtiger Erwerbstätiger haben Sie Anspruch auf einen ungefähren *Selbstbehalt* von 1300 bis 1500 Mark. Falls Sie erwerbslos geworden sind und nur noch Arbeitslosenbezüge erhalten, mindert sich der *Selbstbehalt* in einigen Bundesländern, in anderen nicht. Ebenso kann er mit steigendem Einkommen nach oben angepasst werden.

Nach der rechtskräftigen Scheidung und der damit verbundenen endgültigen Festsetzung des Unterhaltes kann sich der Anteil Ihres *Selbstbehaltes* erhöhen. Dies ist z.B. dann der Fall, wenn die Ihnen abverlangte Unterhaltszahlung gesenkt oder die Unterhaltsansprüche volljähriger Kinder verändert werden. Auch der Bezug der sogenannten »ergänzenden Sozialhilfe« kann für Sie in Betracht kommen.

Wer steht für während der Ehe gemachte Schulden gerade?

In der Ehe haftet entweder das Ehepaar als Gesamtschuldner oder jeder Ehepartner für sich selbst. Maßgeblich für die Zuständigkeit ist, wer den Kauf- oder Kreditvertrag unterschrieben hat. Nur wenn Sie beide unterschrieben haben, haften sie gemeinsam. Dies ist vor allem dann bitter, wenn Sie in Treu und Glauben gehandelt und beispielsweise einen gemeinsam benötigten und auch gemeinsam verbrauchten Kredit allein bei der Bank beantragt und unterzeichnet haben. Sollte Ihre Ex-Ehefrau auf stur schalten, müssen Sie in den sauren Apfel beißen und allein für die gemeinsamen Schulden einstehen.

Ähnlich problematisch wird es, wenn Sie für Ihre Ex-Ehefrau gebürgt haben. Gerät sie in Zahlungsschwierigkeiten oder -verzug, kann sich der Kreditgeber auch nach der Trennung oder Scheidung an Sie halten. Spätestens dann, wenn Ihre Ehe kriselt, sollten Sie keine Bürgschaft mehr füreinander unterschreiben.

Gemeinsame Haftung tritt ein, wenn das Familienkonto oder das Konto eines Ehegatten wegen des gemeinsamen Unterhaltsbedarfs überzogen wird. Sie haben dann das Recht, von Ihrer Ex-Ehefrau die Hälfte des Betrages zurückzuverlangen oder diesen Anteil über eine Minderung der von Ihnen zu erbringenden Unterhaltsleistung einzubehalten.

Schon bei Ihren Gesprächen über eine mögliche Trennung sollten Sie sich gemeinsam über die Abwicklung der Schulden klar werden. Erstellen Sie einen Entschuldungsplan und teilen Sie die Beträge nach Zuständigkeit auf. Übernehmen Sie aber keine Schulden, die allein Ihre Ex-Ehefrau zu vertreten hat und deren Nutznießerin sie ist. Für ihre Ski-Ausrüstung oder ein von ihr selbst genutztes Auto müssen Sie nicht aufkommen.

Da keine Kreditbank interne Absprachen zwischen Ehepartnern anerkennt, kann es bei Zahlungsverzug Ihrer Ex-Ehefrau durchaus passieren, dass Sie trotz gegenteiliger Absprachen zur Kasse gebeten werden. Letztlich ist es dann Ihre Sache, wie Sie zu Ihrem Geld kommen und ob Sie Ihre Ex-Ehefrau zur Zahlung bewegen können. Notfalls bleibt der gesetzliche Klageweg.

Schutz vor derartigen Überraschungen bietet Ihnen eine Kredit-Umschuldung. In diesem Fall nehmen Sie und Ihre Ex-Ehefrau anteilig eine Kreditsumme auf und lösen damit den bisherigen Kredit ab. Anschließend müssen Sie jeweils nur für den eigenen Kredit aufkommen und keinesfalls auch noch für den des säumigen Partners. Leider ist eine Umschuldung meist mit erheblichen Kosten verbunden, da die Kreditgeber kein Interesse daran haben, auf längerfristig sichere Kreditzinsen zu verzichten. Um den aus der vorzeitigen Auflösung entstehenden Verlust auszugleichen, erheben sie eine entsprechende Ablösesumme. Diese müssen Sie und Ihre Ex-Ehefrau zusätzlich zum alten Kredit aufbringen. Aus diesem Grund ist eine Umschuldung nur dann zu empfehlen, wenn Sie beide einander aus berechtigtem Anlass misstrauen.

Überschuldung

Sind Sie als Ehepartner gemeinsam oder jeder für sich hoffnungslos verschuldet oder gar zahlungsunfähig, haben Sie seit Januar 1999 die Chance, wie eine Firma Konkurs anzumelden. Erkundigen Sie sich schnellstmöglich bei einer Schuldnerberatungsstelle nach den Einzelheiten des sogenannten *Insolvenzverfahrens*. Hierbei haben Sie das Recht auf einen Antrag auf *Restschuldbefreiung*. Dieser setzt voraus, dass Sie für sieben Jahre Ihr pfändbares Einkommen an Ihre Schuldner abtreten.

Genauere Informationen erteilt Ihnen die zuständige Schuldnerberatungsstelle, deren Adresse Sie bei Ihrem Sozialamt erfragen können. Zusätzliche Auskünfte sind einer Broschüre zu entnehmen, die Sie kostenlos beim Bundesministerium für Familie in Bonn erhalten (Adresse im Anhang).

Wann muss das Sozialamt
für Ihre Ex-Ehefrau zahlen?

Das Sozialamt springt ein, wenn Sie als unterhaltspflichtiger Ehemann ein zu niedriges Einkommen haben oder selbst bedürftig sind, sodass Sie Ihren eigenen Unterhalt nicht aufbringen und folglich auch nichts abgeben können. Voraussetzung ist, dass Sie alles Ihnen Mögliche versucht haben und weiterhin versuchen, um aus der Bedürftigkeit herauszukommen.

Wenn Sie zahlen können,
aber die Unterhaltszahlung verweigern

Bedenklich wird es, wenn Sie sehr wohl Unterhalt für Ihre Frau und Kinder zahlen könnten, dies aber aus freien Stücken nicht tun. Abgesehen davon, dass ich persönlich dies für unverzeihlich halte, übernimmt nun das Sozialamt zwar Ihre Pflichten, verlangt aber gleichzeitig von Ihrer Ex-Ehefrau, dass sie von sich aus jede Anstrengung unternimmt, zu ihrem Geld zu kommen und baldmöglichst auf eigenen Füßen zu stehen.

Dies bedeutet, dass Ihre Ex-Ehefrau gezwungen sein könnte, Sie – den Vater ihrer Kinder und den Mann, den sie vor den Kindern nicht schlecht machen, sondern positiv darstellen soll – zu verklagen.

Soll sie doch, werden Sie vielleicht denken. Sie verdient es nicht besser. Schließlich behindert oder verhindert sie gar Ihren Umgang mit den Kindern. Sie tut Ihnen damit weh und den Kindern auch. Wenn ich nicht zahle, werden Sie denken, merkt sie endlich, was sie davon hat, mich wütend zu machen.

Diese Reaktion ist zwar menschlich verständlich, aber falsch. Nicht nur, dass der Gesetzgeber keine Verbindung zwischen Unterhalt und Umgangs- oder Sorgerecht herstellt und Sie folglich keinen Rechtsanspruch auf Zahlungseinstellung haben, wenn Sie Ihre Kinder nicht sehen dürfen. Ihre Verweigerung schadet letztlich nur Ihren Kindern. Denn wenn es der Mutter nicht gut geht, geht es auch den Kindern schlecht.

Ich weiß, dass diese Einsicht Ihnen vermutlich schwer fällt. Aber als Vater, der seine Kinder liebt, wissen Sie tief im Inneren sehr genau, welche Auswirkungen die durch Sie verursachte materielle Not hat: Ihre Ex-Ehefrau macht sich Sorgen. Sie muss jeden Pfennig dreimal umdrehen. Sie muss zum Sozialamt laufen und sich als Bittstellerin fühlen. Sie hat Angst, die Miete nicht bezahlen, die Kinder nicht anständig versorgen zu können.

Wenn Sie die Unterhaltszahlung verweigern, wollen Sie Ihre Ex-Ehefrau unter Druck setzen, Ihr weh tun. Sie wollen sie bestrafen, sich rächen. Ihr beweisen, dass sie ohne Ihre Hilfe nicht auskommt, Sie und Ihr Geld braucht.

Letztlich schaden Sie aber nur Ihrer Beziehung zu den Kindern und damit sich selbst, denn einem Vater, der nicht zahlt, will man von den Kindern fernhalten.

Ihre Zahlungsverweigerung würde sich dann als Bumerang entpuppen. Anstatt mit Hilfe des Geldes Ihre Kinder für sich zu gewinnen, hätten Sie die Bindung von der Mutter zu den Kindern bestärkt und sich selbst zum Buhmann gemacht.

Wann muss das Sozialamt für Sie selbst zahlen?

Gelingt es Ihnen aufgrund der Trennung, der Scheidung und den damit verbundenen Folgen nicht mehr, Ihren Lebensunterhalt aus eigener Kraft zu bestreiten, haben Sie – ebenso wie Ihre Ex-Ehefrau – Anspruch auf Unterstützung durch die Allgemeinheit. Sie können sich an das Sozialamt wenden und dort finanzielle Hilfe beantragen.

Prüfen Sie also Ihre Einkommensverhältnisse daraufhin, ob Sie zum Bezug von Sozialhilfe berechtigt sind. Zögern Sie diese Entscheidung und Ihren Antrag nicht unnötig hinaus. Das Sozialamt gewährt Ihnen Hilfe stets nur für Gegenwart und Zukunft, nicht für vergangene Not. Sie haben also auch dann keinen Anspruch auf rückwirkende Leistungen, wenn Sie schon monatelang am Hungertuch nagen.

Die Erfahrung lehrt, dass besonders Männer große Schwierigkeiten haben, sich als bedürftig zu bekennen, wenn sie gleichzeitig voll im Erwerbsleben stehen und Einkünfte beziehen. Sie stehen vor der paradoxen Situation, berufliches und soziales Ansehen zu genießen, für erbrachte Leistungen angemessen entlohnt zu werden, eventuell Karriere gemacht zu haben und doch einzugestehen, dass sie sich aus eigener Leistung nicht ernähren und versorgen können. Statt »die Hand aufzuhalten« und den Sozialstaat um »Almosen anzubetteln«, ziehen es viele dieser Männer vor, sich mit Überstunden oder Nebentätigkeiten zu belasten und nicht nur am Rande des Existenzminimums zu leben, sondern auch über keinerlei Lebensqualität im Sinne von Freizeit mehr zu verfügen.

Tatsächlich jedoch ist die soziale Bedürftigkeit infolge von Trennung oder Scheidung keine Schande und schon gar kein Einzelfall. Der Sozialstaat, in dem wir leben, basiert auf dem Prinzip »Einer für alle, alle für einen«. Solange es dem Einzelnen gut geht, unterstützt er die sozial Schwachen mit seinen Abgaben und umgekehrt kommt die Allgemeinheit für denjenigen auf, der in Not gerät.

Anders als Sie dies vielleicht empfinden, sind Sie beim Sozialamt kein Bettler oder Almosenempfänger. Sie haben einen gesetzlich garantierten Anspruch auf soziale Leistungen und machen als Leistungsempfänger von Ihrem guten Recht Gebrauch. Auch wenn sich so manche/r Sachbearbeiter/in hinter dem Schreibtisch aufführt, als gewähre man Ihnen eine Gnade oder eine milde Gabe aus dem eigenen Geldbeutel, zeugt dies allenfalls von seinem/ihrem menschlichen Unverstand.

Lassen Sie sich Überheblichkeit und Machtmissbrauch im Amt

nicht bieten. Zwar wird in der anwaltlichen Praxis die Wirksamkeit einer Dienstaufsichtsbeschwerde mit den »drei großen F« für »formlos, fristlos, fruchtlos« umschrieben, tatsächlich aber werden sie von den Beklagten als unangenehm empfunden oder wegen ihrer möglichen Auswirkungen auf die Karriere sogar gefürchtet.

Wenn Sie sich im Unklaren über Ihre Rechte sind, haben Sie die Möglichkeit, sich beim Arbeits- oder Sozialamt, auch beim Jugendamt oder beim Finanzamt eine für Ihren Wohnbereich verbindliche Broschüre zu besorgen und sich vorab genau zu informieren.

Was Sie zum Sozialamt mitbringen sollten

Bitten Sie bei Ihrem ersten Besuch im Sozialamt einen Freund oder einen erfahrenen Begleiter aus einer Selbsthilfegruppe, mit Ihnen zu kommen. Seine Gesellschaft wird Ihnen die Wartezeit auf den deprimierenden Fluren verkürzen und Sie gleichzeitig ein wenig stärken, wenn es zur Sache geht. Vier Augen sehen, vier Ohren hören mehr als zwei. Und Solidarität ist gerade in der Not ein kostbares Gut.

Vorausschauend sollten Sie außerdem die zur Bearbeitung Ihres Anliegens erforderlichen Unterlagen mitbringen:

- Personalausweis
- Trauschein, eventuell Scheidungsurkunde oder Trennungserklärung
- Geburtsurkunde der Kinder
- letzte eigene Einkommensbescheinigung
- letzte Einkommensbescheinigung Ihrer Frau
- Kontoauszüge
- Nachweis über Unterhaltsleistungen
- Nachweis über alle mit Ihrer Berufstätigkeit verknüpften Kosten

- Mietvertrag
- Nachweise über Mietnebenkosten wie Heizung, Strom, Gas und ähnliche Umlagen

Das Fehlen des einen oder anderen Nachweises sollte Sie nicht davon abhalten, sofort von Ihrem Rechtsanspruch auf Sozialhilfe Gebrauch zu machen. Sie können fehlende Unterlagen nachreichen.

Welche Ansprüche können vom Sozialamt erfüllt werden?

Das Sozialamt kommt für den laufenden Sozialhilfebedarf auf. Dieser setzt sich aus festen Regelsätzen für das tägliche Leben, einem möglichen Mehrbedarfszuschlag, den tatsächlichen Miet- und Mietnebenkosten, den Kosten für Kranken- und Pflegeversicherung sowie einmaligen Beihilfen zusammen.

Die Regelsätze werden anhand einer Tabelle ermittelt, die sich an den Vorgaben des Bundessozialhilfegesetzes ausrichtet. Der Mehrbedarf richtet sich nach der besonderen Bedürftigkeit des Antragstellers. Als alleinerziehende/r Vater/Mutter mit einem oder mehreren Kindern steht Ihnen ein Mehrbedarf von bis zu 60 Prozent des Regelsatzes zu. Haben Sie ein behindertes Kind, können Sie Anspruch auf weitere 20 bis 40 Prozent des Regelsatzes erheben.

Zusätzlich zum Regel- und Mehrbedarf werden Ihre nachweislich aufzubringenden Miet- und Mietnebenkosten übernommen. Sollten Sie nach der Trennung in einer zu großen oder sehr teuren Wohnung allein oder mit Ihren Kindern bleiben, kann das Sozialamt Sie auffordern, in eine kostengünstigere Wohnung umzuziehen. Sie sind aber nicht dazu verpflichtet, jede billigere Wohnung zu akzeptieren. Sind Sie nicht über eine Erwerbstätigkeit versichert, zahlt das Sozialamt auch die Beträge für Ihre Kranken- und Pflegeversicherung.

Wie wird die Sozialhilfe berechnet, falls Sie erwerbstätig sind?

Beantragen Sie als alleinerziehende/r, erwerbstätige/r und unterhaltspflichtige/r Vater/Mutter Sozialhilfe, wird zunächst Ihr »bereinigtes Nettoeinkommen« ermittelt. Dieses setzt sich aus den regelmäßigen Einkünften aus eigener Erwerbstätigkeit zusammen, die durch legale Abzugsbeträge gemindert werden. Erziehungsgeld und ähnliche Bezüge werden Ihnen nicht angerechnet. Ebenfalls frei gestellt bleiben kleinere Ersparnisse bis zu 2500 Mark für Sie selbst plus weitere 500 Mark pro Kind.

Von Ihrem Erwerbseinkommen werden alle Steuer- und Sozialabgaben abgerechnet. Weiterhin dürfen Sie die Kosten für unverzichtbare Versicherungen abziehen, mit Ausnahme von Lebens- und Rechtsschutzversicherungen, die als Luxus gelten. Darüber hinaus können Sie alle Ausgaben geltend machen, die zur Erzielung Ihres Einkommens anfallen. Dies sind hauptsächlich Werbungskosten, Fahrtkosten und bei Alleinerziehenden auch die Kosten der Kinderbetreuung. Als besonderer Bonus wird Ihnen als Erwerbstätigem überdies maximal die Hälfte eines Regelsatzes zugestanden.

Aus der Differenz zwischen Ihrem ermittelten Sozialhilfebedarf (siehe dazu *Welche Ansprüche können vom Sozialamt erfüllt werden?*) und Ihrem »bereinigten Nettoeinkommen« errechnet sich die Höhe der monatlichen Beihilfe zu Ihrem Lebensunterhalt. Über diese *laufende Hilfe zum Lebensunterhalt* hinaus haben Sie Anspruch auf bestimmte Zuschüsse. Diese können beantragt werden, wenn Sie beispielsweise für die Anschaffung von Kleidungsstücken, Hausrat oder Mobiliar größere Beträge aufwenden müssen oder falls Ihre Kinder in der Schule unbedingt einen Computer oder andere aufwendige Lernmittel benötigen. Aber auch bei Klassenfahrten werden Sie unterstützt. Sogar wenn Ihre Kinder ein größeres Fest feiern, können Sie sich einen Zuschuss vom Sozialamt holen.

Einzige Bedingung für diese Sonderleistungen ist, dass Sie als

Vater beziehungsweise Mutter nicht in der Lage sind, Geld von Ihrem als Haushaltsgeld anzusehenden »Regelsatz« hierfür zu verwenden. Da die Bewilligung bestimmter Leistungen sehr unterschiedlich gehandhabt wird, ist ein Antrag allemal einen Versuch wert.

Am besten informieren Sie sich über die Möglichkeiten der Sozialhilfe in einschlägigen Beratungsbroschüren. Diese erhalten Sie bei der im Anhang angeführten »Bundesarbeitsgemeinschaft der Sozialhilfeinitiativen« sowie der Abteilung »Sozialarbeit« an der Fachhochschule Frankfurt/Main.

Zugewinnausgleich

Unter *Zugewinn* versteht man den Teil des Vermögens, der zum Zeitpunkt der Scheidung das jeweils in die Ehe eingebrachte Anfangsvermögen jedes Ehepartners übersteigt. Als *Zugewinnausgleich* bezeichnet man die Aufteilung des Vermögens, das während der Ehe von Ihnen und Ihrer Frau bis zur offiziellen Zustellung des Scheidungsantrags angesammelt wurde. Vermögen, das vor diesem Stichtag ausgegeben wurde, bleibt unberücksichtigt. Dies betrifft auch Besitz, der während der Trennungszeit schwindet. Schulden stellen natürlich kein Vermögen dar. Sie bleiben deshalb beim *Zugewinnausgleich* unberücksichtigt.

Einige Vermögenswerte können dem Hausrat zugerechnet werden. In diesem Fall würde deren Nutzung Ihnen oder Ihrer Ex-Ehefrau ohne einen Ausgleich des Zugewinns zustehen. Häufig betrifft dies das Familienfahrzeug, das Ihre die Kinder versorgende Ex-Ehefrau für sich beansprucht und nutzen möchte, obwohl es Ihnen gehört. Entscheidend ist hier die Beurteilung der Frage, ob Ihre Ex-Ehefrau das Auto dringender als Sie benötigt.

Der *Zugewinnausgleich* erfolgt auf Antrag und kann bis zu drei Jahre nach der rechtskräftigen Scheidung beansprucht werden. Danach sind die Ansprüche verjährt. Einen vorzeitigen *Zugewinnausgleich* können Sie beantragen, wenn Sie bereits seit drei oder mehr Jahren getrennt leben, von Ihrer Frau definitiv keine Auskunft über das Vermögen erhalten oder befürchten müssen, sie werde es verschleudern. Auch säumige Unterhaltszahlungen können zu einem vor der offiziellen Scheidung auszuzahlenden Zugewinn führen. In diesem Fall gilt das Vermögen als Berechnungsgrundlage, das am Tage der Zustellung Ihrer Zugewinnklage an Ihre Frau vorhanden ist.

Ein Ausschluss des Zugewinns ist dann möglich, wenn Sie oder Ihre Frau eine Lebensstil pflegen, der den anderen in besonderer Weise ausbeutet. Dies kann der Fall sein, wenn Sie Alkoholiker sind und das Familieneinkommen vertrinken, Ihre Frau aber eisern schuftet und spart. Umgekehrt kann der Zugewinn natürlich auch ausgeschlossen werden, wenn Ihre Frau z.B. kauf- oder spielsüchtig ist und das mühsam verdiente Geld zum Fenster hinaus wirft. Bedenken Sie jedoch, dass Sie entsprechende Behauptungen beweisen müssen.

Versorgungsausgleich

Unter einem *Versorgungsausgleich* ist die Aufteilung der während der Ehe von beiden Ehepartnern erworbenen Rentenansprüche zu verstehen. Dieser Ausgleich soll beide Ehepartner bei der Scheidung gleichstellen. Der per Gerichtsbeschluss festgelegte Ausgleichsbetrag wird zwischen den Rentenkonten beider Ehepartner verschoben. Dabei ist derjenige, der höhere Rentenanwartschaften erwirtschaftet hat, dem anderen Partner gegenüber ausgleichspflichtig.

Zur Ermittlung der Ausgleichsbeträge erhalten Sie und Ihre Frau einen Fragebogen vom Familiengericht. Da Sie zur Auskunft verpflichtet sind, müssen Sie alle Rentenansprüche mitteilen. Auch

Ihre Frau muss wahrheitsgetreu antworten. Zur Kontrolle wird Ihnen ihr ausgefülltes Antragsformular zugesandt. Überprüfen Sie die Angaben sehr genau. Ohne Ihrer Ex-Ehefrau Unehrlichkeit zu unterstellen, könnte sie sich geirrt haben.

Der Verzicht auf einen Versorgungsausgleich ist übrigens unter bestimmten Voraussetzungen möglich. Sie sollten sich dies jedoch genau überlegen, da ein Verzicht Ihre Altersbezüge unwiderruflich schmälert. Wie alle mit der Scheidung verbundenen Geldangelegenheiten sind auch Zugewinn- und Versorgungsausgleich zu komplex und folgenschwer, um sie ohne fachliche Hilfe zu berechnen.

9.

Wohnverhältnisse

Die Auflösung der Lebensgemeinschaft zieht im Allgemeinen die der Wohngemeinschaft nach sich. In der Tagespresse entdecken Sie dann Annoncen wie »Privater Flohmarkt« und können sich am Ausverkauf der Werte und Erinnerungen beteiligen. Über das Veräußern des Hausrates hinaus gibt es eine Reihe von Fragen zu klären, die die Wohnung selbst betreffen.

Wer behält die Ehewohnung bis zur Scheidung?

Versuchen Sie, auch ihre Wohnungsprobleme möglichst friedlich miteinander zu lösen. Falls Sie sich nicht einigen können, muss das Familiengericht eingeschaltet werden. Dieses kann bereits vor Einreichung des Scheidungsantrags verfügen, wem die Wohnung zur vorläufigen alleinigen Nutzung zur Verfügung steht oder wie die Räumlichkeiten unter Ihnen als getrennt Lebende aufzuteilen sind.

Im Allgemeinen stellt die Frau einen Antrag auf Zuweisung der Ehewohnung zur alleinigen Nutzung. Unter bestimmten Voraussetzungen wird diesem Antrag stattgegeben, weil das Gericht davon ausgeht, dass der Verbleib von Mutter und Kinder in der gewohnten Umgebung die Belastung mindert. Sie als Vater müssen in diesem Fall auch dann ausziehen, wenn Sie alleiniger Mieter oder Eigentümer der Wohnung oder des Familienheims sind.

Selbstverständlich haben Sie als Vater ebenfalls das Recht, einen Antrag auf vorläufige alleinige Nutzung der Ehewohnung zu stellen. Falls Sie die Kinderbetreuung übernehmen, haben Sie gute Karten. Folgende Bedingungen müssen erfüllt sein:

- Sie und Ihre Frau leben bereits getrennt oder haben die feste Absicht, sich zu trennen. Am besten legen Sie einen schriftlichen Nachweis vor.
- Eine Aufteilung der Ehewohnung ist ausgeschlossen, weil sie zu klein ist oder Ihre Frau sich unzumutbar benimmt.
- Es liegt eine sogenannte »besondere Härte« vor. Dies ist der Fall, wenn
  - Ihre Frau aggressiv ist, Sie schwer beleidigt, bedroht oder tätlich angreift und zu erwarten ist, dass sie dies weiterhin tun wird oder Dritte beauftragt, Sie zu schädigen;
  - Ihre Frau Alkoholikerin oder drogenabhängig ist;
  - Ihre Frau in der Wohnung randaliert oder Ihre Besitztümer zerstört;
  - Ihre Frau die Kinder misshandelt, sie seelisch verletzt oder sexuell missbraucht.

Falls Sie dem Gericht nachweisen können, dass Ihre Ex-Ehefrau jederzeit bei ihren Eltern, Schwiegereltern oder anderen Verwandten wohnen könnte, womöglich ohne Miete zu bezahlen, würde dies Ihre Aussichten auf Zuweisung der Ehewohnung erhöhen.

Was dürfen Sie aus der Ehewohnung mitnehmen?

Wenn Sie aus der gemeinsamen Ehewohnung ausziehen, dürfen Sie prinzipiell alles, was Ihnen persönlich gehört, mitnehmen: Ihre

Kleidung, Schmuck, Dokumente, Familienfotos, Ihnen persönlich übereignete Geschenke, Familienandenken, Ihre Sport- oder Fotoausrüstung, Ihre persönlichen Hobby-Utensilien und selbstverständlich alles, was Sie zur Ausübung Ihres Berufes benötigen. Nicht mitnehmen dürfen Sie die persönlichen Besitztümer und Dokumente Ihrer Ex-Ehefrau.

Gemeinsame Güter sollten Sie nach Absprache und im gegenseitigen Einverständnis mitnehmen. Falls Sie eine Waschmaschine und eine Geschirrspülmaschine besitzen, einigen Sie sich, wer künftig was am liebsten von Hand waschen will. Verfügen Sie über ein Fernsehgerät und eine Stereoanlage, entscheiden Sie gemeinsam, wer in Zukunft lieber Musik hören oder vor der »Glotze« abschalten will. Ähnlich ließe sich die Mikrowelle gegen den Herd, der Staubsauger gegen das Bügeleisen, die Kaffeemaschine gegen die Brotschneidemaschine oder der Besen gegen den Schrubber aufrechnen. Am klügsten ist es, eine Liste aller Einrichtungsgegenstände und Besitztümer anzufertigen und darauf zu vermerken, was Sie für sich beanspruchen.

Die meisten Männer neigen dazu, auf alles zu verzichten, wenn die Ehe zerbricht, und der Ex-Ehefrau die Entscheidung darüber zu überlassen, was sie haben will. Überlegen Sie sich dies gut! Falsche Großzügigkeit rächt sich spätestens dann, wenn Sie nach der Trennung erkennen, dass Ihre Geldmittel zu knapp sind, um die aufgegebenen Besitztümer zu ersetzen.

Ich rate Ihnen, Ihr künftiges Leben zu planen und nicht den Kopf in den Sand zu stecken. Sie werden eine neue Wohnung beziehen, sich dort einrichten wollen. Was also brauchen Sie, um sich darin heimisch zu fühlen, es gemütlich und bequem zu haben? Woran hängt Ihr Herz, worauf können Sie nur schwer verzichten?

Wenn Sie zu keiner friedlichen Einigung kommen, wenden Sie eine Faustregel an, nach der auch das Gericht vorgeht. Diese Regel besagt, dass Sie alle Gegenstände, die Sie zur Führung eines eigenen Haushalts sofort und dringend benötigen, für sich beanspruchen dürfen, Ihrer Ex-Ehefrau jedoch ebenfalls so viel zusteht, dass sie in der Lage ist, ihren Alltag zu bestreiten.

Falls die Kinder künftig bei Ihnen bleiben, werden Sie selbstverständlich auch die für den unmittelbaren Bedarf der Kinder erforderlichen Dinge mitnehmen und einen entsprechend größeren Anteil an den allgemeinen Haushaltsgegenständen einfordern. In diesem Fall muss konsequenterweise Ihre ohne die Kinder ausziehende Ex-Ehefrau eher auf die Waschmaschine und die Geschirrspülmaschine verzichten als Sie. Wer was in die Ehe mitgebracht oder allein gekauft hat, ist bei dieser Entscheidung übrigens absolut unwichtig. Maßgeblich ist, wer von Ihnen was unmittelbar und dringender benötigt als der andere.

Was muss der Vermieter wissen?

Grundsätzlich muss der Vermieter einer Übertragung des ehelichen Mietvertrages auf Sie oder Ihre Ex-Ehefrau zustimmen. Vor allem Wohnungsbaugesellschaften als Vermieter können Schwierigkeiten machen und verlangen, dass der Mietvertrag erst nach der Scheidung geändert wird. Dies müssen Sie sich nicht gefallen lassen. Sie haben das Recht, das Familiengericht einzuschalten und die Änderung des Mietvertrages zu erzwingen. Wenn Sie es versäumen, den Mietvertrag zu ändern, müssen Sie weiterhin gemeinsam mit dem alleinigen Bewohner der Ehewohnung für die anfallenden Mietkosten und alle Nebenkosten aufkommen.

Da es bei der richterlichen Zuweisung der Ehewohnung nicht zählt, ob Sie oder Ihre Frau oder Sie beide gemeinsam Mieter sind, ist es unsinnig, den Mietvertrag vorab heimlich zu kündigen. Selbst wenn einer von Ihnen den Vertrag einst als Alleinmieter unterzeichnet und sich nun herausgemogelt hätte, wäre dem Familiengericht die Zuweisung der Wohnung an Sie als Nichtmieter/in jederzeit möglich.

Benachrichtigen Sie den Vermieter grundsätzlich schriftlich. Je nachdem, ob Ihre Frau oder Sie selbst in der Wohnung bleiben, könnte eine solche Benachrichtigung folgendermaßen aussehen:

Musterbrief 1

Absender

Empfängeradresse   Ort, Datum

Betreff: Mietvertrag zwischen .... (Mieter/in + Vermieter-Namen) vom .... (genaues Datum)

Sehr geehrte....

hiermit informiere ich Sie darüber, dass ich am .... (genaues Datum) aus der Wohnung ..... (genaue Anschrift) ausgezogen bin.

Mieterin bleibt Frau .... (Name), welche künftig Ihre alleinige Ansprechpartnerin für alle Mietvereinbarungen ist.

Mit freundlichen Grüßen

(Unterschrift)

Musterbrief 2

Briefkopf, Betreff und Anredeformel wie in Musterbrief 1

..... hiermit teile ich Ihnen mit, dass Frau ... (Name) am .... (Datum) aus der Wohnung .... (genaue Anschrift) ausgezogen ist.

Mieter bleibe ich, Herr ... (Name). Meine Kinder .... (Namen der Kinder) verbleiben bei mir.

In allen Mietfragen wenden Sie sich bitte künftig ausschließlich an mich.

Mit freundlichen Grüßen

(Unterschrift)

Formalitäten beim Auszug

Beachten Sie, dass mit einem Wohnungswechsel diverse Meldeformalitäten verbunden sind. Erledigen Sie diese stets schriftlich! Sie müssen beispielsweise das Einwohnermeldeamt über Ihren Umzug informieren. Darüber hinaus sollten Sie Elektrizitäts-, Gas-, Wasserwirtschafts- und Abfallbeseitigungsamt informieren. Falls Ihre Frau in der Wohnung bleibt, weisen Sie die entsprechenden Behörden und Ämter darauf hin, dass sie nun Mieterin und Vertragspartnerin ist. Auch die GEZ-Gebührenzentrale und das Fernmeldeamt müssen informiert werden.

Wer bezahlt die Miete, wenn Ihre Frau die Wohnung behält?

Der in der ehelichen Wohnung verbleibende Ehepartner muss mit dem Vermieter einen neuen Mietvertrag aushandeln. Die anfallende Miete muss aus dem Unterhalt aufgebracht werden.

Falls Sie selbst es versäumen, dem Vermieter Ihren Auszug mitzuteilen und den Mietvertrag zu kündigen, kann dieser Sie weiterhin für die Mietkosten haftbar machen.

Eigenes Haus, was wird daraus?

Sind Sie und Ihre Ex-Ehefrau gemeinsame Besitzer einer Eigentumswohnung oder eines eigenen Hauses, kann das Gericht auf Antrag einem von Ihnen die alleinige Nutzung desselben gestatten. Hier zählen die gleichen Faktoren wie bei der Entscheidung über eine Mietwohnung.

Sind Sie alleiniger Eigentümer, hat Ihre Ex-Ehefrau es schwer, die alleinige Nutzung durchzusetzen. Es sei denn, sie kann den Nachweis erbringen, dass der Auszug eine besondere Härte bedeutet. Dies kann beispielsweise im Zusammenhang mit Ihren gemeinsamen Kindern der Fall sein. Wenn Sie z.B. ein behindertes Kind haben und das eigene Haus entsprechend ausgebaut ist, wäre dies ein Grund, Ihrer Ex-Ehefrau die Nutzung einzuräumen.

In jedem Fall setzt das Gericht eine angemessene Mietentschädigung fest, die Ihnen als Besitzer oder Mitbesitzer von Ihrer Ex-Ehefrau gezahlt werden muss. Um sich vor unliebsamen Überraschungen zu schützen, sollten Sie unbedingt einen Mietvertrag mit Ihrer Ex-Ehefrau abschließen, der die Zahlungsmodalitäten genau bestimmt.

Statt einer Barauszahlung der Miete können Sie vereinbaren, dass nur Ihre Ex-Ehefrau, die das Haus nutzt, Zins und Tilgung, Grundsteuer und Hausversicherungen oder Teile davon bezahlt oder Ihre Unterhaltsleistungen entsprechend gekürzt werden. Die Details der Verrechnung sind wichtig, um spätere Rückforderungen auszuschließen.

Falls Ihre Ex-Ehefrau nicht bereit ist, einen Mietvertrag mit Ihnen abzuschließen, fordern Sie sie schriftlich dazu auf. Wie Sie in dieser Sache an Ihre Ex-Ehefrau herantreten können, zeigt der folgende Musterbrief:

Musterbrief

Absender

Empfängerin   Ort, Datum

Betreff: ..... (genauer Besitzer) Wohnhaus/Eigentumswohnung (genaue Adresse)

Vorname Ihrer Ex-Frau,

hiermit fordere ich Dich zu einer Neuregelung der Verwaltung und Benutzung .... (unseres/meines) ...... (gemeinsamen/eigenen)

Wohneigentums auf, welches Dir zur Bewohnung und Nutzung mit unseren Kindern gerichtlich zugewiesen wurde.

Solltest Du eine solche verweigern, sehe ich mich gezwungen, den Klageweg zu beschreiten und auf einen sofortigen Zugewinnausgleich zu bestehen.

Unterschrift

Wie erhält man eine Sozialwohnung?

Anspruch auf eine Sozialwohnung haben Einzelpersonen oder Familien mit geringem Einkommen. Der sogenannte »§5-Schein« beziehungsweise »Wohnberechtigungsschein nach §5 Wohnungsbildungsgesetz« dient als Nachweis der Bedürftigkeit. Ob Sie einen Wohnberechtigungsschein erhalten, überprüft das Wohnungsamt. Zu diesem Zweck benötigen Sie folgende Unterlagen:

- Ausweispapiere;
- Nachweis Ihres Getrenntlebens oder der vollzogenen Scheidung. Können Sie diese nicht oder noch nicht erbringen, verweisen Sie entweder auf Ihre anwaltliche Beratung oder beharren Sie auf Ihrer Darstellung;
- gegebenenfalls Nachweis darüber, dass Ihre Kinder dauerhaft bei Ihnen leben werden. Dieser Nachweis muss von Ihnen und Ihrer Ex-Frau unterschrieben sein. Sollte diese eine Unterschrift verweigern, haben Sie die Möglichkeit, eine vorläufige Stellungnahme des Jugendamtes zur Vorlage beim Wohnungsamt zu erbitten;
- Unterhaltsnachweise;
- Einkommensnachweise aller Art;
- Nachweise über Ihre laufenden Kosten und Ausgaben.

Gelingt es Ihnen nicht, aus den Wohnungsanzeigen oder bei einer Wohnungsbaugesellschaft eine Wohnung zu finden, sodass Sie in akute Wohnungsnot geraten, bleibt Ihnen die Chance auf einen *Dringlichkeitsschein*. Als alleinstehender Mann haben Sie allerdings geringe Aussichten, einen solchen zu erhalten, da im Allgemeinen Schwangere und Alleinerziehende bevorzugt berücksichtigt werden. Entscheidungsträger ist auch hier das Wohnungsamt. Billigt es Ihnen einen »Dringlichkeitsschein« zu, wird Ihnen eine Wohnung vermittelt und zugewiesen. Dass diese nicht zwingend schön oder in einem guten Wohngebiet gelegen sein wird, muss Ihnen klar sein.

Wer hat Anspruch auf Wohngeld?

Wohngeld erhält, wer zu geringe Einkünfte hat, um aus eigenen Mitteln eine bedarfsgerechte Wohnung zu finanzieren. Es handelt sich dabei um einen staatlichen Mietzuschuss, der nicht zurückgezahlt werden muss und sowohl für privat vermietete als auch für Sozialwohnungen gewährt wird. Da es kein rückwirkendes Wohngeld gibt, ist es wichtig, einen Antrag sofort bei Bedarf bei Ihrer zuständigen amtlichen Wohngeldstelle einzureichen. Falls Sie nichts zu verschenken haben, sollten Sie von Ihrem guten Recht Gebrauch machen und auf Ihnen zustehende Leistungen nicht verzichten. Auch der Bezug von Wohngeld ist verbrieftes Recht und kein Almosen des Staates.

In jedem Fall sollten Sie sich also vor dem Abschluss eines neuen Mietvertrages bei dieser Wohngeldstelle erkundigen, ob Sie für die gewünschte Wohnung überhaupt zuschussberechtigt sind. Wohnungen, die nicht bedarfsgerecht sind, also mehr bieten, als Sie tatsächlich brauchen, werden nicht oder nur unter bestimmten Umständen gefördert. Zur Ermittlung der Eckdaten müssen Sie deshalb den Mietvorvertrag mitbringen, aus dem alle erforderlichen Angaben über Wohnungsgröße, Mietpreis usw. hervorgehen.

10.

Wenn Ihnen das Umgangs- und Sorgerecht entzogen werden soll

Kinder lieben Mutter *und* Vater. Sie dürfen nicht vor die Entscheidung gestellt werden: »Wen hast du lieber?« Dies überfordert ihre Kraft und stört ihre Entwicklung, weil sie dem jeweils abgelehnten Elternteil gegenüber stets ein schlechtes Gewissen haben werden. Der regelmäßige Umgang mit Mutter *und* Vater ist daher zum Wohle des Kindes unverzichtbar und darf nicht den Interessen der Eltern geopfert werden. Vater und Mutter verkörpern für ihre Kinder Vorbilder, die die notwendige Orientierung geben, denen die Kinder folgen können, von denen sie sich aber auch zu unterscheiden lernen. Beide Elternteile vermitteln je spezifische Einstellungen und leben ein Rollenverständnis vor, mit dem sich Söhne und Töchter auseinander setzen müssen, um so eigene Vorstellungen von Männlichkeit und Weiblichkeit zu entwickeln.

Nicht nur aus materiellen Gründen oder im juristischen Sinn ist es daher Unrecht, Kindern den Vater oder die Mutter zu entziehen. Auch und besonders schwer wiegt dieses Unrecht aus seelischen Gründen. Es beraubt Kinder nicht nur des natürlichen, angeborenen Rechtsgutes »Vater« beziehungsweise »Mutter«, sondern schädigt sie nachhaltig in ihrer Entwicklung. Dies zu verhindern, muss oberste Pflicht der Eltern und höchste Aufgabe des Gesetzgebers sein, unter dessen Schutz die Familie steht.

Partnerschaftliche Erziehung

Das Erziehungsrecht und die Erziehungspflicht der Eltern werden im Bürgerlichen Gesetzbuch unter der Überschrift »Familienrecht« bestimmt. Speziell in den Paragraphen, die das »Kindschaftsrecht« betreffen – das sind §§ 1626, 1626 a bis d sowie 1627 –, werden wichtige Details über die »Elterliche Sorge für eheliche Kinder« und die »Elterliche Sorge nicht miteinander verheirateter Eltern« festgelegt. Einige Passagen des »Kindschaftsrechts« wurden überarbeitet und gelten seit dem 1. Juli 1989 in ihrer Neufassung.

Wie üblich wurde auch in diesem Fall vor Verabschiedung der Gesetzesnovelle der zugehörige Gesetzesentwurf unter Mitwirkung gesellschaftsrelevanter Gruppierungen diskutiert. Die Ergebnisse derartiger Diskussionen werden als Gesetzesbegründungen festgeschrieben und sollen den Entscheidungsträgern an den Familiengerichten als Orientierungshilfe dienen. Insbesondere die Vertreter der Familie, die als soziale Grundeinheit von besonderer Bedeutung für Staat und Gesellschaft ist, beklagen aber, dass hier vornehmlich das Interessenkartell der professionellen Scheidungsbegleiter zur Einbringung ihrer Ideen aufgefordert ist. Zu begrüßen wäre eine Einladung auch der privaten Betroffenenverbände sowie von Arbeitgebervertretern, die von den durch Scheidung herbeigeführten Schädigungen ihrer Arbeitnehmer nachhaltig betroffen sind.

Auch nach der Neuregelung des Kindschaftsrechts gilt Günther Belchaus als einer der führen Kommentatoren der Gesetzeslage. In seinem Text »Elterliches Sorgerecht. Kommentar zum Gesetz zur Neuregelung des Rechts auf elterliche Sorge« nimmt er Stellung zu dem auch heute unverändert gültigen Paragraphen 1626 Absatz 2 zur Erziehungspflicht:

»Wichtigstes Ziel jeder Erziehung ist die Entwicklung des Kindes zur selbstverantwortlichen Persönlichkeit. Soll dieses Ziel bei Eintritt der Volljährigkeit erreicht sein, ist es notwendig, das Kind rechtzeitig darauf vorzubereiten. Eltern-Kind-Beziehungen, die bis zur Volljährigkeit des Kindes vorherrschend von Befehl und Gehorsam geprägt sind, sind zur Bewältigung dieser Aufgabe kaum geeignet. Vielmehr muss das Kind mit zunehmendem Alter und wachsender Einsicht an die altersgemäße Selbständigkeit herangeführt werden.«

Vor allem bei der Trennung und Scheidung ist es die Pflicht der Eltern zu

»versuchen, die Fragen der elterlichen Sorge mit dem Kind zu erörtern, soweit es nach dessen Entwicklungsstand angezeigt ist. Auch wenn die Eltern nach Abwägung aller Gesichtspunkte eine Entscheidung gegen den Willen des Kindes treffen, so soll dies im Gespräch geschehen, das gegenseitiges Verständnis erleichtert und Spannungen im Eltern-Kind-Verhältnis vermeidet oder wieder abbauen hilft. Die von den Eltern zu fördernde und zu fordernde Eigenverantwortlichkeit des heranwachsenden Kindes soll gestärkt werden und den Übergang in die Volljährigkeit vorbereiten.«

Versagen Eltern in ihrer Pflicht zur partnerschaftlichen Erziehung, die die Eigenverantwortlichkeit des Kindes fördert sowie die persönlichen Wünsche und Bedürfnisse des Kindes berücksichtigt, greift die Schutzfunktion des Staates nach Artikel 6/Absatz 2 des Grundgesetzes. Diese besagt, dass der Staat nicht nur berechtigt, sondern verpflichtet ist, die Pflege und Erziehung des Kindes sicherzustellen.

Diese Aufsichtspflicht des Staates ergibt sich aus dem Tatbestand, dass jedes Kind Grundrechtsträger ist. Es ist, wie Günter Belchaus ausführt, »ein Wesen mit eigener Menschenwürde und dem eigenen Recht auf Entfaltung seiner Persönlichkeit im Sinne der Artikel 1, Absatz 1 und Artikel 2, Absatz 1 GG«. Eine Verfassung, die die Würde des Menschen für unantastbar erklärt, kann in der Konsequenz auch Eltern die Rechte an ihrem Kind nur mit der Auflage einräumen, diese Würde zu respektieren. »Die Anerkennung der Elternverantwortung und der damit verbundenen Rechte findet daher ihre Rechtfertigung darin«, so Belchaus weiter, »dass das Kind des Schutzes und der Hilfe bedarf, um sich zu einer eigenverantwortlichen Persönlichkeit innerhalb der sozialen Gemeinschaft zu entwickeln, wie sie dem Menschenbilde des Grundgesetzes entspricht.«

Daraus folgt, dass zumindest dann ein Verstoß gegen die gesetzlichen Bestimmungen zum Schutz der Menschenwürde und derjenigen zur partnerschaftlichen Erziehung vorliegen, wenn ein Vater oder eine Mutter sich der gemeinsam auszuübenden Sorge für ein Kind aus ihren eigenen, persönlichen Gründen und Interessen heraus entzieht und diese verweigert. Eine solche Missachtung der kindlichen Grundrechte liegt also auch dann vor, wenn eine Mutter den Vater ausschließlich als Zahl-Vater zur Ableistung des Unterhalts für sich und die gemeinsamen Kinder benutzt oder wenn sie die persönlichen Rechte und Pflichten zur elterlichen Sorge im Sinne einer die Eigenverantwortlichkeit des Kindes fördernden Erziehung missachtet, indem sie ihrem Kind keine Möglichkeit einräumt, den leiblichen Vater kennen zu lernen und in das eigene Leben einzubeziehen. Gegen das Recht des Kindes auf eine freie Entfaltung seiner Persönlichkeit verstößt auch ein autoritärer Erziehungsstil, der das Kind zum Befehlsempfänger degradiert oder es zum Opfer der Launen des Erziehungsberechtigten macht.

Aufgabe des Staates in seinem Wächteramt ist es, den Schutz der Menschenwürde jedes Menschen und den Schutz der partnerschaftlichen Erziehung als die dem Wohle des Kindes am meisten entsprechende Erziehungsmaßnahme zu garantieren und jede Zuwiderhandlung zu verhindern beziehungsweise zu bestrafen.

Eltern, die die Grundrechte ihres Kindes verletzen, sind als nicht erziehungsfähig anzusehen. Gelingt es trotz gesetzlicher Kontrollauflagen und Verbesserungsvorschlägen nicht, die Erziehung zum Wohle des Kindes sicherzustellen, muss dem versagenden Elternteil das Sorgerecht entzogen und auf den besser geeigneten Elternteil oder auf eine geeignete dritte Person übertragen werden.

Sie als Vater sind verpflichtet, die Bedürfnisse und Rechte ihres Kindes zu schützen. Im Ernstfall muss es daher Ihr oberstes Ziel sein, eine anwaltliche Beratung zu finden, die sich mit den Prinzipien der partnerschaftlichen Erziehung bestens auskennt und nicht nur geeignet, sondern auch gewillt ist, diese gegenüber dem Gericht zum Wohle des Kindes durchzusetzen.

Das Wohl des Kindes

Das sogenannte »Kindeswohl« ist ein juristisch nicht definierter Begriff. Aus diesem Grunde entscheidet erstens die Fähigkeit Ihres Rechtsbeistands, das Gericht von den notwendigen Maßnahmen zu überzeugen, sowie das persönliche Urteil oder Vorurteil des/der zuständigen Familienrichters/-in über jeden Einzelfall. Als Bewertungsgrundlage und Entscheidungshilfe dienen erläuternde Kommentare zu den Gesetzesparagraphen sowie eine große Anzahl von Grundsatzurteilen.

Grundsätzlich soll seit der Neuregelung und dem Inkrafttreten des Kindschaftsrechtes zum 1. Juli 1998 das Recht des ehelichen und des nicht ehelichen Kindes auf Umgang mit beiden Eltern berücksichtigt und die gemeinsame Sorge ausgesprochen werden. Zudem soll das Recht des ehelichen und des nicht ehelichen Kindes auf Umgang mit anderen Personen berücksichtigt werden, zu denen es eine Bindung aufgebaut hat, deren Aufrechterhaltung für seine Entwicklung förderlich ist.

Falls sich die Eltern nicht einig sind und einvernehmlich einen von ihnen als Alleinsorgeberechtigten bestimmen, soll berücksichtigt werden, ob die Aufhebung des gemeinsamen Sorgerechts und die Übertragung auf den Antrag stellenden Elternteil dem Wohl des Kindes am ehesten entspricht. Relevant ist weiterhin, ob das

Kind sein 14. Lebensjahr vollendet hat und der elterlichen Entscheidung zustimmt. Falls es widerspricht, ist eine dem Wohl des Kindes am besten entsprechende Entscheidung zu treffen. Das kann auch heißen, dass das Kind außerhalb der Familie untergebracht wird.

Wenn sich die Eltern nicht einig sind und jeder für sich die alleinige Sorge beansprucht, sind grundsätzlich folgende Aspekte zu berücksichtigen:

- Welcher Elternteil verfügt über die erforderliche Erziehungsfähigkeit, um einem Kind eine im Sinne des Gesetzgebers partnerschaftliche Erziehung (siehe dazu *Partnerschaftliche Erziehung*) mit dem Ziel der eigenverantwortlichen Persönlichkeit zu garantieren? Leider tendieren die Richter und Richterinnen in strittigen Sorgerechtsfällen trotz der vom Gesetzgeber empfohlenen gemeinsamen elterlichen Sorge weiterhin dazu, der Mutter die bessere Eignung zu unterstellen und diese besonders in richterlichen Sorgerechtsentscheidungen über junge Kinder zu bevorzugen.

- Sind die wirtschaftlichen Verhältnisse sowie die Wohn- und Unterbringungsmöglichkeiten des das alleinige Sorgerecht beanspruchenden Elternteils dem Wohl des Kindes entsprechend sicher und geordnet?

- Ist die erzieherische Kontinuität gegeben? Der Elternteil, der von Anfang an mehr Zeit für die Betreuung und Erziehung der gemeinsamen Kinder aufgewandt hat und daher die erste Bezugsperson ist und dies auch weiterhin bleiben wird, erhält die elterliche Sorge eher zugesprochen als ein Elternteil, der aus den verschiedensten Gründen überwiegend abwesend war. Dies beklagen besonders die Väter, die sich durch eine solche Entscheidung für ihre im Interesse der Familie geleistete Arbeit bestraft fühlen. Das Gericht hält dem entgegen, es sei nicht Aufgabe des Gesetzgebers, sein Wächteramt zugunsten der Eltern auszuüben, wenn dies das Wohl des Kindes schädige. Allerdings wird diese an sich richtige Argumentation nicht auch dann so selbstverständlich zum Wohle des Kindes angewandt, wenn es um die Weigerung der Mutter geht, den Vater als Mitsorgeberechtigten anzuerkennen.

- Bleibt dem Kind die gewohnte Umgebung erhalten? Diese speziell von Vätern als ungerecht empfundene Regelung führt im Allgemeinen dazu, das Kind bei dem Elternteil zu belassen, bei dem es während der gesetzlich vorgeschriebenen Trennungszeit lebt; im Regelfall also bei der Mutter. Da das Gericht nicht verpflichtet ist, im Sorgerechtsstreit das Wohl der Eltern zu berücksichtigen, entscheiden Richter und Richterinnen danach, welche Lebensweise dem Kind mehr Ruhe verschafft. Leider stimmen Familienrichter und -richterinnen dem während der Trennungszeit gestellten Antrag der Mütter oft bedenkenlos zu, ihr die vorläufig alleinige Sorge zu gewähren und nehmen dafür billigend in Kauf, den Vater in seinem Umgangsrecht mit dem Kind zu behindern. Die daraus notwendigerweise folgende Entfremdung zwischen Vater und Kind wird dann wiederum als Argument für eine Entscheidung gegen ein im Scheidungsverfahren auszusprechendes gemeinsames Sorgerecht angeführt.
- Geschwister sollen nicht getrennt werden! Da dies vom Gesetzgeber nicht zwingend vorgeschrieben ist, kann das Gericht von dieser Regelung abweichen. Dies geschieht vor allem dann, wenn der große Altersunterschied zwischen den Geschwistern auf eine nicht ganz so enge Bindung hindeutet oder wenn die Geschwister bereits vor der Scheidung getrennt lebten.
- Erhebliche Eheverfehlungen, die zum Scheitern der Ehe führten und gleichzeitig auch eine Verletzung der Elternpflicht darstellen, werden bei der Prüfung der Erziehungsfähigkeit zugrunde gelegt.
- Die Zerstrittenheit der Eltern steht nicht zwingend einer gemeinsamen Sorge entgegen und sagt nichts über die Erziehungsfähigkeit aus.

- Die Berufstätigkeit eines Elternteils steht nicht zwingend der alleinigen Sorge entgegen, sofern die Betreuung des Kindes sichergestellt ist. Leider wird die Berufstätigkeit des Vaters in der richterlichen Praxis dennoch zum Hindernis Nummer eins, wenn die Erziehungsfähigkeit beider Eltern gleichermaßen gesichert scheint, die Mutter aber aufgrund der väterlichen Unterhaltsleistungen nicht oder nur teilerwerbstätig sein muss und das Kind betreuen kann.

- Bei welchem Elternteil wollen die Kinder leben und wie äußern sie sich in entsprechenden richterlichen und gutachterlichen Befragungen? Leider haben Familienrichter und -richterinnen im Allgemeinen keine psychologische Ausbildung. Stattdessen sitzen sie in ihren nicht nur Kindern, sondern auch Erwachsenen Respekt einflößenden schwarzen Roben auf dem Podest und bedienen sich einer strengen distanzierten Sprache, die Kinder geradezu paralysiert. Es wird hingenommen, dass Kinder angesichts derartiger Methoden verängstigt sind, weinen, schweigen oder ihre eigenen Wünsche nicht zu artikulieren wagen. Ihre nicht immer eindeutigen oder nicht der Wahrheit entsprechenden Aussagen werden dann aber als Bewertungsbasis für die Erteilung des Sorgerechts zugrunde gelegt.

Vor seiner Entscheidung hört das Gericht das Jugendamt an. Gelingt es dem Gericht nicht, sich aufgrund der eigenen Befragungen und Ermittlungen ein schlüssiges Bild von der Persönlichkeit des Kindes und seiner Beziehung zu den Eltern zu machen, kann es – muss aber nicht – ein Sachverständigengutachten etwa eines Jugendpsychologen einholen. Letztlich ist das Gericht aber an dessen Ausführungen und Empfehlungen nicht gebunden.

Das Beste für Sie selbst ist nicht automatisch das Beste für Ihr Kind

Eltern, die ihrem Kind den anderen Elternteil vorenthalten, tun dies nicht immer aus Rache, sondern häufig aus Angst. Beide Beweggründe mögen verständlich oder sogar nachvollziehbar sein. Für Kinder sind sie falsch. Denn der Streit der Eltern ist nicht derjenige der Kinder.

Was immer Sie als Mann Ihrer Frau angetan haben – Sie haben es nicht Ihrem Kind angetan. Ganz gleich, was Ihre Frau dabei empfunden hat – es sind nicht die Gefühle Ihres Kindes, die sie verletzt haben. Wenn Sie diese Beziehungsebenen vermischen, handeln Sie dem Anspruch der partnerschaftlichen Erziehung zuwider, weil Sie die Persönlichkeitsrechte Ihres Kindes verletzen und es in seinem Recht auf eine Entwicklung zur eigenverantwortlichen Persönlichkeit behindern.

Selbstverständlich sind Eltern verpflichtet, ihr Kind zu schützen und es vor Unheil zu bewahren. Dazu gehört auch, es von Personen fern zu halten, die es gefährden könnten. Eltern, die aus ihrer persönlichen schlechten Erfahrung mit dem als nicht mehr liebenswert empfundenen Partner rückschließen, dass dieser auch als Vater/Mutter versagt, treffen damit jedoch eine nur für sie selbst stimmige Entscheidung.

Anders ausgedrückt: Nur ein Elternteil, dessen Verhalten nachweislich dem Kind schadet, sollte auf seine Tauglichkeit zum künftigen Umgang mit dem Kind hin geprüft und gegebenenfalls kontrolliert oder ausgeschlossen werden.

Der Gesetzgeber hat für diesen Fall konkrete Regelungen vorgesehen, die das Wohl des Kindes und das Elternrecht schützen. Bedauerlicherweise finden diese Regelungen in der Familienrechtsprechung viel zu selten Anwendung. Die Richter und Richterinnen folgen oft allzu schnell dem Grundsatz »Kinder zur Mami, Papa zahlt«.

»Der kaukasische Kreidekreis«

Das Brecht'sche Bild des »Kaukasischen Kreidekreises« wird oft als Vorbild für gute Eltern zitiert. Bedauerlicherweise wenden die Entscheidungsträger/innen die darin enthaltene Lehre falsch an. Zwar denken sie richtigerweise, dass Brecht denjenigen Elternteil für den wahrhaft liebenden ansieht, der das Kind trotz des eigenen schmerzlichen Verlustes vor Verletzungen bewahren will und es deshalb frei gibt. Dabei wird aber außer Acht gelassen, dass dies für die Kinder dennoch ein schmerzhafter Prozess ist – nicht zuletzt, weil die Mütter in strittigen Sorgerechtsfällen meist sehr heftig an dem Kind ziehen und das bedingungslose Loslassen des Vaters einfordern. In der Folge des Verzichts auf das gemeinsame Sorgerecht scheitern Väter dann leider auch oft daran, einen regelmäßigen und großzügig bemessenen Umgang zu erhalten. Noch einmal wird von ihm verlangt, zugunsten der Kinder »loszulassen«.

Sollten Sie damit konfrontiert sein, dass Ihre Frau Ihnen jegliches Umgangsrecht entziehen will, sollten Sie sich entschieden dagegen zur Wehr setzen, wenn Sie die Kinder weiterhin sehen wollen. Sie haben ein reales Anliegen, ein reales Kind und eine real die Grundrechte Ihres Kindes sowie unter Umständen eine Ihre eigenen Rechte beschneidende Ex-Ehefrau. Sie haben folglich Anspruch auf eine realistische Ermittlungsarbeit und realistische zur Anwendung kommende Grundlagen: Die ganz realen Gesetzestexte und Paragraphen mit ihren die partnerschaftliche Erziehung und deren Ziele beschreibenden Vorgaben. Diese allein bilden die Rechtsgrundlage und müssen daher zur Anwendung gelangen.

Verzicht als Selbstschutz für den ausgegrenzten Vater

Väter, die sich jahrelang vergeblich darum bemühen, ihre Kinder wiedersehen zu dürfen und dennoch an den Familiengerichten, der

Praxis der Jugendämter und dem Willen der Mutter scheitern, verlieren bei diesem Kampf meist jede persönliche Lebensqualität. Scheidung ist eine Schockerfahrung. Zumindest beim ersten Mal ist niemand darauf vorbereitet. Speziell Männer, die vornehmlich kopfgesteuerte Lösungen zu treffen gewohnt sind, finden sich inmitten des plötzlich entstehenden emotionalen Chaos nicht zurecht. Die gewohnten Verhaltensmuster und Lösungsansätze greifen nicht mehr. Vernunft und Logik haben ausgespielt. Selbst das vermeintlich klare Anweisungen erteilende Gesetz entpuppt sich als interpretationsfähig und wandelbar.

Die Gedanken vieler Väter kreisen unablässig um die Suche nach einem Ausweg. Sie vernachlässigen nahezu jede Teilnahme an den Annehmlichkeiten des Lebens, bis sie zu der tragischen Einsicht gelangen, dass Recht haben noch lange nicht Recht bekommen bedeutet. Bis dahin hoffen sie als Tatmenschen, die die Ausweglosigkeit nicht ertragen, auf eine Lösung. Um die Zerstörung ihrer wirtschaftlichen und sozialen Basis zu verhindern und die angestrebte Lösung endlich zu finden, verbrauchen sie die letzten materiellen und psychischen Reserven. Am Ende bleiben oft nur Resignation, Verbitterung oder sogar die berufliche Ausmusterung und der Alkohol.

Kommt Ihnen dies bekannt vor? Fallen Sie auch in diese Verhaltensmuster? Wenn ja, sollten Sie zu Ihrem eigenen Schutz Abstand gewinnen und reinen Tisch mit sich selber machen. Klären Sie, aus welchem Grund Sie so verzweifelt kämpfen. Fragen Sie sich und antworten Sie vollkommen ehrlich:

- Kämpfe ich für mich um mein gutes Recht?
- Kämpfe ich, weil ich mich nicht vorführen lassen will?
- Kämpfe ich, weil ich meine Ex-Frau einfach für schlecht halte und ihr das von Rechts wegen klargemacht werden muss?
- Kämpfe ich, weil ich mein Kind so sehr liebe und es brauche, weil es mein Leben bereichert?
- Kämpfe ich, weil ich glaube, dass mein Kind die Mutter zwar liebt, aber in jedem Fall mich mehr liebt als sie?

- Kämpfe ich, weil ich glaube, dass mein Kind mich braucht, weil ich in jedem Fall die bessere Alternative bin?
- Kämpfe ich, weil ich keinen Unterhalt an meine Ex-Frau zahlen, sondern lieber von ihr Unterhalt für die bei mir lebenden Kinder bekommen will?
- Kämpfe ich, weil mein Kind nachweislich zugrunde geht, wenn ich aufgebe?

Sicher gibt es noch viele Gründe mehr, die Ihnen in den Sinn kommen, sobald Sie sich mit diesen Fragen auseinander setzen. Weichen Sie ihnen nicht aus. Auch dann nicht, wenn Sie spontan den Anflug eines schlechten Gewissens verspüren. Nur rückhaltlos offene Antworten helfen Ihnen, sich zu erkennen und zu prüfen, was Sie tatsächlich bewegt.

Wenn Sie zu der Einsicht kommen, dass Sie Ihren Kampf vornehmlich deshalb führen, weil Sie Ihre Kinder aus objektiv nachvollziehbaren und beweisbaren Gründen vor einer das Kindeswohl schädigenden Mutter beschützen wollen und müssen, ist der Weg klar. Es ist Ihre Pflicht durchzuhalten und Ihre Kinder aus der Gefahrenzone zu holen.

Falls Sie jedoch erkennen, dass Sie in erster Linie kämpfen, um sich selbst und die eigene Eitelkeit zu verteidigen, sich für erlittene Unbill zu rächen, Ihrer Ex-Ehefrau eine Lehre zu erteilen oder aber der Wunsch der Vater des Gedankens ist, ihre Kinder liebten Sie stärker als die Mutter, rate ich Ihnen dringend zur Umkehr. Ein solcher Kampf erweist sich als Kamikaze-Akt, bei dem Sie ihr Ziel nur durch Selbstopferung erreichen.

Konzentrieren Sie sich lieber wieder auf die Gegenwart und die Zukunft. Schreiben Sie Ihren Kindern einen Brief. Teilen Sie ihnen mit, dass Sie sie lieben und alles unternommen haben, um ihnen Vater sein und bleiben zu können, aber keine Chance dazu erhielten. Legen Sie die Gründe dar, die sie davon abgehalten haben, und fügen Sie nach Möglichkeit Beweise dafür bei. Sichern Sie den Kindern zu, jederzeit für sie da zu sein und geben Sie ihnen eine

Kontaktadresse, unter der Sie auch nach Jahren noch erreichbar sind. Seit es auf Lebenszeit erteilbare und über die öffentliche Auskunft zu erfragende Telefonnummern und E-Mail-Adressen gibt, ist ein solches Angebot realistisch.

Falls Sie keine Möglichkeit haben, Ihren Kindern einen solchen Brief zustellen zu lassen, gibt es verschiedene Lösungen. Der sicherste Weg ist, den Brief einem Notar anzuvertrauen, der ihn den Kindern bei erreichter Volljährigkeit übergibt. Auch die Bank Ihres Vertrauens, bei der Sie ein Sparbuch für Ihre Kinder führen, könnte nach Absprache einen Brief aufbewahren, welcher den Empfängern gemeinsam mit dem Sparbuch zur Volljährigkeit ausgehändigt wird. Als private Alternative bietet es sich an, eine den Kindern vertraute Kontaktperson wie beispielsweise die Patentante oder eine enge Freundin der Mutter, der auch Sie vertrauen, um einen derartigen Gefallen zu bitten.

Sobald Sie diese Angelegenheit geregelt haben, ist es Zeit, nach vorne zu schauen. Planen Sie bewusst eine Reise, die Mitgliedschaft in einem Verein – irgendetwas, das Ihnen Spaß macht und nicht nur Ihre Gedanken und Gefühle, sondern auch Ihre Zeit ausfüllt. Wagen Sie eine neue Partnerschaft und gestatten Sie sich, glücklich zu sein. Sie helfen Ihren Kindern nicht, indem Sie depressiv werden und sich weder um die eigene Lebensperspektive noch um die ihrer Kinder kümmern. Im Gegenteil, wenn Ihre Kinder sich eines Tages aufmachen, Sie zu suchen, werden sie froh sein, einen aktiven, mit beiden Beinen fest im Leben stehenden Vater zu finden, dessen Gegenwart sie genießen und dessen Liebe sie als lange gesuchten Mosaikstein in ihr eigenes Leben integrieren können.

11.

Jugendämter, Richter und Gutachter

Aufgaben und Images von Jugendämtern

In den letzten Jahren häufen sich die Klagen von Einzelpersonen, Interessengruppen und Bürgerinitiativen über die Arbeit des Jugendamts. (Die Adresse der »Initiative Jugendamtsgeschädigter«, die sich bei der Weiterleitung der Klagen besonders engagiert, finden Sie im Anhang.) Dass Diskussionsbedarf über das Selbstverständnis und die Praxis des Jugendamts besteht, ist nicht zuletzt auf einschlägigen Tagungen (Literaturhinweise im Anhang) deutlich geworden.

Jugendhilfe begreift sich – so der Bonner Ministerialrat Dr. Reinhard Wiesner – »vor allem als soziale Dienstleistung, weniger als Instanz der Kontrolle und des Eingriffs in das Eltern-Kind-Verhältnis« und »hat präventiven, familienunterstützenden Charakter«. Trotz dieser prinzipiell Schlimmerem vorbeugenden Zielsetzung kann die Jugendhilfe »aus ihrer Aufgabe, das Kind oder den Jugendlichen vor Gefahren für sein Wohl zu schützen, nicht entlassen werden«. Daraus folgt, dass sich seit der Reform des Kindschaftsrechtes zum 1. Juli 1998 »das Schwergewicht deutlich hin zur Beratung, Hilfe und Unterstützung verlagert hat«, aber dennoch »die doppelte Aufgabe von Hilfe und Kontrolle« besteht. Dies kann auch in solchen Fällen »zum Konflikt mit den Eltern führen«, in denen die Eltern »freiwillig die Hilfe des Jugendamtes in Anspruch nahmen«.

Falls das Jugendamt andere Maßnahmen zum Wohl des Kindes für notwendig hält als die Eltern, wird es kritisch. Meist macht die Drohung der Jugendamtsmitarbeiter/innen, das Vormundschaftsgericht einzuschalten, die Eltern willfährig. Ehe Eltern eine Einschränkung ihres Sorgerechts oder gar die Wegnahme des Kindes oder des Jugendlichen gegen ihren Willen riskieren, nehmen sie im Allgemeinen die Einmischung des Jugendamtes in die Erziehung hin. Eine wirkliche Zustimmung zu den erfolgten Maßnahmen tritt jedoch oftmals nicht ein. Besonders im Fall der erzwungenen Herausgabe und Fremdunterbringung fühlen sich Eltern meist ihrer Kinder beraubt und zum Opfer gemacht.

Da derartige Maßnahmen häufig die Folge von vorschnellen Urteilen der Jugendamtsmitarbeiter/innen, insbesondere bei ungesichertem Verdacht auf sexuellen Missbrauch sind, hat in den letzten Jahren das Wort von der »Kinderklaubehörde« die Runde gemacht.

Dass diese Bezeichnung einiges für sich hat, kann nachvollziehen, wer entsprechende Erfahrungen gemacht hat. Sicherlich handelt es sich bei dem nachfolgend geschilderten Beispiel (der Fall ist mir persönlich bekannt) um keinen Standardfall, sondern um einen Extremfall, aber trotzdem ist er vorgekommen und trägt somit zum Bild, das manche sich von Jugendämtern machen, bei. Eine eifrige Kindergärtnerin, die ihre Aufgaben ernst nimmt und sich in Aufklärungsveranstaltung fortgebildet hat, beobachtete ein kleines Mädchen, deren Verhalten ihren Verdacht weckt. Spontan vermutete sie einen Fall von sexuellem Kindesmissbrauch. Ohne Wissen der Eltern schaltete sie eine Therapeutin ein. Diese befragte das Kind, kam zu keinem eindeutigen Ergebnis und wandte sich um Hilfe an das Jugendamt. Damit brachte sie einen Stein ins Rollen, der die betroffene Familie heute noch schädigt. Ohne jede Vorwarnung standen in diesem Fall plötzlich Mitarbeiter/innen des Jugendamtes sowie die Polizei vor der Tür der Familie und erzwangen die Herausgabe der Tochter zur Heimunterbringung. Der Vater wurde gleichzeitig zur polizeilichen Ermittlung mitgenommen. Monatelange Fremdunterbringung des Kindes mit absolutem Kontaktverbot folgte. Auch die anderen Kinder der Familie wurden fremduntergebracht. Die psychischen Folgeschäden der Kinder müssen bis heute therapeutisch behandelt werden.

Als es den Eltern endlich mit anwaltlicher Hilfe gelang, die Kinder zurückzubekommen, wurde die Mutter von den Mitarbeitern/-innen des Jugendamtes unter Androhung der erneuten Kindesentziehung unter Druck gesetzt, die Scheidung einzureichen und gemeinsam mit allen Kindern jeden Kontakt zu dem Kindesvater zu meiden.

Die Unschuld des aus der Familie längst ausgewiesenen und mit Zwangsgeld bedrohten Vaters ist schließlich erwiesen worden, er selbst ist rehabilitiert. Dennoch ließen die Mitarbeiter/innen des Jugendamts die Familie auch danach nicht in Ruhe. Im Gegenteil, sie veranlassten aufgrund eines anonymen Anrufes die Polizei, die kleine Tochter in einer Nacht- und Nebelaktion aus dem Bett zur gynäkologischen Untersuchung zu bringen. Die Mutter durfte sie nicht begleiten, obwohl das Kind weder sexuell aufgeklärt noch mit der zuständigen Frauenärztin vertraut war. Wenngleich auch diese für das Kindergartenkind körperlich unangenehme und seelisch extrem belastende Untersuchung keinerlei Hinweis auf ein Sexualvergehen ergab, wird die Familie von Mitarbeitern/-innen des Jugendamts bis heute beobachtet.

Doch zurück zu den eigentlichen Pflichten des Jugendamts. Über die von Privatpersonen einzufordernde Dienstleistung hinaus ist das Jugendamt laut Wiesner »in allen Verfahren, die die Person des Kindes betreffen, vom Vormundschaftsgericht bzw. dem Familienministerium zu hören (§§49, 49a FGG)«. Dabei geht es hauptsächlich um Anhörungen vor der Regelung oder dem Entzug der elterlichen Sorge nach Trennung und Scheidung der Eltern.

Wie Dr. Wolfgang Raack, Vormundschaftsrichter am Amtsgericht Kerpen, in seinem Beitrag »Zu der derzeitigen Kritik an den Jugendämtern aus gerichtlicher Sicht« ausführt, berechtigt die »Mitwirkungspflicht« des Jugendamts das Gericht nicht, dieses als »beauftragten Zuarbeiter« zu beschäftigen. »Folglich kann dem Jugendamt auch kein Entscheidungsvorschlag abgefordert werden und weder Form noch Umfang noch Inhalt seiner Stellungnahme vorgeschrieben werden.«

Wie schon Professor Siegfried Willutzki, Vorsitzender des Deutschen Familiengerichtstages, in seinem 1994 publizierten Aufsatz »Familiengericht und Jugendamt – neue Formen der Zusammenarbeit« erklärt, ist das Jugendamt für seine Mitarbeit nach Form und Inhalt eigenverantwortlich. Sollte also das Gericht zu der Auffassung gelangen, das Jugendamt werde seiner in Paragraph 50/Absatz 1, Satz 2 des Kinder- und Jugendhilfegesetzes als Mussvorschrift ausgestalteten Verpflichtung zum Wohle des Kindes nicht gerecht, müsse die Fachaufsicht des Jugendamts eingeschaltet und nicht etwa eine Zeugenvernehmung des Sachbearbeiters angeordnet oder ein Ordnungsgeld verhängt werden. »Ziel der Zusammenarbeit soll sein« – so Raack – »dem Richter als pädagogischen Laien die Interessen des Kindes aufzuzeigen und was von den Eltern erwartet werden muss, wenn sie diesen gerecht werden wollen«, nämlich eine »Konfliktreduzierung und Aufrechterhaltung der Beziehung«.

Bis zum 1. Juli 1998 erwartete das Gericht bei den Anhörungen des Jugendamts stets möglichst umfassende »Hinweise und Vorschläge« der Jugendamtsmitarbeiter/innen darüber, »welcher Elternteil für die Wahrnehmung der elterlichen Sorge besser geeignet sei«. Zu diesem Zweck musste »zugunsten des einen Elternteils« eine »wertende Stellungnahme« abgegeben werden und eine Disqualifizierung des anderen erfolgen, auch wenn beide Elternteile zur Erziehung des Kindes gleich gut geeignet waren. Notwendigerweise wurden Jugendamtsmitarbeiter/innen für diese Aufgabenstellung geschult.

Seit der Neufassung des Kindschaftsrechts geht es dem Gesetzgeber nicht mehr vorrangig darum, einen Elternteil zu disqualifizieren und aus der erzieherischen Sorge für seine Kinder auszuschließen. Vielmehr soll das vor der Trennung und Scheidung gemeinsam ausgeübte elterliche Sorgerecht beibehalten und als Normalfall begünstigt werden.

Mit dieser Zielsetzung dient der Gesetzgeber zweifellos dem Wohle des Kindes. Zur Durchsetzung allerdings sind bislang weder alle Richter und Richterinnen noch alle Jugendamtsmitarbeiter/innen im ausreichenden Maße entschlossen oder auch nur entsprechend fortgebildet. Im Gegenteil, es mehren sich die Klagen Betroffener, dass die dem Kindeswohl dienenden Anweisungen des Gesetzgebers bewusst ignoriert werden.

Obwohl diese Ablehnung angesichts der bereits vor der Verabschiedung des Gesetzesentwurfs aus den Reihen der professionellen Frauen- und Mütterberaterinnen, feministischen Politiker/innen und Juristen/-innen laut gewordenen Kritik zu erwarten war, wiegeln die für die Gesetzgebung Zuständigen eher ab. So schnell, meint beispielsweise »die Mutter des Kindschaftsrechts«, Margot von Renesse (SPD), könne nun mal kein Umdenken erfolgen. Man müsse dem neuen Gesetz ein paar Jahre Zeit lassen, sich zu etablieren, und der Legislative Zeit zur Weiterbildung und zum Schaffen von Grundsatzentscheidungen geben. Dabei sei hinzunehmen, dass für eine Übergangszeit und im Einzelfall diese oder jene Rechte von Kindern und Eltern noch nach den alten Regelungen beurteilt oder sogar verletzt würden.

Oftmals hat es den Anschein, als hielten Jugendamtsmitarbeiter und -mitarbeiterinnen Mütter für besser geeignet, das Wohl des Kindes zu gewährleisten als Väter. Mit dieser Sichtweise teilen Sie die Haltung des Grundgesetzes, das Müttern den besonderen Schutz der Gemeinschaft zuspricht.

Da eine solche parteiische Stellungnahme Müttern quasi automatisch das Alleinsorgerecht garantiert, werden Väter häufig daraus verdrängt. Es genügt manchmal, die Erwerbstätigkeit des Vaters anzuführen, um die nicht oder teilerwerbstätige und daher über mehr Freizeit verfügende Mutter für geeigneter zu erklären. Wen wundert es, dass Väter für Jugendämter die Bezeichnung »Mütterämter« eingeführt haben, auch wenn selbstverständlich sehr viele Jugendämter diesen Titel nicht verdienen.

Hilfen beim Umgang mit dem Jugendamt

Vor dem ersten Gespräch sollten Sie sich als betroffener Vater folgende Rechte und Handlungsmöglichkeiten im Umgang mit dem Jugendamt bewusst machen:

- Wie zusammenlebende Ehepaare auch haben Sie und Ihre Ex-Ehefrau das Recht und die Aufgabe, selbst die richtige Lösung für die gemeinsame Erziehung Ihrer Kinder zu finden. Erst wenn Sie scheitern, muss das Jugendamt eigene Regelungen treffen.
- Das Jugendamt ist verpflichtet, Sie von dem Leistungsangebot der gesetzlichen Jugendhilfe zu unterrichten. Es erfährt von Ihrem Scheidungsantrag durch die Gerichte. Sie haben das Recht, aber nicht die Pflicht, von diesem Angebot Gebrauch zu machen. Sollten Sie es annehmen, ist das Jugendamt verpflichtet, Sie bei der Entwicklung eines Erziehungskonzeptes beratend zu unterstützen. In welchem Umfang und mit welcher Zielsetzung dies zu geschehen hat, wird in Paragraph 17 des Kinder- und Jugendhilfegesetzes (KJHG) ausgeführt. Es soll Ihnen geholfen werden, ein partnerschaftliches Zusammenleben in der Familie aufzubauen, Konflikte und Krisen zu bewältigen sowie Bedingungen zu schaffen, um Ihre Elternverantwortung optimal wahrzunehmen. Der Schwerpunkt liegt auf einer partnerschaftlichen Erziehungsfähigkeit.
- Es ist zwar wünschenswert, aber gesetzlich nicht vorgeschrieben, dass das Familiengericht Sie als Eltern an eine Beratung durch das Jugendamt verweist. Eine entsprechende Weisung erfolgt auf dem Wege der freiwilligen Selbstbindung von Richtern/-innen, Anwälten/-innen und Jugendamtsmitarbeitern/-innen. Sie kann also nicht eingeklagt werden. Da die Teilnahme an einer Beratung freiwillig ist, kann das Jugendamt Sie nicht zwingen, seine Beratungshilfe in Anspruch zu nehmen. Tatsächlich verzichten viele Eltern darauf. Das liegt unter anderem daran, dass die steigende Anzahl der Scheidungsverfahren viele

Richter und Richterinnen zu »Schnellverfahren« veranlassen. Damit geben Sie zwar dem Jugendamt »Gelegenheit zur Stellungnahme«, räumen aber den Jugendamtsmitarbeiter/innen und Eltern keine Zeit zur erforderlichen Beratung ein. Sollte dies in Ihrem speziellen Fall geschehen sein, können Sie die Stellungnahme des Jugendamts ablehnen. Zur Begründung der Ablehung »irgendeiner« oder einer zu schnell und daher nicht als dauerhaft anzusehenden Stellungnahme können Sie auf einen Beitrag aus dem Jahre 1984 des Lörracher Familienrichters Thalmann in der *FamRZ 84* zu verweisen. Dieser besagt, dass die psychischen Vorgänge im Sinne des sogenannten »Kübler-Ross-Phänomens« ablaufen, d.h.: Ehepartner, die sich – eingestanden oder uneingestanden – ungerechterweise verlassen fühlen, benötigen ausreichend Zeit, um zunächst aus der seelischen Isolationsphase auszusteigen, die sich anschließende Aggressionsphase zu überwinden und schließlich in eine Verhandlungsphase einzumünden. Das Gericht muss laut Paragraph 18 KJHG bei seiner Entscheidung diesen Phasenverlauf berücksichtigen.

- Nehmen Sie Ihren Anspruch auf Beratung durch das Jugendamt in jedem Fall zu einem möglichst frühen Zeitpunkt wahr, solange es zwischen Ihnen und Ihrer Ex-Ehefrau noch keine allzu verhärteten Fronten gibt! Je länger Ihnen Zeit für diese Beratung bleibt, desto geringer werden die Auswirkungen der juristischen Praxis. Ihre eigenen Entscheidungen binden das Gericht.
- Eindeutig haben auch Ihre Kinder einen Anspruch darauf, in die Beratung des Jugendamtes einbezogen zu werden.
- Sofern das Jugendamt nach erfolgter Beratung keinen Einwand nach Paragraph 50/Absatz 3 KJHG gegen Ihre elterlichen Beschlüsse erhebt und begründet, ist es verpflichtet, diese als »Elternvorschlag« dem Gericht mit einer Unbedenklichkeitserklärung vorzulegen.
- Ziel der Beratung muss es sein, das Interesse von Ihnen als Eltern nicht darauf zu lenken, wer die elterliche Sorge bekommen solle, sondern Sie beide zu der Entwicklung eines detaillierten

Konzeptes anzuregen, wie Sie Ihre Elternfunktion künftig trotz Trennung und Scheidung wahrnehmen wollen. Diese Zielsetzung verlangt eine inhaltliche Klärung darüber, wer künftig was für das Kind macht und wer mit ihm wann, wo und wie oft wie viel Zeit verbringt.

- Seit dem 1. Juli 1988 ist es die Pflicht des Jugendamtes, alles zu tun, einen Elternteil zum Wohle des Kindes davon abzubringen, aus egoistischen Motiven das alleinige Sorgerecht anzustreben und dafür sämtliche gebotene Hilfsmöglichkeiten des Gesetzgebers auszuschöpfen (§ 50, Abs. 3 KJHG). Befragen Sie den/die für Sie zuständigen Jugendamtsmitarbeiter/in bereits zu Beginn der Gesprächsberatung, ob sie/er bereit ist, die neuen Gesetzesregelungen anzuwenden und durchzusetzen. Falls die Beratung im Gegensatz dazu steht, rate ich Ihnen zu einer Dienstaufsichtsbeschwerde an die Fachaufsicht über das Jugendamt und/oder der Fortsetzung der Beratung bei einer anderen Person.

- Auch wenn Sie das Beratungsangebot des Jugendamtes nicht in Anspruch genommen haben oder es nicht zum Erfolg geführt hat, ist das Jugendamt dennoch zu einer Stellungnahme zur Situation der Scheidungsfamilie verpflichtet.

- Falls nur Ihre Ex-Ehefrau das Beratungsangebot des Jugendamtes genutzt haben sollte, haben Sie als Vater es sich selber zuzuschreiben, wenn Ihnen dies als Indiz für Ihre erzieherische Unfähigkeit im Sinne der vom Gesetzgeber angeordneten partnerschaftlichen Erziehung ausgelegt wird und die einäugige Stellungnahme des Jugendamtes zugunsten der Alleinsorge der Mutter ausfällt. Wären Sie ebenfalls zur Beratung gekommen, hätten Sie die Chance gehabt, Ihren Standpunkt darzulegen und seine Berücksichtigung zu erreichen.

- Vertreten Sie Ihre Interessen, auch wenn es Sie Überwindung kostet.

- Welche Maßstäbe der Situationsprüfung zugrunde gelegt, wann sie erhoben und übermittelt werden müssen, legt der Gesetzgeber beispielhaft – und viel zu knapp – in den Paragraphen 50/

Absatz 2 sowie 62 und 64/Absatz 2 KJHG dar. Ergänzend dazu können aus dem Umkehrschluss der in Paragraph 14 und 17 KJHG festgeschriebenen erzieherischen Maßnahmen der Kinder- und Jugendhilfe die ausdrücklich auf Partnerschaftlichkeit aufbauenden erzieherischen Ziele des Gesetzgebers abgelesen werden.

- Zur Weitergabe der im Rahmen Ihrer elterlichen Mitwirkung bei der Beratung erhobenen Befunde über die Kontinuität der Versorgungs- und Betreuungssituation ist das Jugendamt nach Paragraph 17 KJHG nur mit Ihrem Einverständnis berechtigt.

Aus Mangel an Vertrauen

Denkbar ist auch die Situation, dass mit den Vertretern des Jugendamtes keine offene und vertrauensvolle Zusammenarbeit zustande kommt. Die Sparmaßnahmen im öffentlichen Dienst haben zu einer drastischen Reduzierung der Mitarbeiter/innen in Ämtern und Institutionen geführt. Da sich damit die anfallende Arbeit jedoch nicht reduziert, kommt es zu einer Überlastung des noch verbliebenen Personals. Dass Stress sich negativ auch auf Situationen auswirkt, in denen es gerade auf Ruhe, Gelassenheit, Zeit und menschliche Offenheit ankäme, muss nicht weiter erörtert werden.

Eine der Folgen, von denen Sie unmittelbar betroffen sein können, ist die verzögerte, oberflächliche oder aus Zeitdruck sogar falsch erledigte Arbeit. Der Mangel an Ansprechpartnern/-innen erhöht gleichzeitig das Risiko des Ratsuchenden, keine Vertrauensbeziehung mehr aufbauen zu können. Fehlen aber in einem so sensiblen Bereich wie den Familienangelegenheiten menschliches Vertrauen und/oder die Anerkennung der Fachkompetenz, ist das negative Ergebnis der in Anspruch genommenen Beratung vorprogrammiert.

Sollten Sie als Ratsuchender ein Beratungsgespräch mit einer Person führen müssen, zu der Sie kein Vertrauen fassen, die zwischen Ihnen und Ihrer Ex-Ehefrau keine gemeinsame Ebene herstellen kann oder will, die mehr oder minder parteiisch für Ihre Ex-Ehefrau arbeitet, zu Ihren in die Beratung einbezogenen Kindern »keinen Draht« hat und insgesamt einen wenig kompetenten Eindruck auf Sie macht, lehnen Sie die Fortsetzung der Beratung ab.

Wenden Sie sich mit der schriftlichen Erklärung, wenn Sie in einer solchen Beratungssituation kein zufrieden stellendes elterliches Konzept erarbeiten können und folglich eine für das Kindeswohl ungünstige Sorgerechtsregelung befürchten müssen, an die Fachaufsicht über das Jugendamt.

Teilen Sie darin in möglichst kurzen, prägnanten Sätzen mit, dass und warum Sie eine andere Beratung wünschen und eine für die gerichtliche Urteilsfindung erforderliche Stellungnahme der bisher die Beratung führenden Person nicht anerkennen. Geben Sie diesen Brief zu den anwaltlichen beziehungsweise gerichtlichen Akten und bestehen Sie darauf, dass gegebenenfalls eine ohne Ihre Zustimmung vorgelegte Stellungnahme abgewiesen wird.

Setzen Sie die Beratung so schnell wie möglich fort. Scheuen Sie jedoch nicht davor zurück, erneut eine Ablehnung auszusprechen, falls Sie dazu Anlass haben. Es geht hier nicht um Dankbarkeit oder Rücksichtsnahme. Es geht um Ihr gutes Recht und das Ihrer Kinder sowie Ihre Pflicht, es auch wahrzunehmen.

Jugendamtsmitarbeiter und -mitarbeiterinnen – Menschen wie du und ich

Für die meisten Menschen ist der Umgang mit Behörden zumindest unangenehm. Man ist es nicht gewöhnt und fühlt sich im Gespräch mit den oft selbstherrlich auftretenden Beamten unsicher. Sie werden sich leichter mit der neuen Situation tun, wenn Sie sich Folgendes klarmachen:

- Für das Jugendamt ist Ihr Kind ein »Fall« unter vielen. Erwarten Sie daher kein persönlich-menschliches Interesse der/des Jugendamtsmitarbeiters/-in. Eine sachliche, die Interessen des Kindes schützende Fachkompetenz ist im Hinblick auf die Aufgabe des Jugendamtes wichtiger als Mitgefühl.
- Die Mutter gegenüber dem Jugendamt zu diskriminieren ist absolut tabu. Wenn Sie sich verbal abreagieren müssen, brüllen und fluchen Sie im Wald. Das Jugendamt erwartet berechtigterweise eine disziplinierte Zusammenarbeit. Seien Sie freundlich und kooperativ.
- Das Jugendamt soll eine Stellungnahme über Ihre Erziehungsfähigkeit vor Gericht abgeben und eine Empfehlung aussprechen, wie das Wohl Ihres gemeinsamen Kindes am sichersten zu gewährleisten ist. Ihre durch die Scheidung geschlagenen Wunden stehen hier nicht zur Debatte. Halten Sie sich also mit entsprechenden Klagen und Detailschilderungen zurück.
- Lassen Sie sich nicht verunsichern und sprechen Sie Ihre Vorstellungen, Forderungen, Kritikpunkte usw. klar aus. Sie dürfen nicht erwarten, aus Andeutungen oder Gesten eindeutig verstanden zu werden.
- Jugendamtsmitarbeiter/innen sind überlastet. Sie als Vater sind betroffen und emotional aufgewühlt. Helfen Sie also im beiderseitigen Interesse dem Gedächtnisvermögen nach, indem Sie entweder Notizen über Gespräche anfertigen oder eine Tonbandkassette mitlaufen lassen. Fragen Sie hierfür um Erlaubnis. Bitten Sie den/die Jugendamtsmitarbeiter/in, eine Einverständniserklärung, die Sie am besten bereits vorbereitet haben, schriftlich abzugeben. Sollten Sie eine solche Erlaubnis nicht erhalten, bitten Sie eine Person Ihres Vertrauens, bei den Jugendamtsterminen zu Ihrer Unterstützung anwesend zu sein. Sie haben so bei Bedarf eine Zeugenaussage.

- Führen Sie auch dann ein Gesprächsprotokoll, wenn der Termin unter Zeugen stattfindet. Notieren Sie genau – worüber gesprochen wurde, welche Ergebnisse dabei erzielt wurden – Aussagen Ihrer Kinder und der/des Jugendamtsmitarbeiters/-in. Legen Sie dieses Protokoll oder eine Kopie des Tonbandmitschnitts dem Jugendamt zur Kenntnisnahme vor. Versichern Sie auf dem Beschriftungsfeld die ungekürzte, unveränderte Kopie des Originaltonbandes. Leiten Sie gleichzeitig Ihrem Rechtsbeistand weiter.

Falls Sie vom Beratungsangebot des Jugendamts nicht schon zuvor Gebrauch gemacht haben, nehmen die Mitarbeiter/innen des Jugendamts also spätestens dann erstmals mit Ihnen Kontakt auf, wenn das Familiengericht eine Stellungnahme zu Ihrer persönlichen Familien- und Scheidungssituation angefordert hat. In einem eher kurzen Telefonat oder schriftlich werden Sie zur Terminabsprache anlässlich eines persönlichen Gesprächs aufgefordert.

Klären Sie klugerweise schon jetzt ab, ob der/die Mitarbeiter/in, der oder die Sie bei anliegenden Problemen etwa bei der Durchführung des Sorge- oder Umgangsrechts berät, auch der- oder diejenige ist, welche/r die Stellungnahme für das Familiengericht schreiben wird. Es ist wichtig, dass dies *nicht* ein und dieselbe Person übernimmt! Beide Tätigkeiten sollen getrennt werden, da es sonst möglicherweise zu einer Voreingenommenheit oder Befangenheit Ihnen gegenüber kommen könnte, die sich bei der wertenden Stellungnahme negativ für Ihr Kind und Sie auswirkt.

Gelingt es Ihnen nicht, eine Trennung der Zuständigkeiten zu erlangen, formulieren Sie Ihre Bedenken schriftlich und senden diese an die Leitung des Jugendamts. Ein solcher Brief kann folgendermaßen aussehen:

Absender

Empfänger
Leitung des Jugendamtes
...... (Name) in .... (genaue Anschrift)   Ort, Datum

Betreff: Familiensache AZ ...... (Nummer)
          (Name/Name)

(*Achtung!* Amts- und Gerichtsbriefe haben keine Anrede- und Gruß-
formel.)

Hiermit beantrage ich, dass für die wertende Stellungnahme des
Jugendamts über meine nach 1626 II BGB festzustellende Erziehungsfähigkeit zur Vorlage bei dem in meiner oben benannten
Familiensache zuständigen Gericht ein/e andere/r Jugendamts-
mitarbeiter/in beauftragt wird als die/der mich sowie die Mutter und
unsere Kinder in unserer privaten familiären Situation beratende.

Begründung: Eine Trennung der Aufgabenstellung verhindert das
Entstehen von Voreingenommenheiten, die zum Wohle des Kindes
in der wertenden Stellungnahme ausgeschlossen sein müssen.

Unterschrift

Aufgrund des Personalmangels wird es dem Jugendamt wahrscheinlich schwer fallen, Ihrem Antrag stattzugeben. Machen Sie
der Jugendamtsleitung ruhig und bestimmt klar, dass Sie die bei
Gericht eingereichte Stellungnahmen als befangen und sachlich
falsch ablehnen werden, wenn Ihrem Wunsch nicht entsprochen
werden sollte. Das Jugendamt wird bestrebt sein, eine solche Ablehnung zu vermeiden, und nachgeben.

Ihnen sollte allerdings klar sein, dass man Ihnen jetzt wachsam oder gar gereizt entgegentreten wird. Richten Sie Ihr Verhalten darauf ein. Das heißt, seien Sie ausgesucht höflich, gesprächs- und angemessen kompromissbereit.

Das erste Sachverständigengespräch

In diesem Gespräch wird ohne Ihr Eingreifen über alle möglichen Dinge gesprochen werden, nur nicht über Ihr konkretes Anliegen, ein gemeinsames Sorgerecht mit der Mutter Ihrer Kinder zu erhalten. Übernehmen Sie also klar die Gesprächsführung.

Behandeln Sie den/die Jugendamtsmitarbeiter/in wenn er/sie Sie zu Hause besucht, ausgesucht höflich und zuvorkommend. Bitten Sie ihn/sie am Anfang darum, sich auszuweisen, um sicherzugehen, dass es sich auch um einen Mitarbeiter des Jugendamts handelt.

Sobald Sie zum Gespräch Platz nehmen, ergreifen Sie folgendermaßen die Initiative: »Es geht heute also um die Feststellung der besseren Erziehungseignung von meiner Frau und mir. Bevor Sie Fragen an mich stellen, möchte ich von Ihnen gerne etwas über die rechtlichen erzieherischen Grundlagen erfahren, mit deren Hilfe Sie Ihre Stellungnahme für das Gericht anfertigen wollen.«

Wahrscheinlich werden Sie nun mit einem recht komplizierten Vortrag über entwicklungspsychologische, sozialpsychologische oder lerntheoretische Erkenntnisse bedacht. Im Klartext heißt das, dass Ihr gesamter Lebenslauf nebst allen Lebensumständen überprüft werden soll. Dies kann jedoch nicht Ihr Ziel sein. Was immer Sie erlebt haben, es stellt keine objektive Rechtsgrundlage dar und sagt letztlich nichts über die Qualität Ihrer erzieherischen Fähigkeiten und Ihre Fähigkeit zu deren Anwendung aus.

Ihnen muss es daher allein um eine Erklärung Ihres Gesprächsgegenübers zu den erzieherischen Vorgaben des Gesetzgebers gehen. Unterbrechen Sie also sehr freundlich den Redefluss und drängen Sie auf eine Präzisierung der Aussagen, ob und wie die *rechtlichen* Beurteilungsgrundlagen von Erziehung in der geplanten Expertise berücksichtigt werden.

Dies ist keine Schikane gegenüber Jugendamtsmitarbeitern/-innen, sondern schlichte Notwendigkeit. Es soll ja Ihre persönliche Erziehungsfähigkeit bewertet und dem Richter zur Information weitergeleitet werden, damit dieser sie zur Entscheidungsfindung auswertet. Wenn eine Bewertung Ihrer Erziehungsfähigkeit erfolgreich durchgeführt werden soll, muss die Bewertungsgrundlage beziehungsweise der Berwertungsmaßstab zwischen Ihnen und dem Sachverständigen einheitlich sein, was schwierig genug ist.

Gelingt es Ihnen nicht, das Gespräch in die gewünschte Richtung zu lenken, brechen Sie es höflich, aber bestimmt ab. Begründen Sie diese Entscheidung damit, dass Sie aus den bisherigen Darlegungen nicht ersehen können, wie eine sinnvolle Expertise zu erarbeiten sein soll, da Sie die rechtlichen Vorgaben in der Zielsetzung nicht erkennen können. Bedanken Sie sich bei Ihrem Gast für die aufgewendete Zeit und begleiten Sie ihn zur Tür.

Der Vorwurf der Auskunftsverweigerung

Es kann vorkommen, dass das Jugendamt dem Gericht nach einem solchen Gesprächsverlauf mitteilt, Sie hätten alle Auskünfte verweigert. Widersprechen Sie in diesem Fall sofort und schriftlich. Einen solchen Widerspruch formulieren Sie am besten wie folgt:

Musterbrief 1

Absender

Empfänger ist das für Ihren Fall zuständige Gericht   Ort, Datum

Betreff: Familiensache Aktenzeichen ...... (Nummer) .... (Name/
         Name) Schreiben des Jugendamts vom ...... (Datum) mit
         dem AZ ......

Den Angaben des Jugendamts wird widerprochen. Ich habe keineswegs Auskünfte verweigert. Vielmehr habe ich mich vor der Einlassung rechtmäßig davon zu überzeugen versucht, ob und dass der Gutachter ...... (Name) die nötigen Kenntnisse über die rechtlichen Vorgaben zur Beurteilung erzieherischer Qualitäten hat.

Aus seinen Angaben konnte ich nicht die Überzeugung gewinnen, dass Herr/Frau ...... (Name) diese Kenntnisse als unerlässliche Voraussetzung zur Eignungsfeststellung hat. Aus diesem Grunde habe ich in der am ...... (Datum) stattgefundenen Befragung keine Beziehung zur Aufgabenstellung erkannt.

Unterschrift

Musterbrief 2

Absender

Empfänger
Anschrift des zuständigen Jugendamts   Ort, Datum

Betreff: Familiensache AZ ...... (Nummer) .... (Name/Name)
          Ihr Schreiben an das Gericht vom ...... (Datum)
          AZ ....

Im oben benannten Schreiben hat Ihr/e Mitarbeiter/in ...... (Name) dem Gericht mitgeteilt, dass ich die erwünschten Auskünfte verweigert hätte.
Tatsache ist jedoch, dass ich Frau/Herrn ...... (Name) zunächst nach den rechtlichen Vorgaben zu Fragen der Erziehung befragt habe. Gleichzeitig habe ich ihr/ihm erläutert, dass seine Fragestellungen in Relation zu diesen rechtlichen Vorgaben als Bezugsmaßstab stehen müssen. Aus den mir erteilten Antworten konnte ich nicht entnehmen, dass Frau/Herr .... (Name) diese rechtlichen Vorgaben als Bezugsmaßstab bekannt und im Gespräch als Bezugsmaßstab vorhanden sind.

Bei fehlendem Bezugsmaßstab ist aber die Interpretation der erzieherischen Eignung losgelöst von einem notwendigen intersubjektiven Beurteilungsmaßstab und daher objektiv wertlos. Daher war eine Fortsetzung des Gesprächs naturgemäß überflüssig.

Ich bitte Sie daher, eine/n andere/n Mitarbeiter/in Ihres Hauses mit der Erstellung der erforderlichen Stellungnahme zu beauftragen, welche/r mir einleitend die rechtlichen Bezugsmaßstäbe für ihre/seine Erhebungen zur Feststellung meiner erzieherischen Eignung in für mich nachvollziehbarer, gut verständlicher Weise erklären kann und will.

Unterschrift

Wenn das Jugendamt eine Stellungnahme ohne Ihre ausführliche Einlassung abgibt

Erstellt das Jugendamt entgegen Ihren Interessen und ohne ausführliche Einlassung Ihrerseits eine Stellungnahme zur Entscheidungshilfe für Gericht, lehnen Sie diese umgehend nach folgendem Vorbild schriftlich ab.

Musterbrief

Absender

Empfänger
Anschrift des zuständigen Gerichts   Ort, Datum

Betreff: Familiensache AZ ...... (Nummer) .... (Name/Name)

In der Familiensache AZ ...... (Nummer) .... (Name/Name) wird auf die Stellungnahme des Jugendamtes vom .... (Datum) wie folgt erwidert:

Die Stellungnahme des Jugendamts weist an keiner Stelle die rechtlichen erzieherischen Vorgaben als Maßstab zur Beurteilung erzieherischer Eignung aus. Insofern sind rechtsferne subjektive und objektiv entscheidungsirrelevante Beurteilungskriterien des/r Jugendamtsmitarbeiters/-in in er Stellungnahme zugrunde gelegt.

Damit ist die vorgelegte Stellungnahme mangels intersubjektiv oder objektiver Beurteilungsmaßstäbe wertlos und im vorliegenden Verfahrten nicht verwendbar.

Der Ausschluss der vorliegenden Stellungnahme von der Verwendung im jetzigen gerichtlichen Verfahren wird daher beantragt.

Unterschrift

Wenn das Jugendamt ein psychologisches Gutachten für Sie anrät

Möglicherweise wird das Jugendamt dem Gericht mit dem Hinweis auf die Kompliziertheit des zu beurteilenden Vaters die Erstellung eines psychologischen Gutachtens empfehlen. Eventuell kann der Richter auch von sich aus einen entsprechenden Beweisbeschluss erlassen.

Die damit verbundene vom Gericht vorzunehmende Anweisung wird voraussichtlich so lauten: Das Gutachten soll Antwort geben auf die Frage, ob das Kind besser bei der Mutter oder beim Vater aufgehoben ist. Es ist an Ihnen als Vater, sofort die Notbremse zu ziehen und unverzüglich Beschwerde einzulegen. Eine solche Beschwerde müssen Sie natürlich begründen. Das könnte wie folgt aussehen:

Begründung

Die Beweisfrage ist zu allgemein gehalten und entbehrt der Vorgabe der Anknüpfungstatsachen, sodass die Antwort auf die Beweisfrage dem subjektiven Ermessen des Gutachters außerhalb eines objektiven und intersubjektiven Bezugsmaßstabes überlassen ist. Dagegen wende ich mich mit der Beschwerde.

Den Gutachter sind als Anknüpfungstatsachen die rechtlichen erzieherischen Vorgaben aufzugeben. Als solche gelten nach Vorgaben des BGB und von diversen verfassungsgerichtlichen Entscheidungen:

1. die Entwicklung des Kindes zur selbstverantwortlichen Person in Vorbereitung der Volljährigkeit (§ 1626 II BGB);
2. die Entwicklung des Kindes zur selbstverantwortlichen Person im Hinblick auf das legitime Interesse der Gesellschaft an der Erziehung eines sie künftig tragenden Nachwuchses (z.B. VerfGE 24, 144 in FamRZ 1968, S.578, 584);
3. die gesetzliche Vorgabe des Oberlandesgerichts Celle von 1984, welche befand: »Es gibt keinen allgemeinen Erfahrungssatz dahin, dass ein 3 ½ Jahre altes Kind eher zur Mutter gehört. Vielmehr ist in jedem Einzelfall zu entscheiden, welcher Elternteil das größtmögliche Maß an Geborgenheit gewährleisten kann.« (OLG Celle: 12.ZS –FamS-, Beschluss vom 23.7.1984 – 12 UF 97/84/dazu FamRZ 1984, 1035f.) Eben dort die Notwendigkeit, »abzustellen, wie die bestmögliche Entwicklung des Kindes gewährleistet werden kann. Dabei sind die Persönlichkeit und die erzieherische Eignung der Eltern, ihre Bereitschaft, Verantwortung für das Kind zu tragen, und die Möglichkeit der Unterbringung und Betreuung zu berücksichtigen. Dabei haben Vater und Mutter gleiche Rechte. Alter und Geschlecht des Kindes können jedenfalls ein Vorrecht des einen oder anderen Elternteils nicht begründen.« (BayObLG in FamRZ 1975, 226);
4. die gesetzliche Vorgabe des OLG Celle zur »Bindungstoleranz«, welches den Willen und die Fähigkeit eines Elternteils, die Bezie-

hung des Kindes zum anderen Elternteil durch Umgangsgewäh-
rung und Unterlassung psychischen Druckes auf das Kind zu fördern, als maßgebliches Kriterium der Erziehungsfähigkeit eines
für die Alleinsorge vorgesehenen Elternteils erklärt (*FamRZ* 14/94,
924f);

5. der Beschluss der dritten Kammer des Ersten Senates des Bundesverfassungsgerichts vom 18.2.1993 über das Umgangsrecht des
Vaters. Es wird angeordnet, dass Gerichte sich um eine Konkordanz der Grundrechtsträger und der verschiedenen Grundrechte bemühen und den Grundrechtsschutz durch die Gestaltung
des Verfahrens sicherstellen müssen. (AZ 1 –BvR 629/92)

Damit sind Erziehungsziel und Erziehungsstil in rechtlich zu beach-
tender Weise vorgegeben. Keinem an das Gesetz gebundenen Richter oder von ihm beauftragten sachverständigen Gutachter ist es
gestattet, sich davon zu distanzieren.

Es wird daher die Abänderung des vorliegenden Beschlusses mit
dem Ziel der Übereinstimmung der Beweisfrage mit den vorgege-
benen rechtlichen erzieherischen Postulaten beantragt.

Der Befangenheitsantrag

Wenn das Gericht Ihre berechtigten Forderungen trotz Ihrer intensiven Bemühungen ablehnt, bleibt Ihnen als ultima ratio nur noch
die Möglichkeit, den Richter für befangen zu erklären und seine
Entlassung aus Ihrem Fall zu beantragen. Allerdings sollten Sie von
diesem Rechtsmittel wirklich nur als allerletzte Möglichkeit Gebrauch machen. Bedenken Sie: Der/die nächste Richter/in wird
möglicherweise ähnliche Probleme damit haben, sich auf Ihre vermutlich ungewohnte Argumentation einzulassen. Der Befangenheitsantrag wäre dann sinnlos und kostet nur unnötig Zeit.

Ihr vorrangiges Ziel muss es daher sein, dem Gericht die Grundlagen der partnerschaftlichen Erziehung nahe zu bringen und auf

die dazu im Gesetz vorhandenen, ihrer Anwendung harrenden Paragraphen nebst sachverständigen Ausführungen hinzuweisen. Nach der Neufassung des Kindschaftsrechts vom 1. Juli 1998 sind Ihre Chancen besser denn je.

Auch ein Befangenheitsantrag bedarf einer schriftlichen Begründung. Diese könnte folgendermaßen aussehen:

Begründung

Die Verfahrensführung des/der Richters/-in entspricht in der vorliegenden Sache *nicht* ihrem richterlichen Auftrag, den »sicheren Weg des Gesetzes« zu gehen, an den sie/er gebunden ist, und zwar sowohl gemäß Artikel 97 GG an das BGB (hier § 1626 II) als auch an die Entscheidung des BVerfG (hier § 31 I), wodurch sich die inhaltliche Interpretation ihrem/seinem subjektiven Ermessen entzieht.

Meines Erachtens liegt bei dem/der abgelehnten Richter/in als »inneres Modell« zur Entscheidungsfindung das kollektive Muster »Kinder zur Mutter – Vater zahlt« vor. Entsprechend wird eine Verfahrensführung angewandt, bei welcher die rechtlichen erzieherischen Vorgaben zum gesetzlich vorgeschriebenen Erzielen jener eigenverantwortlichen Persönlichkeiten, wie sie das BVerfG artikuliert und der BT-RA in der Gesetzesbegründung zu § 1626 II BGB konkretisiert hat, ignoriert werden.

Das als »inneres Modell« der/des abgelehnten Richters/-in erkannte Entscheidungsmuster »Kinder zur Mutter – Vater zahlt« hat unter Bezugnahme auf die Kindschaftsrechtsreform vom 1. Juli 1998 keinen rechtlichen Bestand.

Aus der richterlichen Ablehnung meines Antrages auf eine Konkretisierung der Fragestellung in der Beauftragung des sachverständigen Gutachtens gemäß den rechtlichen Vorgaben muss ich schließen, dass Frau/Herr Richter/in .... (Name) die richterliche Entscheidung nicht an objektiven und intersubjektiven Kriterien der Beurteilung von Erziehung und kindlicher Entwicklung orientieren wird.

Daher steht zu befürchten, dass

1. die Verfahrensführung dazu beiträgt, die von meiner Frau beabsichtigte Entfremdung meiner Kinder ..... (Sohn/Tochter/Name) zu fördern;
2. die Verfahrensführung in ihrer Zielsetzung dem Wohl des Kindes entgegensteht;
3. die Verfahrensführung mein Umgangsrecht und mein damit verbundenes Recht und meine Pflicht zur Pflege der familiären Beziehung zu meinem Kind unterbindet;
4. die Verfahrensführung die zum Kindeswohl notwendige Kontinuität meines Umgangs nicht mehr gewährleistet, wodurch meine Chance für die beantragte Übertragung der elterlichen Sorge erheblich gefährdet wird.

Zur Beweisführung beziehe ich mich auf dienstliche Äußerungen der/des Richters/-in Frau/Herr ...... (Name) in Form der zugesandten Beschlüsse, auf die im Einzelnen eingegangen wird.

(*Achtung*: An dieser Stelle muss ich Sie als Ratgeberin verlassen, weil Sie nun die individuellen Gerichtsbeschlüsse aufführen und beklagen müssen, in denen Sie Mängel rügen. Zitieren Sie stets in der Reihenfolge der Eingänge die genaue Bezeichnung des Beschlusses, das zugehörige Aktenzeichen, das ebenfalls zugehörige genaue Datum und führen Sie anschließend Ihre Klagegründe in geordneter Folge auf. Als Schlussfolgerung ist jeweils sehr präzise das aus den Klagegründen zu ermittelnde Ergebnis zu benennen. Schließen Sie in einem kurzen Absatz zusammenfassend etwa so:)

Die vorgetragene Beweisführung ergibt, dass die richterliche Verfahrensführung weder in der Sache noch in der Durchführung geeignet ist, die Sache meines Kindes zu fördern, meine elterlichen Grundrechte zu schützen und den »sicheren Weg« des Gesetzgebers zu verfolgen. Ein Vertrauen in die richterliche Fachkompetenz und deren objektiv richtige Nutzung zum Wohle meines Kindes ist daher nicht mehr möglich.

Im Sinne des Kindeswohles bitte ich, meinem Befangenheitsantrag stattzugeben.

Unterschrift

Fertigen Sie für alle Fälle eine Kopie Ihres Ablehnungsantrags für sich selbst an. Eine zweite schicken Sie an das zuständige Landgericht. Sie stellen auf diese Weise die Entscheidung über Ihren Antrag auf dem Instanzenweg sicher. Dies wiederum garantiert Ihnen die Möglichkeit, mit Zweiwochen-Frist gegen die Entscheidung des Landgerichts sofortige Beschwerde einlegen zu können.

Entweder haben Sie es geschafft und ein/e andere/r Richter/in verhandelt Ihre Familiensache oder Sie müssen doch mit dem/der vorlieb nehmen, den/die Sie eigentlich abschmettern wollten.

In beiden Fällen haben Sie Zeit verloren. Bedenken Sie, dass die Zeit gegen Sie arbeitet, weil Ihre Kinder mit jedem Tag, an dem sie den Papa nicht sehen dürfen, sich von Ihnen entfremden und Sie sich von ihnen. Überlegen Sie es sich deshalb gut, ob Sie tatsächlich einen Befangenheitsantrag gegen den mit Ihrer Familiensache befasste/n Richter/in stellen wollen, ob es nicht doch einen anderen Weg gibt. Manchmal ist es klüger, den anwaltlichen Beistand in die Wüste zu schicken und einen anderen zu engagieren, der überzeugend neue Rechtsmittel vorträgt und Ihre Sache mit Schwung vertritt.

Versäumen Sie zudem nie, sich in der langen Phase der Trennung und des Scheidungsverfahrens selbst weiterzubilden. Vier Augen sehen mehr als zwei. Ihr Rechtsbeistand wird es begrüßen, wenn Sie ihn nach Kräften unterstützen. Und tut er es nicht, kündigen Sie den Vertrag. (Wie es geht, finden Sie im Abschnitt *Anwaltliche Haftung*.)

Der Vorwurf des sexuellen Kindesmissbrauchs

Wann immer im Zusammenhang mit einer Scheidung der Vorwurf erhoben wird, der Vater habe das Kind missbraucht und müsse daher wegen Gefährdung des Kindeswohls von der elterlichen Sorge ausgeschlossen sein, werden Mitarbeiter/innen des Jugendamtes nach Paragraph 50/Absatz 3 Kinder- und Jugendhilfegesetz (KJHG) im Rahmen des Paragraphen 1666 Bürgerliches Gesetzbuch (BGB) aktiv. Weil in diesem Fall ein übergesetzlicher Notstand vorliegt, wird der Justiz unter Hintansetzung des Beratungsgeheimnisses die Kindeswohlgefährdung, die mit Gefahr für Leib und Leben einhergeht, offengelegt.

Siegfried Willutzki, der Vorsitzende des Deutschen Familiengerichtstages, hat mehrfach darauf aufmerksam gemacht, dass bereits heute in 40 Prozent der Sorgerechtsstreitigkeiten Vorwürfe des sexuellen Kindesmissbrauchs erhoben werden, und die Tendenz ist weiterhin steigend. In der ganz überwiegenden Mehrzahl der Fälle erweist sich dieser Verdacht später als unbegründet.

Unschuldige Väter, die plötzlich mit dem Vorwurf konfrontiert werden, ihre Kinder sexuell missbraucht zu haben, reagieren zunächst fassungslos. Sie wollen und können nicht glauben, was da gerade mit ihnen passiert. Falls Sie zu Unrecht mit dem Vorwurf des sexuellen Kindesmissbrauchs konfrontiert werden, sollten Sie sich zur Wehr setzen. Klagen Sie – falls der Vorwurf von der Mutter erhoben wurde – auf Rufschädigung, Unterlassung und das alleinige Sorgerecht. Wurde der Ihnen ungerechtfertigt zur Last gelegte sexuelle Kindesmißbrauch durch das Jugendamt erklärt, sollten Sie eine entsprechende Anklage gegen die für ihr Handeln voll verantwortlichen Mitarbeiter/innen des Jugendamts und alle weiteren an diesem Fall beteiligten Berater oder Helfer erheben.

Als betroffener Vater haben Sie in einem solchen Fall Anspruch auf:

- eine Ihnen selbst und Ihrem Kind erwiesene professionelle Behandlung im Sinne des Kinderschutzes, aber auch des Zeugenschutzes;
- fachkompetente und absolut diskrete Ermittlungen und Beratungen. Diese müssen von nachweislich mit den entsprechenden Fähigkeiten ausgestatteten Personen durchgeführt werden. Erst wenn die gegen Sie gerichteten Beobachtungen, Vermutungen und Schlussfolgerungen zu einer sicheren Indizienkette geführt haben, ist eine Verletzung Ihrer Persönlichkeitsrechte ge-

rechtfertigt. Erst und nur dann darf, nein, muss zum Wohle des Kindes in diesem so hochsensiblen Bereich Anklage erhoben werden, und zwar auch dann, wenn diese noch keinen formal-juristischen Charakter hat.

- eine genaue, gerichtsrelevante Dokumentation der Entstehungs-geschichte des gegen Sie erhobenen Vorwurfs und der damit ver-bundenen Aussage des Kindes. Aus einer solchen Dokumentati-on muss ersichtlich sein, welche Personen das Kind wann, was und wie gefragt haben. Gleichzeitig müssen die Reaktionen und Antworten des Kindes sachlich richtig, absolut genau und um-fassend dokumentiert werden.
- eine Befragung des Kindes, die ohne Manipulation, Suggestion, Bedrängung und Unterstellungen abläuft, die die Aussagen des Kindes verfälschen. Sichergestellt sein muss auch, dass die In-halte der Fragen dem Sprachniveau und Verständnisvermögen Ihres Kindes entsprechen.
- umfassende Einsicht in die bereits vorliegenden Ermittlungsak-ten.
- auf eine vollständige, mit Namen und Anschriften versehene Offenlegung des Sie verdächtigenden Personenkreises.
- auf anwaltliche Beratung und Vertretung für sich selbst.
- auf eine möglichst schonende, von einer fachkompetenten sach-verständigen Person vorgenommene einzige Befragung Ihres Kindes im Ermittlungsverfahren, welche in der kürzest mögli-chen Zeit durchzuführen ist. Unter dem Aktenzeichen NJW 96, 206 hat der Bundesgerichtshof am 23. August 1995 eine ent-sprechende Entscheidung vorgelegt. Demnach können Sie als Sorgeberechtigter zum Wohle des Kindes weitere Befragungen verweigern. Die Vorlage eines ärztlichen Attestes, aus dem her-vorgeht, dass ein Vorführen des Kindes vor Gericht schwere Er-ziehungs- und Entwicklungsschäden nach sich zieht, legitimiert Ihre Weigerung.
- eventuelle Anwendung des sogenannten »Kerpener Modells«. Dieses sieht einen runden Tisch vor, an dem alle Personen, die

unmittelbar mit einem bestimmten Fall des Vorwurfs von sexuellem Kindesmissbrauch befasst sind, sich beteiligen. Dabei wird
jede unnötige Belastung des Kindes vermieden und jedes dienli-
che Gesetz vollumfänglich ausgeschöpft. Fordern Sie Ihren
Rechtsbeistand auf, dieses Modell für Sie durchzusetzen.

Nur Sie selbst wissen von Anfang an, ob der Vorwurf des sexuellen
Kindesmissbrauchs zutrifft oder nicht. Sie wissen auch, dass Sie als
überführter Täter kein Pardon zu erwarten und keines verdient
haben. Gerade deshalb zählt der Kindesmissbrauch zu den bestge-
tarnten Verbrechen der Welt; die Täter/innen gehören zu den ge-
schicktesten Lügner/innen und scheinheiligsten Biedermännern/
-frauen. Sie alle wissen ganz genau: Wer die vertrauensvolle Liebe
eines Kindes ausbeutet und sich des kindlichen Körpers bedient,
um die eigene Erwachsenenlust zu stillen, ist nicht nur feige und
verachtenswert, sondern ein Verbrecher, der für diese Tat verfolgt
werden muss.

Richter und Gutachter – eine Symbiose

Auf der Tagung »Kindeswohl – Dilemma und Praxis der Jugendämter« (4. bis 6. November 1996 in Bad Boll) hat Ernst Elmar
Bergmann, Richter am Amtsgericht Mönchengladbach-Rheydt,
einen viel beachteten Vortrag über »Auswahl und Rolle des Gutachters im familiengerichtlichen Verfahren« gehalten. Er zitiert den
Bundesgerichtshof (BGH VersR 78,229) hier folgendermaßen:

»Die Rolle des Sachverständigen in jedem gerichtlichen Verfahren ist gleich. Der Sachverständige vermittelt dem Richter
Fachwissen zur Beurteilung von Tatsachen (BGH NJW 93,
1796), auch die fehlenden Kenntnisse von abstrakten Erfah-
rungssätzen [...], stellt Tatsachen fest und zieht im Wege der

Wertung aus den zugrunde zu legenden Tatsachen in Anwendung seines Fachwissens konkrete Schlussfolgerungen.«

Richter und Richterinnen, so Bergmann weiter, haben »in sehr vielen Fällen das notwendige Fachwissen nicht.« In diesem Punkt bilden auch Familienrichter keine Ausnahme, die in den alten Bundesländern stets erfahrene Richter auf Lebenszeit sein müssen und nur in den neuen deutschen Ländern vorübergehend aufgrund des allgemeinen Richtermangels auch Proberichter sein dürfen. Die Ursache dieses Mangels an Fachwissen liegt in der Ausbildung.

»Diese ist« – so Bergmann – »im Familienrecht hochgradig jämmerlich. Das Familienrecht spielt weder im Studium noch in der Referendarzeit eine große Rolle. In der Referendarzeit kann ein Referendar zwei Monate als Wahlstation zum Familiengericht kommen. Irgendwelche Ausbildungen gibt es nicht. [...] Nach dem Grundsatz von ›Learning by doing‹ ist die systematische Ausbildung und Fortbildung der Richter weitgehend unbekannt. [...] Tagungen des Familiengerichtstages, des Vormundschaftsgerichtes usw. werden nicht von der Justizverwaltung gefördert. Wenn es hoch kommt, wird unter Fortzahlung der Dienstbezüge Dienstbefreiung gegeben. Die Kosten für solche Fortbildungsveranstaltungen sind jedoch von dem interessierten Richter selbst zu tragen. [...] Fortbildungen der Richter sind auch bei den Kollegen unbeliebt, weil die Vertretung droht.«

Doch es ist nicht nur die eigene lückenhafte Ausbildung im Familienrecht, die den Zugriff auf Sachverständigengutachten für Familienrichter so attraktiv macht. »Wir Juristen«, begründet Bergmann dieses Phänomen, »haben gelernt, in der Vergangenheit liegende, abgeschlossene Sachverhalte zu beurteilen. Hier geht es jedoch nicht um solche Sachverhalte, um Tatsachen, sondern um zwischenmenschliche Beziehungen, die beurteilt und gewichtet werden müssen. Dieses ist eigentlich keine Angelegenheit für einen Juristen.«

Um die richterliche Entscheidung möglichst »beschwerdesicher« zu machen, scheint der Zugriff auf einen Sachverständigen die beste Methode.

»Der Sachverständige allgemein, auch der psychologische Sachverständige, genießt eine so starke Glaubwürdigkeit, dass gegen dessen Rat eine richterliche Entscheidung nicht getroffen wird. Zwar darf der Richter das Sachverständigengutachten überprüfen und es werten, der Bundesgerichtshof meint jedoch dazu (AZ: VI ZR 268/88 vom 9.5.1989) ›Das Gericht darf von einem Sachverständigengutachten nur abweichen, wenn es seine abweichende Überzeugung begründet und dabei erkennen lässt, dass die Beurteilung nicht von einem Mangel an Sachkunde beeinflusst ist.‹ Wenn dieses so ist, ist es klar, dass einem psychologischen Sachverständigengutachten ein ganz hoher Stellenwert zukommt.«

Die Benennung des Sachverständigen erfolgt selten aufgrund nachweislicher wissenschaftlicher Sonderqualifikationen, sondern meistens eher, weil er dem entsprechenden Gericht schon länger bekannt ist und schon immer bestellt wurde. Bergmann selbst hat die Benennung eines Sachverständigen durch die betroffenen Parteien »noch nie erlebt«, da ein solcher bewusst »nicht genommen« wird, »weil man sofort unterstellt«, er werde »mit der benennenden Seite gemeinsame Sache« machen.

Erschwerend kommt hinzu, dass die spezielle Qualifikation des psychologischen Sachverständigen in Familiensachen ungeregelt ist. Der zu einer konkreteren Definition geeignete Berufsverband hat es bislang versäumt, entsprechende Ausbildungsgänge und Vorgaben zu entwickeln. Folglich genügt die irgendwann erfolgreich absolvierte Ausbildung als Zulassung zu gutachterlicher Tätigkeit. Da diese höchst einträglich ist und in der Bezahlung keinem Erfolgszwang unterliegt, sondern auch bei Unbrauchbarkeit des Gutachtens erfolgen muss, ist der Andrang bei Gericht entsprechend hoch.

Für Sie als Vater, der um Ihr Grundrecht auf Mit- oder alleiniges Sorgerecht kämpft, stellen kritische Töne wie die des zitierten Richters Bergmann eine Chance dar, einen Richter als ungeeignet ablehnen zu können. Sie haben hierzu die rechtlichen Möglichkeiten, wenn ein Richter

- nicht die gemäß Paragraph 404a ZPO notwendige Leitung der Tätigkeit des Sachverständigen übernimmt, ihm dazu keine oder unzulängliche oder gar einseitig zu verstehende Weisungen erteilt und die Ergebnisse nicht kritisch prüft.
- seine diesbezügliche Unfähigkeit nachweist, indem er zur Bewertung des Gutachtens Standardformulierungen verwendet, die keine in der Sache beweiskräftigen Aussagen beinhalten. Als typisch kann ein von Bergmann angeführtes Zitat gelten: »Der Sachverständige X ist dem Gericht seit Jahren bekannt und hat eine Vielzahl von Gutachten verfasst, welchen das Gericht immer folgen konnte.« Zu tadeln ist diese positiv gemeinte Bewertung des Gutachtens, weil sie keinerlei Hinweis darauf enthält, warum der Sachverständige X in Ihrem konkreten Fall besonders geeignet ist, ein Gutachten zu erstellen. Außerdem fehlt jede Begründung, in welcher Weise, in welchem Detail und nach welcher Prüfmethode sein Gutachten in Ihrem konkreten Fall so ausgefallen ist, dass das Gericht ihm folgen kann.
- den von ihm bestellten Sachverständigen dazu benutzt, das Urteil vorzugeben, dem sich der Richter aus eigener Unfähigkeit, die Sachlage zu beurteilen, nur anschließt.
- ein von Ihnen als Vater eingeholtes Sachverständigengutachten zwar nicht ablehnt, aber in seiner Urteilsfindung nicht ausdrücklich mit berücksichtigt. In den Vorschriften der Paragraphen 212 und 286 ZPO (BGH VersR 1981, 752, NJW 86, 1928, 1930, VersR 1985, 1988, 1989) ist eindeutig festgelegt, dass das Ge-

richt sich mit Privatgutachten ebenso sorgfältig zu befassen hat wie mit den Stellungnahmen eines gerichtlich bestellten Gutachters. Das heißt, dass in der Urteilsbegründung konkrete Details, die in dem von Ihnen eingeholten Gutachten ausgeführt werden, aufgegriffen, diskutiert und ebenso verständlich wie beweiskräftig widerlegt werden müssen. Gegebenenfalls muss ein drittes Gutachten angefordert werden, das aber nicht als allein maßgeblich bewertet werden darf.

- Fortbildungen im Familienrecht ablehnt und/oder die Neufassung des Kindschaftsrechts ausdrücklich abwertet und verweigert.

Das Gutachten

Bis heute gibt es keine definitiven Kriterien, an Hand derer ein Gutachter seine Begutachtung vorzunehmen hat. Der für die Entwicklung derartiger Richtlinien zuständige »Bund der Deutschen Psychologen« hat dazu trotz ausdrücklicher Aufforderungen durch Richter/innen und Privatpersonen keine Verordnungen geschaffen. Demzufolge sind psychologische Sachverständige bei der Anwendung ihres Fachwissens allein dem eigenen Gewissen und dem medizinischen Eid verpflichtet.

Aufgabe des Sachverständigen ist es, so noch einmal Bergmann, »die Interaktionen von Eltern und Kindern festzustellen, die Beziehungen von Eltern und Kindern zu ergründen und darzulegen und dafür einzutreten, dass eine Lösung des Falles gefunden wird.« Bergmann stellt jedoch anhand seiner eigenen Berufspraxis als Richter am Amtsgericht »mit Kopfschütteln« fest, »dass in sehr vielen Gutachten, die mir vorliegen, der Sachverständige offenbar mit vorgefasster Meinung an seine Arbeit geht.«

Es ist die Pflicht des Gutachters bei der Erstellung seines Gutachtens, nicht nur die Kindesmutter mit oder ohne Kind zu sich zu bestellen und dann die Interaktionen zwischen Mutter und Kind festzustellen oder nur den Vater (meist Wochen später als Mutter und Kind) zu sich einzuladen. Vielmehr muss er die Interaktionen zwischen Mutter und Kind sowie die zwischen Vater und Kind beobachten. Er darf dabei keine eigenen Wertvorstellungen und Lebenseinstellungen einbringen und keinerlei persönlich wertende Noten bei der Beurteilung der Personen erteilen. Bezeichnungen wie »gut« oder »böse« im Zusammenhang mit Eltern oder Kindern sind unzulässig.

Ferner hat der Gutachter die Pflicht,

- ihm als Arbeitsanweisung des Gerichtes vorgefertigte und in Auftrag gegebene Fragestellungen fachkompetent in psychologische Fragestellungen umzuarbeiten.
- klar herauszuarbeiten, welches Familienmitglied zu welcher Frage wann und was genau antwortete.
- sprachlich genau und eindeutig zu formulieren.
- keine Textbausteine zu verwenden und keine ganzen Passagen aus verschiedenen Seiten wortgetreu zu wiederholen.

Falls das gerichtlich bestellte Gutachten in Ihrem speziellen Fall den objektiv erforderlichen Ansprüchen nicht genügt, sollten Sie es umgehend ablehnen und dies entsprechend begründen. Verlangen Sie gleichzeitig die Anfertigung eines neuen Gutachtens von einem anderen Sachverständigen, der die Interaktionen beider Eltern mit dem Kind erfassen wird. (Siehe dazu Musterbrief unter *Jugendamtsmitarbeiter/innen – Menschen wie du und ich*) Verweisen Sie dazu auf einen am 18. Februar 1993 in der dritten Kammer des Ersten Senates des Bundesverfassungsgerichts durch Präsident Roman Herzog u.a. ergangenen Beschluss (AZ 1 –BvR 692/92), in dem explizit festgelegt ist, dass sich die Gerichte um eine Konkordanz der Grundrechteträger bemühen und den Grundrechteschutz sicherstellen müssen.

Wie Jochen Paulus in *Die Zeit* Nr. 41 vom 4. Oktober 1996

anlässlich des 40. Kongresses der Gesellschaft für Psychologie erklärt, habe er bei der Auswertung von 245 Familiengerichtsgutachten nur 67 gelungene gefunden. Die übrigen waren sprachlich und inhaltlich nicht haltbar. Um diese Ansatzpunkte der notwendigen Kritik an Sachverständigengutachten zu ergänzen, empfehle ich Ihnen auch die Lektüre des folgenden Aufsatzes von Professor Dr. Wolfgang Klenner »Vertrauensgrenzen des psychologischen Gutachtens im Familienrechtsverfahren – Entwurf eines Fehlererkennungssystems« (siehe Anhang).

Die Kritik aus dem Munde berufener Fachleute berechtigt zu der Hoffnung, dass auch der sprachlich versierte Laie an Gutachtertexten Maßgebliches auszusetzen findet. Gehen Sie also der Sache auf den Grund. Finden Sie formale Schwachstellen und sprachliche Ungenauigkeiten. Weisen Sie nach, an welchen Punkten das Gutachten lediglich Geschehnisse oder Aussagen referiert, aber nicht den Auftrag des Gutachters erfüllt, welcher darin besteht, die gelebte Beziehung zwischen Eltern und Kindern über die bloße Darlegung hinaus zu erklären und mit psychologischem Fachwissen zu ergründen. Falls Sie dazu selbst nicht in der Lage sind, leisten Sie sich die Hilfe eines Sprachwissenschaftlers oder eines anderen Psychologen.

Gehen Sie vor allem der Frage nach, ob das Gutachten bei der Bewertung der elterlichen Erziehungsfähigkeit nach den Gesetzesvorgaben zur partnerschaftlichen Erziehung ermittelt oder ob ausschließlich das persönliche Leitbild des/der Sachverständigen zugrunde gelegt wurde.

Informieren Sie Ihren Rechtsbeistand über Ihre Überlegungen und fordern Sie ihn auf, Sie entsprechend zu unterstützen. Regen Sie ihn an, bei Gericht zu verlangen, dass über die Frage Beweis erhoben werden solle, welche Sorgerechts-/Umgangsrechtsregelungen dem Wohl und dem Bedürfnis des Kindes am ehesten entspricht. Schließlich sind entweder das Gericht oder Sie selbst weisungsbefugter Auftraggeber des Sachverständigengutachtens.

Diese von Bergmann entwickelte Fragestellung führt notwendigerweise dazu, dass das Recht des Kindes auf beide Eltern im Mittelpunkt des Auftrages steht und Strategien entwickelt werden müssen, dieses Recht zu verwirklichen.

12.

Wenn Mutter und Kind
einfach verschwinden

Nur in Ausnahmefällen trifft das Gericht bereits vor einem offiziell beantragten Scheidungsverfahren eine (vorläufige) Sorgerechtsregelung. Voraussetzung dafür ist das dauerhafte Getrenntleben der Eltern sowie deren Uneinigkeit bezüglich der Kinder. Unter bestimmten Bedingungen kann die definitive Absichtserklärung zur dauerhaften Trennung ausreichen.

Im schlimmsten Fall ist der Startschuss zur Auflösung der Ehe das plötzliche Verschwinden von Mutter und Kindern aus der ehelichen Wohnung. Die meisten Väter trifft ein solcher Auszug unvorbereitet, und sie wissen nicht, wie sie nun vorgehen sollen.

Die Möglichkeit einer Anzeige
wegen Kindesentzugs

Im Allgemeinen wagen Mütter die Trennung nicht spontan. Oft haben sie sich bereits von einer Anwältin oder im Jugendamt beraten lassen. Sie als zurückgelassener Vater müssen damit rechnen, dass Ihre Noch-Ehefrau sich bestens informiert hat und weiß, was zu tun ist.

Gehen Sie also davon aus, dass sie das vorläufig alleinige Sorge- und Aufenthaltsbestimmungsrecht für die Kinder entweder bereits beantragt hat, oder es umgehend beantragen und im Allgemeinen auch bewilligt bekommen wird. Setzen Sie keine Hoffnungen auf eine wundersame Einsicht. Damit ist in diesem Stadium Ihrer Beziehung ganz sicher nicht zu rechnen. Schütteln Sie die Verzweiflung und die Wut ab und reagieren Sie postwendend, indem Sie versuchen, einer die Kinder betreffenden Gerichtsentscheidung zugunsten der Mutter zuvorzukommen. Dazu ist es nötig, dass Sie bei der für Ihren Bezirk zuständigen Staatsanwaltschaft oder der nächsten Polizeidienststelle Strafanzeige und Strafantrag wegen Kindesentzugs stellen. Wenn Ihre Frau eine Nachricht hinterlassen hat, sieht ein solcher Strafantrag folgendermaßen aus:

Musterbrief 1

Absender

Empfänger:
An die Staatsanwaltschaft in .....
oder
An die Polizeidienststelle in ....   Ort, Datum

Betreff: Strafanzeige und Strafantrag wegen Kindesentzugs

Ich, ... (Name), erstatte Strafanzeige und Strafantrag
gegen
meine Ehefrau .... (Name), zur Zeit unbekannten Aufenthalts
wegen Kindesentzugs mit folgender Begründung

Meine Ehefrau ...... (Name) hat während meiner Abwesenheit am ...... (Datum) die eheliche Wohnung unter Mitnahme unserer gemeinsamen ehelichen Kinder .... (Namen) ohne meine Einwilligung verlassen und die Kinder an einen mir unbekannten Ort gebracht. Der Sachverhalt des eigenwilligen Verlassens ergibt sich aus einer hinterlassenen Mitteilung (Kopie anbei).

Sobald mir der Aufenthaltsort der Ehefrau bekannt ist, werde ich die Angabe der Aufenthaltsadresse nachreichen.

Unterschrift

Falls Ihre Ehefrau die gemeinsame Wohnung mit den Kindern überraschend verlassen und Ihnen keine Nachricht hinterlassen hat, werden Sie als Vater aufs höchste beunruhigt sein. Wenn Sie befürchten, dass Ihrer Ehefrau etwas Schlimmes zugestoßen ist, geben Sie bei der Staatsanwaltschaft oder der zuständigen Polizeidienststelle eine Vermisstenanzeige auf. Legen Sie dieser eventuell vorhandene aktuelle Fotos bei, auf denen Ihre Frau und die Kinder deutlich zu erkennen sind.

Stellt sich heraus, dass Ihre Ehefrau und die Kinder nicht Opfer eines Gewaltaktes wurden, sondern Ihre Frau freiwillig ausgezogen ist und eigenmächtig die Kinder mitgenommen hat, teilen Sie der Staatsanwaltschaft und der Polizeidienststelle unverzüglich den veränderten Sachverhalt mit und reichen Strafanzeige und Strafantrag nach.

Antrag auf vorläufiges Sorgerecht

Zusammen mit der Erstattung und Beantragung von Strafanzeige und Strafantrag gegen Ihre Frau sollten Sie sich um die Erteilung des vorläufigen Sorge- und Aufenthaltsbestimmungsrechts für Ihre Kinder bemühen. Machen Sie sich unbedingt bewusst, dass schon jetzt, in dieser frühen Phase des Scheidungsverlaufs, die alles entscheidenden Weichen gestellt werden. Gelingt es Ihrer Frau zu diesem Zeitpunkt, das vorläufige Sorgerecht und damit verbunden das Aufenthaltsbestimmungsrecht für die Kinder zu bekommen und Ihnen als Vater die Zahlungspflichten zuzuschieben, hat sie im Scheidungsverfahren beste Chancen auf die rechtswirksame Bestätigung dieser Bestimmung.

Geben Sie also die unsinnige Hoffnung auf Rückkehr und Einsicht auf. Vielleicht ist Ihre Frau mit den Kindern in einem Frauenhaus untergekommen. Dort haben sie ein Zimmer, werden versorgt, beraten und geschützt. Die geheime Adresse werden Sie deshalb nirgendwo in Erfahrung bringen. Geben Sie das Herumtelefonieren und Suchen am besten gleich auf.

Überlegen Sie nicht, ob Ihre Frau fähig wäre, den Kindern den Vater zu entziehen. Sie wissen, dergleichen passiert und es kann jedem passieren. Überlegen Sie auch nicht, ob Ihre Frau Ihnen je verzeihen könnte, wenn Sie Anzeige gegen sie erstatten. Falls Ihre Frau Sie noch liebt, wird sie verstehen, was sie Ihnen mit ihrer Flucht und dem Entzug der Kinder angetan hat. Denken Sie nur daran, dass Sie es Ihren Kindern schuldig sind, Ihr Vater bleiben zu dürfen. Setzen Sie alle Hebel in Bewegung, zum Beispiel indem Sie einen Antrag auf vorläufiges Sorge- und Aufenthaltsbestimmungsrecht stellen. Der kann folgendermaßen aussehen:

Musterbrief 2

Absender

Empfänger:
Familiengericht in ....   Ort, Datum

Betreff: Antrag auf das vorläufige Sorge- und Aufenthaltsbestimmungsrecht für meine Kinder .... (Namen)
Antragsgegnerin : Frau .... (Name) in .... (Adresse)

Ich beantrage das vorläufige Sorge- und Aufenthaltsbestimmungsrecht für meine oben benannten Kinder mit folgender
Begründung:

Ich, ... (Namen), als Antragsteller, bin mit der Antragsgegnerin, Frau .... (Namen) seit .... (Datum) verheiratet. Die oben
bezeichneten Kinder ...... (Namen) gingen aus dieser bestehenden
Ehe hervor.

Am .... (Datum, Uhrzeit) hat die Mutter die eheliche Wohnung verlassen und die Kinder ohne meine Einwilligung mitgenommen und an einen mir zunächst unbekannten Ort gebracht.

Ein solches Verhalten ist mit den gesetzlichen erzieherischen
Vorgaben nach § 1626 II BGB sowie damit verbundenen verfassungsgerichtlichen Entscheidungen nicht vereinbar. Diese besagen,

187

»wichtigstes Ziel jeder Erziehung ist die Entwicklung des Kindes zur selbstverantwortlichen Persönlichkeit« mit dem Mittel der »partnerschaftlichen Erziehung«.

Zur weiteren Begründung meines Antrags weise ich darauf hin, dass die Mutter und ich als Vater uns nicht über wichtige, das Wohl der Kinder betreffende und in die Zukunft fortwirkende Entscheidungen nicht einigen können: .... (Kindergartenbesuch, Schulwechsel, Ausbildungsweg, Umgang mit den Großeltern usw.)

Ferner droht die Mutter in ernst zu nehmender Weise eine dauerhafte oder zumindest langfristige Entführung der Kinder an, falls ich als Vater meinen rechtmäßigen Anspruch auf das Sorgerecht für die Kinder erhebe. Da die Mutter .... (Fremdsprachen kann, Freunde im Ausland hat, schon längerfristig von Auswanderungsplänen sprach usw.), steht zu befürchten, dass sie entsprechende Drohungen wahr macht, wohl wissend, dass dadurch sowohl meine als auch die Grund- und Persönlichkeitsrechte der Kinder verletzt werden.

Aus allen Gründen ist zum Wohle der Kinder eine Übertragung der vorläufigen Sorge- und Aufenthaltsbestimmungsrechte auf mich als Vater dringend erforderlich. Ich bitte, diesem Antrag umgehend stattzugeben.

Unterschrift

Die Strafbarkeit von Kindesentzug und Kindesentführung

Es ist bereits darauf hingewiesen worden, dass Kindesentzug und Kindesentführung laut Strafgesetzbuch in den Paragraphen 235 bis 237 StG strafbar sind und mit bis zu zehn Jahren Haft geahndet werden können. Voraussetzung ist, dass die Straftat angezeigt wird. Ohne Anzeige unternimmt die Staatsanwaltschaft nichts.

Gleichzeitig gilt das »Haager Kindesentführungsübereinkommen«, das seit Oktober 1998 die zivilrechtlichen Aspekte der internationalen Kindesentführung erfasst. Ziel des HKiEntÜ ist es, Kinder und Jugendliche, die widerrechtlich in einen der Vertragsstaaten verbracht oder dort zurückgehalten werden, sofort zu den Sorgeberechtigten zurückzuführen. Zusätzlich garantieren sich die Vertragsstaaten wechselseitig, dass die individuellen Sorgerechts- und Umgangsbestimmungen gewährleistet werden.

Die wichtigsten Informationen zum Unterhaltsrecht sind in den Artikeln 1, 4, 7, 15 und 17 HKiEntÜ enthalten. Zum Sorgerecht und dem Unrecht der Kindesentführung sollten Sie die Artikel 1, 3, 4, 6, 8, 12 und 13 HKiEntÜ studieren. Über das Verbringen oder Zurückhalten eines Kindes belehren explizit Artikel 3 und 12.

Angesichts der Tatsache, dass das Haager Übereinkommen noch vergleichsweise jung ist, gibt es bisher relativ wenige auf künftige juristische Fragestellungen anwendbare Grundsatzentscheidungen. Insofern wird mit Entscheidungen in Fällen von international übergreifenden Kindesentführungen juristisch nahezu Neuland betreten. Väterinitiativen wie pa.PPA.com im Internet oder der ISUV/VDU sammeln Fallbeispiele, um auf diesem Fundus zur Entscheidungshilfe zurückgreifen zu können.

Was Anwälte/-innen und Mitarbeiter/innen etwa des Verbands Alleinerziehender Mütter und Väter nicht zugeben wollen, ist, dass Mütter, die ihre Kinder »einfach so«, ohne das ausdrückliche Einverständnis des Vaters aus der ehelichen Wohnung »mitnehmen«, nicht im Recht sind, sondern sich der Kindesentziehung oder sogar Kindesentführung schuldig machen. Auch in den meisten Broschüren, Ratgebern und Handbüchern für Mütter finden Sie nicht den geringsten Hinweis darauf, dass hier eine Straftat vorliegt.

Der strafrechtliche Tatbestand der Kindesentführung liegt nur dann nicht vor, wenn Ihre Frau schnellstmöglich nach oder bereits kurzfristig vor dem Auszug aus der ehelichen Wohnung einen Antrag auf Erteilung des vorläufigen Sorgerechts stellt.

Der hierfür notwendige Nachweis der Ehetrennung ist erfüllt, wenn die Anwältin eine Bestätigung schreibt, dass ihre Mandantin sich scheiden lassen will und der Scheidungsantrag in Vorbereitung ist. Hat Ihre Frau Ihnen keine entsprechende Nachricht hinterlassen, wird sie Ihnen spätestens in einigen Tagen per Einschreiben oder Rückantwortschein zugestellt.

Dem Antrag der Mutter wird so gut wie immer stattgegeben, sobald die Scheidungsabsicht nachgewiesen ist. Da die Familiengerichte wissen, dass in diesen Fällen Eile geboten ist, reagieren sie im Allgemeinen erstaunlich schnell, sodass Väter häufig das Nachsehen haben. Inzwischen ist die Mutter längst und rückwirkend berechtigt, den Aufenthalt ihrer Kinder jederzeit frei und ohne Rücksicht auf die Wünsche des Vaters zu bestimmen.

Fakt ist, dass eine sofortige Anzeige nebst Strafantrag erforderlich ist, um dies zu verhindern. Überwinden Sie daher Ihre Skrupel und handeln Sie!

Mögliche finanzielle und persönliche Konsequenzen für Ihr Leben

Wahrscheinlich sind Sie durch das Verhalten Ihrer Frau und das Verschwinden der Kinder so geschockt, dass Ihnen Ihre eigene körperliche und seelische Verfassung noch nicht ernsthaft bewusst geworden sind. Vielleicht hegen Sie ja auch immer noch einen Rest Hoffnung, alles käme schon wieder in Ordnung, Sie erhielten Ihr gutes Recht und die finanzielle Lage werde schon wieder aus der schiefen in die gerade Ebene geraten.

Dieses Prinzip Hoffnung hält allerdings der Realität selten stand. Es ist eher wahrscheinlich, dass auch in Ihrem Fall die Ehefrau per einstweiliger Anordnung das einstweilige Sorge- und Aufenthaltsbestimmungsrecht für die Kinder erhält und Sie für den Unterhalt von Mutter und Kindern aufkommen müssen. Möglicherweise hat Ihre Ehefrau zudem alle vorhandenen liquiden Geldmittel, inklusive des Überziehungskredits, von den gemeinsam zugänglichen Konten in Anspruch genommen, und Sie können die daraus erwachsenen Verluste nie gegen die Unterhaltsverpflichtungen aufrechnen, weil dieser Tatbestand aus der Zeit vor dem offiziellen Scheidungsantrag stammt und somit in die Zeit der gültigen Ehe und der Gütergemeinschaft fällt. Machen Sie sich also nichts vor und führen Sie sich vor Augen, dass Sie vor erheblichen finanziellen Problemen stehen.

Falls Ihre Frau die gemeinsamen Konten vollständig geleert haben sollte und Sie »blank« sind, Unterhaltsleistungen und Prozesskostenvorschuss aber sofort fällig werden, wird der Anwalt Ihrer Frau die anfallenden Beträge notfalls per Pfändungs- und Überweisungsbeschluss unmittelbar bei Ihrem Arbeitgeber einziehen.

Auch Ihre berufliche Laufbahn kann durch die privaten Schwierigkeiten in Mitleidenschaft gezogen werden. Wenn Ihr Chef Ihnen Böses will, kann er Ihre Notlage ausnutzen und Sie schamlos ausbeuten. Er weiß, dass Sie es sich gerade jetzt nicht leisten könnten, entlassen zu werden. Klar ist ihm auch, dass Sie Angst davor haben, zu allem Übel den Job zu verlieren und absolut vor dem Nichts zu stehen. Überstunden fallen an oder die Aufgaben, die keiner gern erledigt, Rufbereitschaft am Wochenende, Kundenservice auf dem Land. Und Sie stimmen zu, schlucken den Frust hinunter und fühlen sich immer schlechter. Sie sollten sich in diesem Zusammenhang klar darüber sein, dass Arbeitnehmer, die aus - gesundheitlichen Gründen eine Tätigkeit, für die sie eingestellt wurden, dauerhaft nicht mehr ausüben können, keinen Kündigungsschutz genießen, denn in diesem Fall besteht laut einer Entscheidung des Bundesarbeitsgerichts ein personenbezogener Kündigungsgrund.

Scheidungs-Väter, die sich gegen den Verlust ihrer Kinder wehren oder den Kampf resigniert aufgegeben haben, gehören nachweislich zum Kreis derer, die unter langzeitlichen oder dauerhaften psychischen und psychosomatischen Erkrankungen leiden. Wie der Internist Dr. med. Klaus Laros in *Der Internist* (10/1984) über »Pathogene Einflüsse zerbrochener Ehen unter Berücksichtigung des geltenden Scheidungsrechts« schrieb, stellen »zerbrochene Ehen für die Gesundheit des Menschen ein nicht mehr zu übersehendes Risiko dar. [...] Untersuchungen in den USA zeigen, dass geschiedene Männer die höchste Sterblichkeitsrate haben.«

Zu den nachhaltigsten seelischen und körperlichen Beeinträchtigungen zählt Laros das Wiederaufleben von Stottern, Depression mit Suizidgedanken, freiwillige Sterilisation, Schwächung des Vitalgefühls, Schlafstörungen, Verstimmungszustände mit Fresslust sowie Beeinträchtigung von Atmung und Kreislauf. Tatsächlich ergab schon 1984 eine der wenigen Studien zur Sterblichkeitsrate Geschiedener, dass in England die Selbstmordrate bei Geschiedenen fünfmal so hoch wie bei Verheirateten lag und bei getrennt lebenden Ehepaaren sogar zwanzigmal so hoch (*Frankfurter Allgemeine Zeitung* 7.4.1984 »Ein Gesundheitsrisiko, das bisher ignoriert wurde«). Was sollten Sie als betroffener Vater aus all dem folgern?

Zunächst rate ich Ihnen, auch in diesem Punkt keine Zeit zu verlieren. Konsultieren Sie schon »am Tag danach« – also spätestens am Tag nach dem Verschwinden Ihrer Frau – einen Arzt. Lassen Sie sich von ihm einen Attest zur Vorlage bei Ihrem Arbeitgeber erstellen und sich für zunächst eine Woche krankschreiben.

Nutzen Sie diese Woche, um mit Hilfe Ihres Arztes einen erfahrenen Psychiater oder Psychotherapeuten zu konsultieren. Beantragen Sie bei besonders schwerer ganzheitlicher Belastung beim zuständigen Versorgungsamt einen Schwerbehindertenausweis. Durch diese Vorsorgemaßnahmen zur Wiederherstellung Ihrer durch den Trennungsschock schwer beeinträchtigten Gesundheit wird ein wirksamer Kündigungsschutz erreicht, der Sie zumindest für die nächsten Jahre absichern hilft.

Bewahren Sie ansonsten, so gut es geht, Ruhe. Reagieren Sie auch auf grob-beleidigende Anwaltsschreiben gelassen. Vergessen Sie nie: Die Strategie des Anwalts Ihrer Frau ist es, Sie zu provozieren, Ihre Emotionen zu schüren, deren Energie sich dann gegen Sie selbst richtet. Lassen Sie sich das Heft nicht aus der Hand nehmen. Dazu gehört, dass Sie nie den Überblick verlieren. Also alle Unterlagen und Vorgänge sorgfältig in einer Akte führen. Posteingangsvermerke gehören auf jedes der bei Ihnen eingehenden Schreiben. Am besten schneiden Sie den Poststempel auf dem Umschlag aus und kleben ihn auf den Brief. Dies ist wichtig, da Sie bei der Abwicklung des Schriftverkehrs oftmals an Fristen gebunden sind. Wenn Sie an den Anwalt Ihrer Frau schreiben, geben Sie die Briefe entweder persönlich in seiner Kanzlei gegen Empfangsbeleg ab oder senden Sie sie per Einschreiben mit Rückantwortschein. Sollten Sie einen Brief doch einmal ohne diesen Aufwand abschicken wollen, bitten Sie einen Freund, dies zu tun, damit Sie einen Zeugen haben.

Schon in den ersten Trennungstagen erhalten Sie voraussichtlich von der Anwältin Ihrer Ehefrau eine schriftliche Aufforderung zur Zahlung des notwendigen Ehegatten- und Kindesunterhalts sowie eines Prozesskostenvorschusses. Darauf können Sie beispielsweise folgendermaßen reagieren:

Musterbrief 3

Absender

Empfänger:
Anwalt Ihrer Frau   Ort, Datum

Betreff: Ihr Schreiben vom .... (Datum)
        Ihr AZ ...... (Nummer)

Sehr geehrter Herr/Frau ...... (Name des Anwalts),
Ihrem Schreiben kann ich die Rechtsgrundlage für Ihre Forderungen nicht entnehmen. Ich bitte daher um Aufschluss.
    Vorsorglich mache ich auf folgendes aufmerksam:
    Ihre Mandantin, meine Ehefrau ...... (Name), hat die eheliche Wohnung grundlos und unter strafrechtlich relevanter Mitnahme der ehelichen Kinder .... (Namen) am .... (Datum) verlassen und damit den Tatbestand des § 235 StGB erfüllt.

Dieser besagt in Absatz 1: »Wer eine Person unter 18 Jahren [....] ihren Eltern [....] entzieht, wird mit Freiheitsstrafe bis zu 5 Jahren oder mit Geldstrafe bestraft.« Und hebt in Absatz 2 das Strafmaß bis zu 10 Jahren an, »wenn der Täter aus Gewinnsucht handelt.«

Die Tat wurde von mir am ...... (Datum) zur Anzeige gebracht und Strafverfolgung beantragt.

Als Anwalt sind Sie nicht nur verpflichtet, Ihre Mandantin umfassend und objektiv richtig unter haftungsrechtlichem Einsatz zu beraten, sondern stehen auch in der Pflicht gegenüber dem Recht und der Rechtspflege.

Allein die Tatsache, dass Ihre Mandantin die ehelichen Kinder ohne meine Zustimmung an sich genommen und mir als mitsorgeberechtigtem Vater in der Annahme entzogen hat, um dadurch einer gerichtlichen Entscheidung präjudizierend vorzugreifen, verweist nach § 1626 II BGB auf erzieherische Eignungsmängel.

Auch die Neufassung des Kindschaftsrechts zum 1.7.1998 berechtigt meine Ehefrau nicht, mir die gemeinsamen Kinder in der Annahme zu entziehen, dass ich als Vater in meinem Recht, für gemeinsame Kinder zu sorgen, zurücktreten müsse hinter die Pflicht, dies für Kinder und Mutter zu tun.

Veranlassen Sie meine Ehefrau daher in Erfüllung Ihrer Beratungspflicht dringend, die gemeinsamen Kinder unverzüglich zu mir und in ihre angestammte Umgebung zurückzubringen.

Die Unterhalts- und Prozesskostenvorschussforderungen meiner Ehefrau dürften sich durch den widerrechtlichen Kindesentzug erledigt haben.

Mit freundlichen Grüßen

Unterschrift

13.

Das Sorgerecht:
Von Rechten und Pflichten

Wir leben in einer Zeit, in der Pflichtbewusstsein als »uncool« gilt. Das Leben soll nach dem altrömischen Lustprinzip »panem et circenses«, Brot und Spiele bieten. Manchmal habe ich den Eindruck, es ist auch mit dem Sorgerecht so. Mütter und Väter haben ein Recht auf elterliches Sorgerecht. Es steht ihnen zu. Die andere Seite der Medaille, die Sorgepflicht, ist dagegen nicht so gern gesehen. Darum reißt sich niemand, es sei denn aus Kalkül, weil es sich vor Gericht gut macht, bei der Beanspruchung des Rechts so zu tun, als ginge es in Wahrheit nur um die Pflicht.

Ehe Väter und Mütter sich wegen ihrer Rechtsansprüche allein aus Spaß am »Rechtkriegen« bekämpfen, sollten sie sich wahrlich erst einmal die Gewissensfrage nach der Pflicht stellen. Wie halten Sie es damit? Wollen Sie mit dem Sorgerecht tatsächlich auch die Sorgepflicht? Und wissen Sie genau, was das eigentlich heißt?

Woran denken Sie als Vater, wenn von Sorgerecht die Rede ist? An Spaß bringende gemeinsame Unternehmungen mit den Kindern, an Radtouren vielleicht, Lagerfeuer, Basteln im Keller, den Besuch im Fußballstadion oder Schwimmbadrutschpartien? Oder denken Sie an schmutzige Kinderklamotten, die Sie waschen müssen, an das Essen, das auch dann auf dem Tisch stehen sollte, wenn Papa ja so müde ist? Denken Sie an Einkäufe mit »Quengelblagen«, die vom Komsumrausch erfasst in Brüllanfällen zu Boden gehen und sich am allerliebsten vor mitleidigen Omis winden?

Denken Sie an Nachtwachen am Bett, wenn die Kinderstirn so beängstigend glüht und der Notarzt meint, ein paar Wadenwickel täten's auch? Und das, obwohl sie am nächsten Morgen eine wichtige Konferenz haben, bei der Sie weder Knitterfalten im Anzug noch im Gesicht haben sollten? Oder denken Sie an Ihren Skatabend mit Freunden, bei dem immer dann, wenn Sie gerade das Blatt der Blätter auf der Hand haben, ein Knirps in der Tür steht, »solchen Durst« oder ins Bett gepinkelt hat, nicht einschlafen kann, »bitte, eine Geschichte« möchte, den Teddybär verloren oder »so was Komisches« knacken gehört hat?

Sorgerecht und Sorgepflicht partnerschaftlich teilen, heißt nicht, dass Ihre Frau alle die Dinge übernimmt, die sie Ihrer Meinung nach »am besten kann«, und Sie als Vater diejenigen, von denen sie mutmaßt, dass dafür »du zuständig bist«. Partnerschaftlich teilen heißt freiwillig, in gemeinsamer Verantwortung und gleichpflichtiger Zuständigkeit, das Schöne und das weniger Schöne teilen. Und dies nicht als Wechselspiel launischer Erpressung und angstvoller Erpressbarkeit oder Befehl und Gehorsam.

Die neuen Väter wollen mehr als »Zahlväter« sein

Das Sorgerecht steht für die meisten Väter und Mütter im Zentrum des Scheidungskriegs. Laut Angaben des Statistischen Bundesamtes in Wiesbaden, des Verbandes Alleinerziehender Mütter und Väter sowie des Bundesvorstands des Vereins Väteraufbruch für Kinder und anderer Väterinitiativen wird jedoch die überwältigende Mehrheit der Ehen mit der Zuweisung des alleinigen Sorgerechts an die Mutter und der Erteilung eines mehr oder minder »großzügigen Umgangsrechts« an den Vater geschieden. In gegenwärtig maximal 17 Prozent der Fälle üben die Eltern ein gemeinsames Sorgerecht aus. Alleinerziehende Väter sind in der absoluten

Minderheit. Auf einen von ihnen kommen im Durchschnitt fünf alleinerziehende Mütter. Allerdings ist hier die Tendenz deutlich steigend. Im Jahr 1998 entfiel das Alleinsorgerecht auf 51 Prozent mehr Väter als im Jahr 1991.

Der Auslöser für diesen Wandel, der in Mütterkreisen höchste Besorgnis und Verlustängste auslöst, liegt in der Tatsache begründet, dass jüngere Väter durch ein verändertes Rollenbewusstsein eine intensive Bindung an ihre Kinder entwickelt haben. Als erfahrene Erziehungs- und Versorgungspraktiker nehmen sie sich selbst als alleinsorgefähig wahr und sehen keinen Anlass, die Mutter als bessere Alternative zu akzeptieren. Vor allem dann, wenn die Mutter das Alleinsorgerecht für sich beansprucht und den Vater aus dem Leben der Kinder drängen will, setzen sich diese Väter immer heftiger und erfolgreicher zur Wehr.

Zuweilen werden Väter, die um ihre elterlichen Rechte und Pflichten kämpfen, gern – wie in einem Beitrag des *Spiegel* 51/97 von Sabine Kartte zur Debatte »Väter braucht das Land« – als »armer Tropf«, als eine kleine »Schar leidgeprüfter Schmerzensmänner« oder »die neuen Leidfiguren der Männerbewegung« abgetan. Das Fehlverhalten von einigen tausend Müttern, die Väter ausgrenzen und Kinder als Machtmittel missbrauchen, wird oft mit dem Massenfehlverhalten von nahezu einer Million Vätern aufgerechnet, die sich um Unterhaltsleistungen drücken und ihre Kinder enttäuschen.

Allerdings ist die Anzahl der Unterhaltsverweigerer und damit die der verantwortungslos von ihren Vätern im Stich gelassenen Kinder gar nicht so hoch wie manchmal behauptet. Konkrete Nachfragen der SPD-Fraktion an die CDU-Bundesregierung ergaben dies schon 1993 (Drucksache 12/5052 vom 28.5.1993).

Auch ist in der Öffentlichkeit oft nicht bekannt, dass von zehn unterhaltspflichtigen Vätern nachweislich nur einer nicht zahlen will. Während drei von ihnen voll zahlen, können die anderen sechs entweder gar nicht oder nicht ausreichend zahlen. Beispielsweise deshalb, weil sie schon in der Ehe nur ein geringes Einkommen hatten, das für zwei Familien nicht reicht, oder weil sie arbeitslos, bankrott, krank, frühverrentet, Sozialhilfempfänger sind oder inhaftiert wurden.

Wie kommt es aber, dass über die Hälfte aller Scheidungswaisen nach spätestens einem halben bis einem Jahr keinen Kontakt mehr zum Vater haben? Wie Sabine Kartte in ihrem erwähnten Artikel mutmaßt, liegt es daran, dass Väter sich der elterlichen Verantwortung am liebsten entziehen. Väterinitiativen und Fachfrauen wie die Freiburger Psychologin Ursula Ofuatey-Kodjoe, die sich 1995 in einer Studie über »Die psychosoziale Situation nichtsorgeberechtigter Väter« mit dem Machtkampf ums Kind auseinandersetzte, oder die Hamburger Professorin Anneke Napp-Peters, die sich im gleichen Jahr mit den Ergebnissen einer Studie in ihrem Buch über *Familien nach der Scheidung* zu Wort meldete, sehen es anders.

In der Summe ergeben die privaten und offiziellen Forschungen fünf Gründe dafür, dass der Kontakt zwischen Vätern und Kindern häufig abreißt. Erstens, weil die Mütter in neuen Beziehungen leben und den Umgang der Kinder zum leiblichen Vater erschweren oder behindern. Zweitens, weil der Gesetzgeber unterhaltspflichtige Väter als Singles besteuert und dazu verdonnert, notfalls einen Nebenjob zusätzlich zum Hauptberuf anzunehmen, um die Unterhaltsleistung aufzubringen. In der Folge bleibt wenig Freizeit, die mit den Kindern verbracht werden kann. Drittens, weil Väter die oftmals weiten Reisen zu den mit den Müttern verzogenen Kindern nicht finanzieren können. Viertens, weil den meisten der einst einvernehmlich geschiedenen Unterhalt leistenden Vätern dann, wenn sie erkennen, dass sie aus dem Leben der Kinder gedrängt werden, das Geld fehlt, beim Familiengericht auf eine Änderung des Sorgerechts zu klagen. Fünftens, weil keine neue Partnerschaft es aushält, wenn der Ehemann mindestens alle zwei Wochenenden zu seinen leiblichen Kindern reist. Sechstens nicht zuletzt aber auch, weil Väter resignieren, wenn sie weder den Trennungsschmerz ihrer Kinder, den sie bei jedem Kontakt intensiv spüren, ertragen, noch den eigenen und sich zu dessen Vermeidung lieber zurückziehen.

Die Ergebnisse der leider nicht im Buchhandel erhältlichen Studie von U. Ofuatey-Kodjoe und die neusten Zahlen des Statistischen Bundesamtes zeigen jedoch, dass sich rund 96 Prozent der Väter nach einem intensiven Kontakt zu ihren Kindern sehnen und sich immer weniger von ihnen auf die Rolle des »Erzeugers« und »Zahlvaters« reduzieren lassen wollen. Während Frauen manchmal behaupten, der Gesetzgeber habe mit der Kindschaftsrechtsreform im Sommer 1998 auf ein »idealistisches Vaterbild« gesetzt, zeigen die bei Gericht erheblich zunehmenden Sorgerechtsstreitigkeiten, dass reale Väter mit dem vom Gesetzgeber angestrebten gemeinsamen Sorgerecht konform gehen und eher ein Alleinsorgerecht beanspruchen, als ihren Kindern fernzubleiben.

Behalten Sie bei allen Sorgerechtsstreitigkeiten jedoch stets im Hinterkopf, dass Kinder Vater *und* Mutter brauchen. Versuchen Sie daher stets, eine gütliche Einigung mit der Mutter herbeizuführen.

Wenn das gemeinsame Sorgerecht zum Schreckgespenst wird

Das Ziel der seit dem 1. Juli 1998 gültigen Kindschaftsrechtsreform war es, die bisherige Gerichtspraxis, die Massen von Scheidungswaisen produzierte, zu verändern und Kindern auch nach Trennung und Scheidung beide Elternteile zu erhalten. Ausdrücklich erwünscht ist deshalb das gemeinsame Sorgerecht, das als Normalfall angesehen wird und nur dann abgeändert werden kann, wenn ein Elternteil dies ausdrücklich für sich beantragt.

Leider greift das neue Kindschaftsrecht ein Jahr nach seiner Einführung immer noch mit eher mäßigem Erfolg. Da der Gesetzgeber keine Strafe androht, sondern zur Durchsetzung der Reform einzig an die elterliche Vernunft und Verantwortung appelliert, ist es Richter/innen möglich, die Neuregelung zu ignorieren. Anwälte und Anwältinnen weisen die von ihnen beratenen Mütter auf die Risiken der gemeinsamen Sorge hin und raten oftmals zur Beantragung der alleinigen Sorge. Auch zahlreiche Jugendamtsmitarbeiter/innen beraten Mütter häufig dahingehend.

Bei Müttern, die sich innerlich Lichtjahre von der ehemaligen Liebesbeziehung entfernt haben, finden derartige Ratschläge und Befürchtungen ein offenes Ohr. Der Wunsch, die Ablösung von dem ungeliebten Partner vollkommen zu vollziehen, begünstigt schlechte Erinnerungen und verdrängt die schönen.

Nahezu jede Ehefrau und Mutter verfügt über einen reichen Erfahrungsschatz von unschönen, kränkenden, beleidigenden oder sogar handgreiflichen Szenen mit dem Vater ihrer Kinder. Sie haben ihn jähzornig und aufbrausend, ungerecht und ungeduldig, abweisend oder gleichgültig sich selbst und den gemeinsamen Kindern gegenüber erlebt. Sie wissen, wie häufig er Versprechungen gemacht und nicht eingehalten hat, wie viel wichtiger ihm oft das Bier oder der Sport mit seinen Kumpels war, wie selbstvergessen er stundenlang vor der Mattscheibe sitzen konnte, während die Kinder liebend gern mit ihm gespielt hätten. Unvergessen ist auch, wie selbstverständlich er sich abseilte und sowohl Mutter als auch Kinder mit der Hausarbeit oder der Langeweile alleine ließ.

Brauchen Kinder einen solchen Vater? Diese Frage geht den meisten Müttern irgendwann durch den Kopf. Wenn die Trennungsabsicht feststeht, genügt oft der Zuspruch von professionellen Beratern/-innen, um das subjektive Nein zum legitimen Anspruch zu erheben. Väter, die erst jetzt, da die Ehe endgültig zerbrochen ist, die Liebe zu ihren Kindern glaubhaft machen wollen, stoßen auf Abwehr.

Die häufigsten Argumente, die Mütter in ihrer Angst bestärken, lauten:

• Das Eigenleben wird in Zukunft ständig durch den Ex-Mann behindert.

- Die neue Partnerschaft leidet darunter, weil die Kinder den neuen Mann im Leben der Mutter nie als Vater und Erzieher akzeptieren, solange der leibliche Vater ständig dazwischen steht. Am Ende ergreift der neue Partner schließlich die Flucht.
- Die Doppelbeziehung zu neuem und altem Vater stürzt die Kinder in Loyalitätskonflikte.
- Der Ex-Mann wird jede Gelegenheit nutzen, sich in die Erziehung der Kinder einzumischen, Entscheidungen der Mutter zu boykottieren und auf jede nur erdenkliche Weise Einfluss auf die Kinder zu nehmen. So kann die Mutter nicht einmal mehr allein darüber entscheiden, ob und wohin sie umziehen will, in welche Schule sie die Kinder schickt, wo sie mit ihnen Urlaub macht oder ob eine Operation notwendig ist.
- Der Ex-Mann könnte die Kinder gegen die Mutter aufhetzen und spielt ihnen ständig den »großen Macker mit der großen Kohle« vor, bis sie mit dem Wenigen, was die Mutter ihnen bieten kann, unzufrieden werden und den Vater vorziehen.
- Die Kinder werden eines nicht allzu fernen Tages sagen, sie wollen zum Vater. Ebenso wie einst die Mutter fallen sie auf seinen Charme, seine lockeren Sprüche oder sein Lachen herein, die er bei Bedarf hervorzaubert. Und sie werden am Ende ebenso betrogen, belogen, getäuscht und enttäuscht dastehen wie die Mutter und ebenso leiden müssen.

Bei entsprechendem Wohlwollen würde jede Mutter ihrem Partner eine Chance geben, das Gegenteil zu beweisen. Aber im Scheidungsfall existiert allenfalls ein Restwohlwollen. Das Zusammenspiel von persönlichen Wünschen, schlechten Erfahrungen und den Warnungen professioneller Helfer/innen macht die Vertreibung des Vaters im Interesse des Kindes zum Schutzprojekt.

Andererseits muss auch darauf hingewiesen werden, dass viele Väter, die das alleinige Sorgerecht für sich beanspruchen oder bereits erhalten haben, auch nicht besser als Mütter sind. Sie booten ihre Ex-Frauen ebenso gnadenlos aus und vertreiben sie aus dem

Leben der Kinder. Auch sie missbrauchen die ihnen vom Gesetzgeber zugesprochene erzieherische Macht über die Kinder dazu, die Ex-Frau zu erziehen und sie zu demütigen.

Wie sollen Sie mit diesem Bündel von Ängsten, Aggressionen und Misstrauen nun umgehen?

• Machen Sie sich bewusst, dass Handlungen wie diese bei Müttern und Vätern aus derselben Quelle des Selbstschutzes entspringen. Wenn sie diesen nicht mit Hilfe der Vernunft auf das eigentliche Schutzobjekt – Ihr Kind – umleiten, wird das gestörte Immunsystem Ihrer Seele Amok laufen. Kommen Sie einer solchen Entwicklung zuvor, indem Sie als Vater auch dann Ihre elterliche Pflicht zur Teilnahme an der erzieherischen Sorge für Ihre Kinder wahrnehmen, wenn Sie während der Ehe nicht gerade das Idealbild eines Vaters waren. Arbeiten Sie an sich. Nehmen Sie, wenn möglich, die Gelegenheit zu einer Gesprächstherapie wahr, um Ihre Handlungsweise besser erkennen und kontrollieren zu können. Werden Sie Mitglied in einer Väter-Selbsthilfegruppe. Der Gedanken- und Erfahrungsaustausch mit anderen Scheidungsvätern kann Ihnen wichtige zwischenmenschliche Impulse und juristische Ratschläge geben.

• Bestehen Sie bei Gericht und im unmittelbaren Umgang mit Ihrer Ex-Frau darauf, Ihrer Pflicht zur gesetzlich auferlegten elterlichen Sorge entsprechen zu dürfen.

• Werden Sie durch den Anwalt oder die Anwältin der Mutter in der Wahrnehmung dieses Rechts behindert, reichen Sie eine formlose Beschwerde gegen ihn oder sie bei der Anwaltskammer ein und erstatten Sie Anzeige bei Gericht. Es ist die Berufspflicht eines jeden Anwalts, Recht anzuwenden und dem Recht zur Durchsetzung zu verhelfen. Mir sind Fälle bekannt, in denen Anwälte beispielsweise durch eine Art Verschleppungstaktik das Umgangsrecht von Vätern im Interesse der Mutter auch dann noch behindert haben, wenn das Gericht bereits ein entsprechendes rechtskräftiges Urteil zugunsten von Kind und Vater erlassen hat.

Prüfen Sie zugleich sorgfältig und wachsam die weitere Entwicklung Ihrer Kinder. Fallen ihre Leistungen in der Schule rapide ab? Regredieren die Kinder in frühkindliche Verhaltensmuster, sodass sie plötzlich wieder das Bett nässen oder einen Schnuller brauchen? Wann immer Sie die Beobachtung machen, dass das Wohl Ihrer Kinder gefährdet ist, ist es ihre väterliche Pflicht, Hilfsmaßnahmen zu ergreifen. Lassen Sie sich vom Jugendamt beraten und beantragen Sie unter Umständen das alleinige Sorgerecht für sich.

Gemeinsames Sorgerecht als Chance

Eltern, die sich zum Wohle des Kindes auf eine partnerschaftliche Erziehung verständigen und einander menschlich genügend vertrauen, um sich gegenseitig den positiven Umgang mit den gemeinsamen Kindern zuzutrauen, erfahren die Teilung der Familienarbeit als ausgesprochen hilfreich.

Um die gemeinsame Sorge so krisenfrei wie möglich zu gestalten, hat der Gesetzgeber sie mit Hilfe der Paragraphen 1687 und 1687a des BGB in zwei Bereiche aufgeteilt, zum einen in »Angelegenheiten von erheblicher Bedeutung«, zum anderen in »Angelegenheiten des täglichen Lebens«. Erstere müssen gemeinsam sorgeberechtigte Eltern miteinander abklären und entscheiden. Für letztere ist derjenige Elternteil allein zuständig, bei dem die Kinder leben.

Leider gibt es aufgrund der erst seit kurzer Zeit bestehenden Neufassung des Kindschaftsrechts noch wenig Grundsatzurteile als Entscheidungshilfen. Dennoch ist klar, dass zu den »Angelegenheiten *von erheblicher* Bedeutung« diejenigen zählen,

- die mit weitreichenden Folgen für das Wohl und die Persönlichkeitsentwicklung des Kindes verbunden sind;
- die die Schul- und Berufsausbildung betreffen. Auch die Unter-

bringung des Kindes in einem Internat sowie Krankenbehandlungen oder Operationen gehören dazu, ebenso wie die Einbringung des Kindes in eine religiöse Gemeinschaft oder Sekte.

Weiterhin zählen zu dieser Kategorie:

- das Erlernen eines kostspieligen Instrumentes, dessen Nutzung, Besitz und Wartung die finanziellen Mittel der Eltern erheblich fordern oder überfordern könnte;
- die Ausübung eines kostspieligen und/oder mit erheblichen Sicherheitsrisiken verbundenen Freizeitsports;
- ein mit erheblichen Entfernungen verbundener Wohnortwechsel eines Elternteils, der eine deutliche Belastung des Kindeswohles nach sich zieht.

»Angelegenheiten des täglichen Lebens« sind hingegen:

- die Teilnahme an einem Landschulheimaufenthalt oder einer Klassenfahrt;
- die Bewältigung des schulischen Alltags und der damit verbundenen alltäglicher Vorkommnisse;
- die Beschränkung des Umgangs mit bestimmten Personen oder Personenkreisen, die das Wohl des Kindes gefährden oder gefährden könnten;
- die Beschränkung des Fernsehkonsums oder der am PC verbrachten Spielzeit, vorübergehender Taschengeldentzug, Erteilung von Hausarrest oder ähnliche erzieherische Mittel.

Sicher ist ein solcher Punktekatalog stets individuell abzuklären. Die Zuständigkeit dafür will der Gesetzgeber den Eltern nicht nehmen. Durch die Vorgaben soll lediglich der Druck, jede Belanglosigkeit aushandeln zu müssen, genommen werden. Erfahrungsgemäß schützt das Vermeiden von Streitpunkten den nach der Trennung erreichten elterlichen Burgfrieden. Eine entsprechende

Auflistung der Zuständigkeiten verhindert das Kompetenzgerangel zwischen den Eltern.

Eine erfolgreiche elterliche Zusammenarbeit trotz Trennung und Scheidung stabilisiert Kinder und macht sie glücklich. Gleichzeitig stabilisiert es auch die Eltern. Mütter, die mit der Erziehung und Betreuung der gemeinsamen Kinder nicht allein gelassen werden, genießen die spürbare Entlastung und den Freizeitzugewinn. Die Wochenenden oder Ferientage, an denen der Vater für die Kinder allein zuständig ist, gehören der Mutter selbst. Sie hat die Chance, ihre eigene Persönlichkeit in freier Zeiteinteilung zu entfalten. Wie vor der Zeit ihrer Mutterschaft entscheidet sie ausschließlich nach eigenem Willen, Lust oder Laune.

Der Vater hingegen, der die kinderfreien Zeiträume ebenfalls für seine persönlichen Angelegenheiten nutzen kann, empfindet die Papa-Phasen als ersehnte und rundum beglückende Bereicherung. Anders als zur Ehezeit ist er nun tagelang ganz allein für die Kinder zuständig. Niemanden rufen zu können, der sowieso »alles besser kann«, bedeutet, weder Arbeit noch Verantwortung abwälzen zu können. Gesteigerte Aufmerksamkeit und Offenheit für die Kinder sind die Folge.

Wenn sie die anfängliche Unsicherheit überwunden haben, möchten Väter dies schon bald nicht mehr missen. Erleichtert und freudig zugleich stellen sie fest, dass sie »mit den Kindern können«, dass sie wissen, was zu tun ist und auch damit umgehen können, wenn etwas nicht geklappt hat. Ja, dass es gar nicht schlimm ist, wenn mal etwas nicht klappt. Kinder sind nicht nur äußerlich in Bewegung. Sie sind auch innerlich flexibel. Sie lieben Abwechslung. Sie bringen jede Voraussetzung mit, um mit zwei gleichermaßen positiven, aber unterschiedlichen Erziehungsstilen gut umzugehen. Und solange sie den sicheren Schutz elterlicher Liebe um sich wissen, finden sie nichts aufregender, als Neues zu entdecken und auszuprobieren, ihre Grenzen zu erproben und in Lachen auszubrechen, wenn mal etwas schief geht.

Die Sorge des Vaters, der mütterlichen Kritik vielleicht nicht standhalten zu können und die damit verbundene Unsicherheit verliert sich in demselben Maße, wie er sich selbst als fähig zur Versorgung der Kinder erlebt. Vater und Kinder merken, dass sie einander einschätzen und sich aufeinander verlassen können. Vielleicht entdecken Sie einander jetzt erstmals bewusst.

Nach einer gewissen Eingewöhnungs- und Umstellungsphase genießen beide Eltern ebenso wie die Kinder das für alle Beteiligten nutzbringende Miteinander. Beide Elternteile müssen es nur wagen, sich zu vertrauen, obwohl sie als Liebespaar einander enttäuscht haben, und sich gegenseitig die Chance geben, sich als Elternpaar zu bewähren.

Umgangsrecht

Steht einem Elternteil nach der Trennung oder Scheidung kein gemeinsames Sorgerecht mehr zu, weil es auf den anderen Elternteil übertragen wurde, behält dieser – laut den Paragraphen 1626/Absatz 3 BGB und 1683 BGB in der Neufassung vom 1. Juli 1998 – dennoch weiterhin ein Umgangsrecht.

Dieses Umgangsrecht ist seinem Inhalt nach ausschließlich darauf ausgerichtet, dem nicht sorgeberechtigten Elternteil ein Wiedersehen mit dem Kind zu ermöglichen und umgekehrt. Es stellt daher ein reines Besuchsrecht dar, das für einen jeweils individuell zu begrenzenden, ganz bestimmten Zeitraum gilt. Daher bedarf es der Absprache mit dem Inhaber des alleinigen Sorgerechts, der den Umfang des Besuchsrechts festlegt.

Das Umgangsrecht ist seinem Inhalt nach nicht auf die Erziehung des Kindes ausgerichtet, denn die Erziehung steht allein dem sorgeberechtigten Elternteil zu. Ebenso wenig zielt es auf die Beeinflussung des Kindes, die ebenfalls allein dem Erziehungsberechtigten zusteht, oder auf dessen Kontrolle oder Überwachung.

Für Kinder, deren Eltern die eigenen Interessen über die des Kindes stellen und zu keiner partnerschaftlichen Erziehung fähig oder bereit sind, wird das Umgangsrecht zur Qual. Grundsätzlich sollten Eltern sich daher mit der Tatsache abfinden, dass sie ungeachtet ihres persönlichen Trennungsbegehrens lebenslänglich die Eltern ihrer gemeinsamen Kinder bleiben und deshalb Brücken zueinander schlagen müssen.

Das Umgangsrecht des nicht sorgeberechtigten Elternteils stellt zugleich das Umgangsrecht des Kindes dar. Beide haben einen Rechtsanspruch darauf, einander regelmäßig zu sehen, ihre Beziehung zueinander zu pflegen, zu genießen, sich aufeinander zu freuen und sich lieb zu haben. Um dieses Recht zu gewährleisten, hat der Gesetzgeber in der neuen Fassung zwei wichtige Neuregelungen getroffen:

1. Sollten die Eltern Anlass zu der Befürchtung geben, die Interessen des Kindes nicht objektiv wahren und fördern zu wollen oder zu können, ist dem Kind nach Paragraph 50 des Gesetzes über die Angelegenheiten der freiwilligen Gerichtsbarkeit (FGG) ein Verfahrenspfleger beizuordnen. Dieser soll in seiner Funktion als »Anwalt des Kindes« auftreten und sicherstellen, dass die Rechte des Kindes berücksichtigt werden.

2. Die Eltern sind nach Paragraph 1684 Absatz 1 des Bürgerlichen Gesetzbuches (BGB) verpflichtet, alles zu »unterlassen, was das Verhältnis des Kindes zum anderen beeinträchtigt oder die Erziehung erschwert«. Hält sich ein Elternteil nicht an diese Verpflichtung, sodass die gesunde Entwicklung des Kindes beeinträchtigt wird, kann der andere das Eingreifen des Familiengerichtes beantragen. Notfalls kann das Umgangsrecht erzwungen werden, indem das Gericht ein Zwangsgeld über den das Umgangsrecht behindernden oder ausnutzenden Elternteil verhängt oder polizeiliche Maßnahmen anordnet.

Nach der seit dem 1. Juli 1998 geltenden Rechtsprechung soll zwar der Wille des Kindes bei der Klärung von Umgangsfragen berücksichtigt werden. Die Umgangsverweigerung des Kindes verhindert aber nicht unbedingt die Gewährung des Umgangsrechtes für den nicht sorgeberechtigten Elternteil. Nicht der subjektive, aus dem Augenblick hervorgegangene Wille des Kindes soll als Maßstab angelegt werden, sondern sein dauerhaftes Wohl. Da objektive Erkenntnisse ergeben, dass die Pflege der familiären Bindungen grundsätzlich und langfristig dem Wohl des Kindes dient, ist die Entscheidung über den individuellen Fall ins Ermessen des Gerichtes gestellt. Es kann dem Willen des Kindes nachgeben und den elterlichen Umgang verweigern oder eine positive Umgangsregelung durchsetzen.

Anders als vor dem 1. Juli 1998 und der seither gültigen Neufassung des Kindschaftsrechtes ist eine Gewaltanwendung gegenüber dem Kind zur Durchsetzung des Umgangsrechtes nicht mehr zulässig. Nach Paragraph 33 Absatz 2 des Familiengesetzes kann kein Kind gegen seinen ausdrücklichen Willen von der Polizei oder gar dem Gerichtsvollzieher abgeholt und zu dem umgangsberechtigten Elternteil gebracht werden.

Was Mütter sich von Vätern wünschen, damit der Umgang klappt

Es klingt seltsam, aber es scheint tatsächlich so zu sein, dass Männer schlicht nicht wissen, was Frauen von ihnen erwarten und dies bleibt auch so, wenn sie Eltern sind. Dies wirkt sich in der Krisenfamilie meist so aus, dass Mütter Angst um ihre Kinder haben, »wenn Papa, dieser Chaot, was mit ihnen macht«. Und Väter wiederum sind überzeugt, dass Ihre Frau ihnen nichts zutraut.

Um diese Angst in den Griff zu bekommen, müssen Eltern miteinander reden. Sie müssen abklären, was sie geben können und was sie nehmen wollen. Das Wie, Wo und Wann muss abgesteckt und in feste Regeln gebracht werden. Zusätzlich sind Vereinbarungen zu treffen, wie mit einem möglichen Fehlverhalten umgegangen werden soll. Die

Konsequenzen und Strafen, mit denen beide einverstanden sind, auch wenn sie hinter dem Rücken heimlich die Finger kreuzen, um keinen Meineid zu schwören, müssen festgelegt werden.

Die folgende Auflistung sammelt aus Sicht der Mutter die Wünsche und Erwartungen, die sie Ihnen als Vater entgegenbringt. Wenn Sie sich diese Punkte vergegenwärtigen, werden Sie das Verhalten der Mutter besser nachvollziehen oder ausrechnen können und so Missverständnissen und Enttäuschungen vorbeugen.

Wunschzettel

1. Der Vater soll zuverlässig sein.
2. Er soll sich nicht um Unterhaltszahlungen drücken, sondern einen Dauerauftrag ausfüllen und sich an unvorhersehbaren, unvermeidlichen Ausgaben für die Kinder beteiligen.
3. Es soll für ihn selbstverständlich sein, den Unterhalt zu zahlen. Er soll die Mutter deshalb nicht demütigen oder sie behandeln, als würde sie ihm Unrecht antun. Er soll wissen, dass die Mutter ihren Anteil am Unterhalt leistet.
4. Er soll die Mutter nicht beschämen, indem er bei jedem Umgangstermin betont, wie teuer ihm die mit den Kindern verbrachte Zeit kommt, und nicht fragen, ob die Mutter nichts von ihrem Unterhalt beisteuern wolle. Auch wenn diese weiß, dass die Lebenshaltungskosten mit Kindern höher sind als ohne, hat sie meist nicht die Mittel, ihre laufenden Verpflichtungen zu kürzen und dem Vater einen Zuschuss zum Umgangswochenende zu geben.
5. Er soll Kinder erziehen, indem er ihnen Liebe zeigt, Lob ausspricht, Anerkennung gibt und Mut macht.
6. Er soll sie nicht mit seinem Vorwürfen niedermachen, sie anbrüllen und einschüchtern, sondern seine schlechte Laune am Arbeitsplatz lassen und ein freundliches Gesicht machen, wenn er von der Arbeit kommt.
7. Er soll den Kindern keine Versprechungen geben, die er nicht hält, und stets ehrlich zu ihnen sein.

8. Er soll den Kindern beweisen, dass er sie nicht verlässt. Dazu muss er für sie erreichbar sein, wenn sie ihn brauchen, und auch kommen, wenn er gebraucht wird. Kommt er nur dann, wenn er gerade Zeit oder Lust dazu hat, ist das unehrlich gegenüber den Kindern.

9. Er soll nicht beleidigt sein, wenn die Kinder an einem Umgangstag keine Lust haben und lieber zu einer Freundin wollen, weil sie Geburtstag feiert oder sie beide spielen wollen. Das kann die Mutter nicht immer verhindern. Die Kinder sollen doch einen ganz natürlichen Umgang mit ihrem Vater haben. Dazu gehört, dass sie ganz überraschend auch mal keine Lust haben dürfen. Wenn der Vater das nicht akzeptiert, sondern meint, sobald er da ist, muss das Kind sich ganz irre freuen und alles andere hinschmeißen, ist das in hohem Maße unrealistisch.

10. Er soll von den Kindern kein Verhalten verlangen und durchsetzen, das er selbst nicht zeigt. Er soll Vorbild sein und sich entsprechend benehmen. Dazu gehört auch, dass er die Kinder gut behandelt und ihre Persönlichkeit respektiert.

11. Er soll die Mutter nicht vor den Kindern schlecht machen. Wenn sie etwas falsch gemacht hat, soll er nicht behaupten, es war richtig. Aber er soll den Kindern erklären, dass jeder mal einen Fehler macht, auch die Mutter. Er soll die Kritikfähigkeit der Kinder nicht unterbinden, sondern fördern. Aber er soll sie auch Verstehen und Verzeihen lehren.

12. Er soll die Kinder möglichst nicht in seine persönlichen Sorgen einweihen, denn diese könnten die Kinder beunruhigen oder ängstigen. Die Kinder sind nicht dazu da, den Vater zu stützen, sondern umgekehrt.

13. Er soll die Kinder nicht zu Liebesbeweisen zwingen und sie nicht vor die Entscheidung stellen, wen sie lieber haben, Mutti oder Vati. Die Kinder sind überfordert und bekommen ein schlechtes Gewissen.

14. Er soll die Kinder jeden Tag für ein paar Minuten anrufen.

Und zwar jedes Kind. Nicht nur eines. Die anderen warten auch. Wenn er nicht mit ihnen spricht, sind sie traurig und eifersüchtig, weil sie glauben, dass er sie weniger liebt. Und dann ist es wieder die Sache der Mutter, die Kinder zu trösten und ihnen das Verhalten des Vaters so zu erklären, dass es sie nicht mehr schmerzt. Wenn er nicht jeden Tag anrufen will, soll er einen bestimmten Tag ausmachen, an dem er es dann regelmäßig tut. Wenn er nicht anrufen will, soll er jede Woche eine Karte an die Kinder schreiben. Aber entweder an alle zusammen oder an jedes eine, denn sonst entstehen wieder Eifersüchteleien.

15. Er soll sich wirklich für die Kinder interessieren, nicht ständig vergessen, was sie gern mögen und was nicht, und versuchen, ihnen bei der Lösung von Alltagsproblemen beizustehen. Auch dann, wenn die Kinder weit weg wohnen und er sie nicht so oft sieht. Es gibt ja das Telefon oder die Post.

16. Er soll den Kummer der Kinder ernst nehmen. Nicht einfach sagen, das ist doch nicht so schlimm, das vergeht schon wieder. Er soll sich Zeit nehmen zum Zuhören und nicht mit den Gedanken anderswo sein.

17. Er soll mit den Kindern nicht ständig etwas Außergewöhnliches unternehmen, ihnen ein tolles Programm bieten. Kinder kann man nicht kaufen. Er soll ein wichtiger Mensch für die Kinder sein, kein Alleinunterhalter. Ein solches Vorhaben muss scheitern, weil die Mütter befürchten, die Ansprüche der Kinder würden dadurch hoch geschraubt und sie selbst können diese aus Geldmangel oder anderen Gründen nicht erfüllen.

18. Er soll die Kinder nicht umerziehen wollen, wenn er sie sieht. Kinder sind keine Wachsfiguren. Sie müssen nicht ständig geknetet und verbogen werden. Außerdem spüren Kinder es, wenn er sie nicht so mag, wie sie sind.

19. Er soll sich an Absprachen und Vereinbarungen halten. Unvorhergesehene Terminverschiebungen und Verspätungen soll er unbedingt mit der Mutter besprechen, um sie nicht in Unruhe

und Angst zu versetzen, es könne den Kindern bei ihm etwas zugestoßen sein. Er soll nicht erwarten, dass sich die Mutter nach seinem Terminkalender richtet und die gemeinsamen Kinder zu einem bestimmten Treffpunkt bringt, wo er sie dann abholen und mitnehmen kann.

20. Er soll das Kind nicht in Konflikte stürzen, weil er erwartet, dass die zwischen Kind und Mutter getroffenen Vereinbarungen (beispielsweise über die Zeit des Nachhausekommens) weniger zählen als seine eigenen Ansprüche. Ein Kind, das der Mutter versprochen hat, um sechs zu Hause zu sein, sollte auch um diese Uhrzeit dort sein.

Die Mutter traut Ihnen nichts zu?

Väter sind in der Zeit ihres Umgangs oder bei der Ausübung ihres Mitsorgerechts natürlich keine Befehlsempfänger der Mütter oder deren verlängerter Arm. Dennoch sollten Sie sich klar machen, dass die Bezugsperson, die mit dem Kind mehr Zeit verbringt, vertrauter mit ihm ist und mehr über seine Bedürfnisse weiß. Fühlen Sie sich nicht gekränkt oder bevormundet, nicht in Ihrem Können oder Leistungswillen verkannt und seien Sie nicht beleidigt, wenn die Mutter Bedingungen stellt oder gar Anweisungen ausspricht.

Kinder sind keine Versuchsobjekte für erzieherische Experimente und Selbstfindungszwecke. Dennoch werden wir alle in Ermangelung einer Elternschulung in die Elternschaft quasi hineingeworfen. Plötzlich sollen in einer Zeit des rationalen Kalküls, der Programmierungen und Maschinenhörigkeit Instinkte funktionieren, die wir weder trainiert noch je zuvor gebraucht haben.

Ohne behaupten zu wollen, dass Väter prinzipiell die schlechteren Bezugspersonen für Kinder sind, ist doch offenkundig, dass Mütter bereits während der Schwangerschaft eine Beziehung zu ihrem Kind aufbauen können. Oftmals schraubt die Mutter schon jetzt die eigenen Bedürfnisse zurück. Sie gewöhnt sich daran, nachts schlechter und weniger zu schlafen und mit dem Schlafmangel auszukommen. Sie lernt, das Kind als Beschränkung der eigenen Ansprüche hinzunehmen und es dennoch zu lieben. Die Mutter hat Monate lang dafür gesorgt, dass ein kleines Wesen heranreifen konnte. Und schließlich bringt sie es unter Schmerzen zur Welt. Solche Chancen zur Einstimmung kann kein Vater jemals haben.

Versuchen Sie daher, den natürlichen Vorsprung der Mutter zu akzeptieren. Stecken Sie Ihren persönlichen Anspruch auf Dominanz und Selbstbestimmung weg. Es geht jetzt nicht um Sie und Ihre Mann-Frau-Beziehung. Es geht auch nicht um Ihr Durchsetzungsvermögen und Ihren Willen, sich von der Mutter »nichts sagen lassen« zu müssen. Ob Sie sich zum Hampelmann gemacht fühlen oder Angst haben, unter dem Pantoffel Ihrer Ex-Frau zu stehen – darum geht es jetzt nicht.

Worum es geht, sind Ihre Kinder. Betrachten Sie die Verteilung der Zuständigkeiten, der Pflichten und der Arbeit doch einmal ganz objektiv. Stellen Sie sich folgende Fragen, um sich über Ihren Anteil und Ihre Rolle ehrlich klar zu werden:

1. Wie viel Stunden – oder sind es eher Minuten – täglich haben Sie als Vater in eigenverantwortlicher, alleiniger Zuständigkeit während der Ehe und seit der Trennung mit Ihren Kindern verbracht?
2. Wie oft waren Sie mit ihren Kindern beim Arzt?
3. Wie oft haben Sie selbst die Kleidung der Kinder eingekauft und gewaschen? Wissen Sie, welche Materialien Ihre Kinder auf der Haut vertragen oder nicht vertragen, welche Konfektionsgröße sie haben, was im Kleiderschrank fehlt, was sie gern tragen und was nicht?
4. Was wissen Sie über die Freunde und Freundinnen Ihrer Kinder? Warum sie befreundet sind?
5. Wie oft haben Sie mit Ihren Kindern täglich länger als eine Stun-

de gespielt, geschmust, erzählt, Geschichten vorgelesen, gelacht, Tränen getrocknet?

6. Wie oft haben Sie ihren Kindern ausdrücklich gesagt, dass Sie sie lieb haben, toll finden, Sehnsucht nach ihnen haben, an sie denken, sich auf sie freuen? Wie oft haben Sie stattdessen gescholten, gemeckert, sich genervt gezeigt, abgewehrt, ausgelacht, Strenge bewiesen, Tischmanieren gerügt, über die zu langen Haare oder die schmutzigen Fingernägel gezetert, schlechte Schulnoten zur Katastrophenmeldung des Jahres erhoben, negative Aussichten für die Zukunft prophezeit, Ängste geschürt?

7. Wie lauten die Fragen, die Sie Ihren Kindern am häufigsten stellen? Etwa so: Was hast du heute gemacht? Hast du heute eine Arbeit geschrieben? Hast du heute eine Arbeit zurückbekommen? Welche Note hast du? Welche Note hat der und der? Hast du dein Zimmer aufgeräumt? Hast du Vokabeln gelernt? Kannst du alles für die Schule? Hast du gehört, was ich sage?

Sie verstehen, worauf ich hinaus will. Keine dieser Fragen wendet sich an den Menschen, an die Persönlichkeit, die Seele Ihrer Kinder. Sie fragen nach Pflichterfüllung, Leistungen, Erfolgen, Gehorsam. Nach Gefühlen, Wünschen, Kümmernissen fragen Sie nicht.

Falls als Ergebnis dieser kleinen Abfrage herauskommt, dass sie nur wenige Minuten aufwenden, um eine tiefere Beziehung zu Ihrem Kind aufzubauen, und sich Ihr Interesse weitgehend auf die Rolle des Kindes als Leistungsträger reduziert, ist die rund um die Uhr mit der Versorgung und Erziehung der Kinder befasste Mutter eindeutig die Ihnen überlegene Expertin. Als solche hat sie nicht nur das Recht sondern die Pflicht, Fürsorge auszuüben und Vorsorge zu treffen.

Was nach Meinung der Mütter stimmen muss, damit das Kind es beim Vater gut hat

Jede Mutter will sicherstellen, dass ihr Kind während des Aufenthalts beim Vater gut versorgt ist. In diesem Zusammenhang sollten Sie folgende Punkte berücksichtigen:

1. Ein eigenes Zimmer oder zumindest eine eigene Spielecke stellen Mütter sich für Ihre Kinder in der Wohnung des Vaters fast immer vor. Sie möchten, dass das Kind sich dort wohl fühlt und sich auch einmal zurückziehen kann.
2. Eine der Größe und dem Gewicht des Kindes angemessene Schlafgelegenheit mit einer festen, die Wirbelsäule des Kindes stützenden Matratze ist ebenfalls erforderlich. Iso-Matten oder Campingbetten sehen Mütter mit eher skeptischen Augen.
3. Der Vater sollte genau über die Gesundheitsbelange der Kinder Bescheid wissen. Dazu gehört ein gewissenhaftes Umgehen mit regelmäßig einzunehmenden Medikamenten, und zwar auch dann, wenn der Vater beispielsweise homöopathische Mittel für Humbug hält oder der Meinung ist, eine Allergie beruhe auf Einbildung. Zur Sicherheit sollte eine auf die Bedürfnisse des Kindes ausgerichtete Notfallapotheke im Haus sein. Die erforderlichen Medikamente sollte der Vater in Abstimmung mit der Mutter besorgen oder sich von der Mutter mitgeben lassen.
4. Damit die wichtigen Dokumente der Kinder nicht verloren gehen, sollten beim Vater Fotokopien der Kinderausweise, der Impfpässe und Vorsorge-Untersuchungshefte sowie eine zweite Krankenkassenkarte oder Krankenscheine deponiert sein.
5. Ein dem Alter und der Größe der Kinder angemessener Autokindersitz pro Kind ist ein absolutes Muss. Mütter sind bereit, diese dem Vater mitzugeben, sofern er bereit ist, pfleglich damit umzugehen und neue zu besorgen, falls sie bei ihm beschädigt wurden. Manchmal wird dafür eine schriftliche Erklärung gewünscht. Als verantwortungsbewusster Vater sollten Sie das Si-

cherheitsbedürfnis der Mutter teilen und eine solche Regelung begrüßen.

6. Bei Unternehmungen der Kinder mit dem Vater ist es Müttern ein Herzensanliegen zu wissen, dass der Vater die Kinder nicht überschätzt und überfordert. Fünf Beispiele sollen hier veranschaulichen, aus welchen Situationen möglicherweise ein Konfliktpotential entstehen kann:

- Kinder, die von der Mutter mit größter Sorgfalt behütet werden, sollten auch dann nicht beim Vater allein auf der Straße spielen, wenn der Vater davon ausgeht, das tun doch alle.

- Mit Kindern, die bei der Mutter körperlich eher unterfordert werden oder unsportlich sind, sollte der Vater nicht unbedingt lange Wanderungen, Kletterexperimente oder Radtouren planen. Die Enttäuschung ist auf beiden Seiten vorprogrammiert. Die Berichte der Kinder können die Beschützerinstinkte der Mutter wecken. Ein nächster Besuch stünde unter ungünstigen Vorzeichen.

- Glaubt der Vater, Sohn oder Tochter unbedingt zum Fußballer erziehen zu müssen, sollte er sich zuvor mit der Mutter absprechen, ob sie bereit ist, künftige Wochenenden für die Spiele der Kinder zu reservieren und ihre eigenen Pläne deshalb deutlich einzuschränken. Falls die Mutter dazu nicht bereit ist, sollte der Vater nicht versuchen, seinen Kopf durchzusetzen.

- Essen Kinder bei der Mutter vegetarisch oder fettarm, sollte der Vater sich an diese Regelung auch dann halten, wenn er selbst nichts davon hält.

- Auch sollte er die Kinder abends nicht allein lassen, um in der Kneipe nebenan noch ein Bier zu trinken, wenn die Kinder dies nicht gewohnt sind. Selbst wenn sie ihre Angst unterdrücken können, würde diese zu Hause bei der Mutter hervorbrechen und die Bereitschaft zu einem nächsten Besuchstermin bei Papa senken.

Fast alle Mütter befürchten, die Kinder würden sich eines Tages von ihnen trennen, um beim Vater zu leben. Wenn der Vater zwischen sich und der Mutter eine Konkurrenzsituation schafft, neigen Mütter dazu, ihm zu beweisen, dass er zwar das Geld, aber sie die Kinder und die Macht haben. Als Vater haben Sie meist das Nachsehen.

Vorübergehende Kontaktsperre, ja oder nein?

Das Familiengericht setzt ein großzügig geregeltes Umgangsrecht fest, über dessen Details in der Durchführung sich die Eltern selbst einigen müssen. Ebenso ordnet es eine Reduzierung oder Aussetzung oder den völligen Verlust des Umgangsrechts an. Die Argumentation folgt dabei stets dem Wohl des Kindes und bezieht erst dann die Rechtsansprüche der Eltern ein.

Da der Gesetzgeber das Wohl des Kindes im Umgang mit beiden Eltern am besten realisiert sieht, hat zwar jeder Elternteil ein Einspruchsrecht dagegen, muss seinen Widerstand aber konkret formulieren und vertreten. Dadurch tritt die Eigenverantwortlichkeit der Eltern gegenüber dem Wächteramt des Staates in den Vordergrund.

Eine zum Wohle des Kindes verhängte Kontaktsperre kann das Wohl des Kindes schädigen. Besonders bei kleinen Kindern, deren Langzeitgedächtnis und Zeitgefühl noch nicht voll ausgeprägt sind, tritt schon nach ein, zwei Tagen ohne Kontakt mit dem Vater Fremdheit ein. Bei einem Wiedersehen bricht es womöglich in heftiges Geschrei aus, sobald der Vater es auf den Arm nehmen und herzen möchte.

Väter, die erstmals Vater geworden sind und sich kaum mit Kindern auskennen, fühlen sich durch das völlig natürliche und dem Entwicklungsstand des Kleinkindes angemessene Verhalten meist zurückgewiesen. »Mein Kind mag mich nicht!«, denken sie. Da sie die Gründe nicht kennen, unterstellen sie leicht, die Mutter habe das Kind gegen den Vater aufgebracht. Es kommt zu einer Verschärfung der elterlichen Beziehungsproblematik. Im Extremfall beansprucht der Vater das alleinige Sorgerecht wegen erzieherischer Unfähigkeit der Mutter.

Die Mutter nimmt das Geschrei des Kindes als Angst wahr. In ihrer natürlichen Beschützerrolle sieht sie den Vater als Auslöser an. Auch sie vermutet nicht, dass zwei kontaktfreie Tage genügt haben könnten, das Erinnerungsvermögen des Kleinkindes zu überfordern. Schließich erlebt sie täglich, wie sich das Kind entwickelt, wie es dazulernt, Fortschritte machte. Da mangelndes Erinnerungsvermögen bei Erwachsenen als Zeichen von Dummheit gilt, kommt die Mutter nicht auf die Idee, ihr kluges Kind damit in Verbindung zu bringen. Sie beschließt also, den Vater einige Zeit von dem Kind fern zu halten. Sie glaubt, das Kind müsse nur ein wenig reifer und selbstbewusster werden, um sich weniger schnell zu ängstigen. Das Gegenteil tritt jedoch ein. Sobald der Vater nach einer längeren Pause erneut auftaucht, ist der Entfremdungsprozess nur noch weiter fortgeschritten. Das Kind brüllt folglich nicht weniger, sondern immer wilder.

Eine Reaktion der Mutter kann sein, dass sie beantragt, den Vater dauerhaft aus dem Leben des Kindes auszuschließen. Offensichtlich dient der Kontakt zum Vater ja nicht dem Wohle des Kindes. Im schlimmsten Fall nimmt die Mutter an, der Vater habe dem Kind in unbeobachteten Momenten etwas zuleide getan. Das Schreckgespenst des sexuellen Kindesmissbrauchs steht im Raum.

Um derartigen Fehlinterpretationen vorzubeugen, empfehle ich Ihnen dringend, die Beratungsangebote eines Kinderarztes, Kinderpsychologen oder des Jugendamtes in Anspruch zu nehmen. Schieben Sie Ihre elterlichen Verlustängste und Beschützerinstinkte beiseite. Wieder einmal geht es nicht in erster Linie um die Erfüllung Ihrer elterlichen Bedürfnisse, sondern um das Recht Ihres Kindes auf beide Elternteile.

Gehen Sie dazu über, täglich einen nur wenige Minuten dauernden Kontakt zwischen Vater und Kind zu ermöglichen. Schon sehr bald werden Sie feststellen, wie Ihr Kind sich freut, sobald es den allmählich vertraut werdenden Vater sieht. Gleichzeitig werden Sie als Vater bemerken, dass der tägliche Umgang mit Ihrem Kind Ihnen eine wachsende Routine bei dem Erkennen und Erfüllen seiner kindlichen Bedürfnisse bringt.

Zeigen Sie der Mutter, dass es auch für sie selbst Vorteile hat, einen Vater als Erziehungspartner zu haben. Kommen Sie nicht nur, wenn Sie den Wunsch verspüren oder Ihren Umgangstag haben. Springen Sie vielmehr ein, wenn Mutter und Kind Ihre Hilfe brauchen. Leben Sie Ihre Aufgabe als Vater aktiv aus.

Umgangsboykott

Umgangsbehinderungen und schließlich der Umgangsboykott haben viele Ursachen. Deshalb kann es auch keine umfassenden Lösungsangebote geben. Sicher ist, dass sie keine geschlechtstypischen Handlungsmuster darstellen, sondern von beiden Elternteilen gleichermaßen angewandt werden, sofern der Gesetzgeber ihnen die Macht dazu gegeben hat. Wobei in diesem Falle die Macht aus dem »Besitz« des Kindes und dessen missbräuchlicher »Nutzung« zur Bedürfnisbefriedigung der Eltern resultiert.

Eltern, die das Umgangsrecht des anderen Elternteils beeinträchtigen, können bestraft werden, weil diese Handlung ein Verstoß gegen das Rechtsgut eines anderen darstellt. Die Strafe kann in einer Minderung des Unterhalts für den das Kind betreuenden Elternteil bestehen oder in einem völligen Entzug des elterlichen Sorgerechts. Welches Strafmaß Anwendung findet, ist abhängig von dem Schweregrad der Umgangsbeeinträchtigung sowie deren Ursachen.

Gelingt es dem das Umgangsrecht behindernden Elternteil, seine subjektive Wahrnehmung in Bezug auf die Gefährdung des Kindeswohls, so zu vertreten, dass sich das Gericht dieser Meinung anschließt, wird die Maßnahme als berechtigt erkannt und nicht gerügt.

Gelingt es dagegen, dem in seinem Umgangsrecht behinderten Elternteil nachzuweisen, dass die Wahrnehmung des anderen objektiv falsch war, kann dies als Beweis für die mangelnde Erziehungsfähigkeit des sorgeberechtigten Elternteils gelten. In der Folge steht eine Geldstrafe in Form von Unterhaltskürzungen oder eine Übertragung des Sorgerechts an.

Als eine der folgenschwersten Beeinträchtigungen des Kindeswohls durch Umgangsbehinderungen und Kindesentzug sehen Fachleute das sogenannte »Parents Alienation Syndrom« an, das in den USA intensiv erforscht und in Deutschland 1998 unter dem Kürzel PAS in einer viel beachteten Veröffentlichung der Psychologin Ursula Ofuatey-Kodjoe und des Juristen Dr. Peter Koeppel beschrieben wurde. In ihrer Arbeit stellen sie klar heraus, dass die gängige Gerichtspraxis im Sorgerechtsstreit problematisch ist, weil sie sich an der elterlichen Vergangenheit und Gegenwart orientiert und daraus Schlüsse für das Wohl des Kindes ableitet. Die wissenschaftliche Erkenntnis, dass unter der elterlichen Sorge »nicht nur das kurz-, sondern vor allem das mittel- und langfristige Interesse des Kindes an einer gesunden Entwicklung und an seiner späteren Beziehungsfähigkeit zu verstehen« ist, wird dabei nicht immer berücksichtigt.

Auch die Kindschaftsrechtler Palandt und Diederichsen betonen, dass ein »Elternteil, der über längere Zeit jeglichen Kontakt zum anderen Elternteil verhindert hat«, das Wohl des Kindes schädigt. Die im Interesse des Kindes vom Gesetzgeber geforderte »Kontinuität« (Durchgängigkeit) der Elternbindung dürfe »nicht dazu führen, dass eine zwar gleichmäßige, aber schädliche Entwicklung unter Vernachlässigung anderer, insbesondere zukunftsgerichteter Aspekte des Kindeswohls fortgesetzt wird.« Eine solche »ertrotzte Kontinuität« des einen Elternteils »verdient ohnehin besonders geringen Schutz« (Palandt/Diederichsen, *FamRZ* 1987, 185; *FamRZ* 1991, 1343).

Ergänzend heißt es dazu im *Handbuch des Fachanwalts Famili-*
enrecht der Autoren Gerhardt, von Heintschel-Heinegg und Klein,
dass »das Verhalten des sorgeberechtigten Elternteils anlässlich des
Umgangs des Kindes mit dem anderen Elternteil« als sogenannte
»Bindungstoleranz« ein wichtiges »Kriterium für die Gesamtbeur-
teilung« der Erziehungsfähigkeit bildet. »Ein sorgeberechtigter Elternteil muss vorbehaltlos bereit sein, nicht nur den persönlichen
Umgang des Kindes mit dem anderen Elternteil angst- und span-
nungsfrei für das Kind zuzulassen, sondern dieses Kind hierzu –
wenn nötig – auch in einer pädagogisch geeigneten Form zu motivieren. Wer den anderen Elternteil durch gezielte Bemerkungen
abwertet, dessen Post an das Kind zensiert, lässt in hohem Maß
die erforderliche Bindungstoleranz vermissen; bei hasserfüllter Einstellung eines Elternteils gegen den anderen, die sich massiv auf
das Verhältnis des Kindes zum anderen Elternteil auszuwirken
droht, kann sogar die Erziehungseignung in Frage gestellt sein. In
derartigen Fällen kann das Sorgerecht einem Elternteil übertragen
werden, der ansonsten ungünstigere Rahmenbedingungen aufzu-
weisen hat, wenn dadurch gewährleistet erscheint, dass das Kind
die Bindung zum anderen Elternteil bewahren und fortentwickeln
kann.«
Folgende Urteilsfindungen können hier als Hoffnungszeichen
für ausgegrenzte Väter gelten:

* OLG Bamberg vom 23.7.1985 – 7UF 42/85 (*FamRZ* 1985,
  1175 F)
  Das Gericht übertrug dem Vater das Sorgerecht, da das Kindeswohl »durch die beschränkte Erziehungsfähigkeit der Mutter,
  die ihr Kind ohne jede Vaterbeziehung heranwachsen lassen will,
  erheblich gefährdet« wurde.
* OLG München vom 12.4.1991 – 26 UF 1464/89 (*FamRZ*
  1991, 1343f)
  Das Gericht übertrug dem Vater das Sorgerecht, nachdem die
  Mutter fast zwei Jahre lang jeden Umgang mit dem Kind und

die Untersuchung durch einen Sachverständigen verhindert hatte.

- OLG Celle vom 25.10.1993 – 19 UF – 208/92 (*FamRZ* 1994, 924f)
  Das Gericht übertrug dem Vater trotz dessen ungünstigeren Rahmenbedingungen das Sorgerecht, da die Lebensplanung der Mutter »unabsehbar und schwer durchsichtig« erschien und ihre mangelnde Bindungstoleranz regelmäßig das Umgangsrecht problematisierte.

- OLG Celle vom 12.5.1995 – 10 UF 195/94 (*FamRZ* 1998/16, 1945)
  Das Gericht nahm eine Übertragung des Sorgerechts vor, weil ein Elternteil hartnäckig bestrebt war, das Kind dem anderen zu entfremden, beharrlich den Umgang verweigerte sowie den Vorwurf sexuellen Missbrauchs aufrecht erhielt, obwohl die Beweisaufnahme den Verdacht nicht bestätigte.

- AG Potsdam-Entscheidung 44 F 87/93 (*FamRZ* 1996, 422f)
  Das Gericht übertrug dem Vater das Sorgerecht, weil er unter Zurückstellung der eigenen Interessen die objektiven Interessen und Bedürfnisse des Kindes besser fördern werde, als dies der Mutter möglich war und ist.

- AG Potsdam vom 29.10.1997, Aktenzeichen 44 F 497/95 – 50; AZ 10 UF 159/97 vom 2.3.1998
  Das Gericht erteilte trotz Weigerung der Mutter beiden Eltern das gemeinsame Sorgerecht, da das verfassungsrechtlich gewährte Elternrecht voraussetzt, »dass die Eltern bereit und in der Lage sind, ihr Erziehungsrecht zum Wohle des Kindes wahrzunehmen.«

- BezG Erfurt – BGB §§ 1671 II, 1671 V; ZPO 620; 3 Zs-FamS, Beschluss vom 13.5.1994 – 3 WF 164/92 (FamRZ 1994, 492f.)
  Das Gericht entzog beiden Eltern das Sorgerecht und übertrug es einem Pfleger, da »die Perpetuierung« des von beiden Eltern in uneinsichtigem Beharren beanspruchten Sorgerechts »im Interesse des Kindes nicht länger verantwortet werden« konnte.

Weitere Fallbeispiele und Urteile werden regelmäßig von Väter-initiativen gesammelt und unter anderem durch den Verein »Väter für Kinder e.V.« im Internet veröffentlicht.

14.

Kindesunterhalt

Der Kindesunterhalt wird nach vergleichbaren Richtlinien ermittelt und festgeschrieben wie der Unterhalt für den die Kinder versorgenden Elternteil (siehe dazu auch unter *Geldfragen*).

Die Höhe des Kindesunterhalts ist abhängig von folgenden Faktoren:

- dem Einkommen des Vaters,
- der Personenanzahl, für die der Vater unterhaltspflichtig ist,
- vom Alter der zu versorgenden Kinder,
- dem Selbstbehalt des Vaters, welcher als Mindestbetrag für seine eigenen Bedürfnisse festgelegt wurde,
- der Höhe des staatlichen Kindergeldes,
- eventuellen eigenen Einkünften der Kinder.

Die meisten Gerichte berechnen den Kindesunterhalt nach der sogenannten »Düsseldorfer Tabelle«, die es in mehreren geringfügig unterschiedlichen Ausgaben gibt. Ihr anwaltlicher Beistand, aber auch das Jugendamt und das Sozialamt haben diese in der aktuellen Fassung vorliegen.

Arbeitspflicht des Vaters

Ein unterhaltspflichtiger Vater muss alles tun, um seine Kinder zu ernähren. Ein arbeitsloser Vater, der sich mit Hilfe des Arbeitsamtes leider vergeblich um drei Arbeitsplätze bewirbt und sich zusätzlich innerhalb von fünf Monaten zwölfmal selbst um eine Stelle bemüht, sechs Absagen erhält und sich bei anderen Arbeitgebern nicht vorstellt, weil sie seinen Ansprüchen nicht genügen, darf bei einer Unterhaltsabänderungsklage nicht auf Prozesskostenhilfe oder Milde hoffen.

Das Oberlandesgericht Köln beschied einem solchen Mann klipp und klar, dass er alle zumutbaren Anstrengungen unternehmen müsse, um den Unterhalt für seine Kinder aufzubringen (OLG Köln vom 2.1.1998; AZ 4 W 294/97). Die Meldung beim Arbeitsamt reiche als Nachweis seiner Bemühungen nicht aus. Er sei verpflichtet, regelmäßig auf Stellenanzeigen zu reagieren und eigene Anzeigen aufzugeben. Außerdem müsse er bei allen möglichen Arbeitgebern vorsprechen und sich auch »über den örtlichen Bereich hinaus« um Arbeit bemühen. Selbst wenn dies zeitaufwendig und frustrierend sei, so das OLG Köln, müsse er als Vater im Interesse des Kindeswohles alle Kräfte für die Arbeitssuche einsetzen.

Wenngleich der Vater bereits wegen einer strafrechtlichen Verletzung der Unterhaltspflicht verurteilt und hoch verschuldet war, sah das OLG Köln darin keinen Anlass zur Milde. Die Unterhaltsleistungen für seine Kinder wurden seinen eigenen Bedürfnissen übergeordnet. Notfalls müsse der Vater eine Stelle als Hilfsarbeiter oder einen Aushilfsjob annehmen, hieß es, um seinen finanziellen Verpflichtungen nachkommen zu können.

Darüber hinaus urteilte das OLG, dass der Vater im konkreten Fall die Fortdauer der Arbeitslosigkeit bewusst riskiert habe, weil er sich nicht bei allen möglichen Arbeitgebern vorstellte. Das OLG ging daher davon aus, dass der Vater wohl genügend Geld habe und seiner Unterhaltspflicht nachkommen könne. Aus diesem

Grunde muss er den Unterhalt für seine beiden Kinder weiterhin von seinem Arbeitslosengeld aufbringen.

Für betroffene Väter hat diese Entscheidung auch dann Weisungscharakter, wenn sie nicht strafrechtlich verurteilt oder verschuldet sind. Insbesondere für Väter, die in zweiter Ehe verheiratet sind, ergibt sich daraus der Zwang, jederzeit rastlos nach einer Erwerbsquelle zu suchen. Falls sie trotz aller Bemühungen nicht die für zwei Familien ausreichenden Mittel aufbringen können, sieht der Gesetzgeber den Zugriff auf das Einkommen der zweiten Ehefrau vor.

Urlaub mit dem Kind – Recht auf Unterhaltsminderung?

Wenn Sie als unterhaltspflichtiger Vater Ferien mit Ihrem Kind machen, ist dies Ihr Privatvergnügen. Keineswegs dürfen Sie die Ihnen aufgrund dieses Urlaubs entstehenden Kosten von den Unterhaltsleistungen abziehen, die Sie der Kindesmutter zur Versorgung der Kinder regelmäßig überweisen müssen. Auch ein Teilabzug ist nicht gestattet.

Der Gesetzgeber begründet dies mit den laufenden Kosten der Mutter für alle mit Betreuung und Versorgung der Kinder verbundenen Aufwendungen. Einzig die Kosten für Essen und Trinken der Kinder entfallen für den vergleichsweise kurzen Zeitraum des Urlaubs. Wenn Sie die bisher hoffentlich gut verlaufende elterliche Beziehung zwischen Ihnen und der Mutter nicht gefährden wollen, versuchen Sie besser nicht, eine anteilige Kostenabwicklung zu erreichen. Vergessen Sie nicht: Bei Geld hört die Freundschaft auf. Dies gilt insbesondere bei Freundschaften, die am seidenen Faden hängen.

Unterhalt für volljährige Kinder

Volljährige Kinder haben einen Anspruch auf Unterhalt, wenn sie Schüler, Studierende oder Auszubildende sind oder trotz nachweislicher Bemühungen keine Ausbildungs- oder Arbeitsstelle finden. Der Unterhalt ist von beiden Eltern in Relation zu ihren Einkommensverhältnissen bar zu erbringen.

Die Höhe des Unterhalts liegt zwischen 600 und 1000 Mark monatlich. Dieser Anspruch muss von den Kindern im eigenen Namen von den Eltern gefordert oder notfalls eingeklagt werden.

Ausnahmen gelten, wenn

- die Eltern weniger als den Selbstbehalt von etwa 1400 Mark bei Nichterwerbstätigen und 1600 Mark bei Erwerbstätigkeit monatlich netto übrig behalten. Sie sind dann nicht unterhaltspflichtig.
- jüngere Geschwister vorhanden sind, für deren Unterhalt die Eltern aufkommen müssen. Es kann passieren, dass die volljährigen Kinder zwar theoretisch einen Anspruch auf Unterhalt haben, diesen aber nicht durchsetzen können. Die Unterhaltsansprüche minderjähriger Kinder rangieren stets vor denen volljähriger. Haben die Eltern nur ein Einkommen, das gerade zum Abdecken der Lebenshaltungskosten für sich selbst und der minderjährigen Geschwister ausreicht, gehen die älteren leer aus.
- wenn das Kind bei den Eltern wohnt und keine Mietkosten anfallen.
- eigenes Einkommen vorhanden ist, das den Unterhaltsbedarf deckt.
- Einkommen unter anderem aus Stipendien, Ausbildungsvergütungen, BAFöG-Leistungen und Einkünfte aus Erbschaften vorliegt. Auch das Kindergeld, das volljährigen Kindern von den unterhaltspflichtigen Eltern in voller Höhe zur Verfügung gestellt werden muss, wird vom Unterhalt abgezogen.

Zahlungsverzug und andere Sonderfälle

Anmahnen des Unterhalts

Wenn Ihnen als alleinsorgeberechtigter Vater Unterhalt von Ihrer Ex-Ehefrau zusteht, gilt die Leistungspflicht für sie ebenso verbindlich wie im umgekehrten Fall. Zahlt Ihre Ex-Ehefrau nicht oder nicht regelmäßig oder sind Ihre Ansprüche noch nicht rechtskräftig vom Gericht geregelt, müssen Sie Ihre Ex-Frau möglichst umgehend schriftlich zur Zahlung auffordern. Da Sie den Kindesunterhalt erst von dem Zeitpunkt an erhalten, an dem Sie die Mutter zur Zahlung aufgefordert haben, zögern Sie nicht, hoffen Sie auch hier nicht auf Einsicht, sondern mahnen Sie sofort. Sparen Sie auch nicht am Portogeld, sondern schicken Sie den Brief per Einschreiben mit Rückantwortschein. Es kann sein, dass Sie den Nachweis darüber bei einer Unterhaltsklage benötigen.

Fertigen Sie in jedem Fall eine Kopie des Briefes und des beschrifteten Couverts für Ihre Dokumentenmappe an. Vermerken Sie auf der Kopie des Couverts »Abgeschickt am ...« und nehmen Sie diese zu Ihrem Postamt mit. Lassen Sie einen Poststempel auf die Kopie des Couverts setzen und sich per Unterschrift bestätigen, dass Sie das Original zu diesem Zeitpunkt bei der Post aufgegeben haben. Die Zahlungsaufforderung an Ihre Ex-Ehefrau könnten Sie so oder ähnlich abfassen:

Musterbrief 1

Absender

Empfängerin   Ort, Datum

Liebe ..... (Namen),

leider hast Du in diesem Monat keinen Unterhalt für unsere Kinder bezahlt. Für mich bist Du, wie wir beide wissen, nicht unterhaltspflichtig, da ich auf Unterhalt verzichtet habe. Komme aber bitte wie vereinbart regelmäßig Deiner Versorgungspflicht für die Kinder nach.

Wie wir beide wissen, haben wir uns in einer Elternvereinbarung schriftlich darauf geeinigt, dass Du bei garantierter Pfändbarkeit für unsere Zwillinge monatlich 900 Mark zahlst und ich das Kindergeld nicht auf diese Zahlung anrechnen muss. Außerdem haben wir vereinbart, dass Du für außergewöhnliche Kosten die Hälfte übernimmst. Da ich überraschend eine neue Matratze für unsere Tochter kaufen musste, lege ich den Beleg bei und bitte Dich, den Betrag von 150 Mark zusätzlich zu überweisen.

Bitte zahle die Summe von 1050 Mark sofort auf mein Dir bekanntes Konto ein. Künftige Unterhaltsbeträge überweise bitte jeweils zum 15. des Monats, wie besprochen. Ich möchte den Kindesunterhalt nicht beim Familiengericht einklagen müssen, werde dies aber tun, wenn Du Deiner Verpflichtung nicht nachkommst.

Mit freundlichen Grüßen

Unterschrift

Einklagen des Unterhalts

Wenn die Mutter trotz Ihrer Mahnung nicht zahlt, sollten Sie sie verklagen. Scheuen Sie nicht davor zurück! Es geht um das Wohl Ihrer Kinder, deren Versorgung Sie nur sicherstellen können, wenn Ihre Ex-Ehefrau regelmäßig und zuverlässig zahlt. Wenn Sie und Ihre unterhaltspflichtige Frau nur über ein eher geringes Einkommen verfügen, haben Sie vermutlich Anspruch auf Prozesskostenhilfe.

Wenn Sie beispielsweise Mitglied beim ISUV/VDI wären, dessen Anschrift Sie im Anhang finden, könnten Sie dort kostengünstig beraten und anwaltlich vertreten werden.

Wenn Ihre Kinder jünger als zwölf Jahre sind, haben Sie für maximal sechs Jahre Anspruch auf den monatlichen Regelunterhalt von der Unterhaltsvorschusskasse des Jugendamtes. Wenn feststeht, dass Ihre Ex-Ehefrau keine Unterhaltszahlung mehr aufbringen kann, weil sie selbst bedürftig geworden ist oder in Haft sitzt, oder aber unbekannt verzogen und nachweislich nicht auffindbar ist, zahlt die Unterhaltsvorschusskasse ohne Vorlage eines Unterhaltsurteils. Andernfalls sind Sie sogar verpflichtet, Ihre Ex-Ehefrau zu verklagen, und müssen das ergangene Urteil des Familiengerichts beim Jugendamt vorlegen. Wenn Sie sich weigern, erhalten Sie keine Leistungen aus der Unterhaltsvorschusskasse. Das Jugendamt tritt nämlich nur unter der Bedingung in Vorleistung, dass es seine Ansprüche gegenüber der unterhaltspflichtigen Mutter geltend machen und die Summe zurückholen kann.

Für den Fall, dass Ihre Ex-Ehefrau Arbeitslosengeld, Krankengeld oder eine Rente erhält, ist es besonders einfach für Sie, die Unterhaltsansprüche durchzusetzen. Sie müssen weder eine Klage anstrengen noch eine Zwangsvollstreckung betreiben, sondern Sie können unmittelbar über die jeweiligen Auszahlungsstellen auf die Bezüge der Mutter zugreifen. Dazu genügt es, beim Arbeitsamt, der Krankenkasse oder der Rentenversicherung einen sogenannten *Abzweigungsantrag* nach Paragraph 48 SBG zu stellen. Die erforderlichen Formulare erhalten Sie bei den jeweiligen Leistungsträgern, die die monatlichen Unterhaltszahlungen von nun an direkt an Sie überweisen werden. Die Mutter erhält den Rest.

Diese Möglichkeit haben Sie sowohl was den Kindesunterhalt als auch Ihren eigenen Anspruch betrifft. Ihren eigenen Anteil können Sie allerdings nur bis zur Scheidung und der endgültigen Festsetzung des Unterhalts beanspruchen. Da Sie hierzu nicht unbedingt ein Formblatt benutzen müssen, sondern die Ihnen zustehenden Leistungen auch in einem persönlichen Schreiben beantragen dürfen, können Sie nach folgendem Musterbrief verfahren:

Absender

An das Arbeitsamt   Ort, Datum

Betreff: Abzweigung nach § 48 SGB
.... (Name Ihrer Ex-Frau) .... (ihre genaue An-
schrift) .... (Geburtsdatum Ihrer Ex-Frau) ....
(Stamm-Nummer, Versicherungsnummer)

Ich beantrage, von den regelmäßigen Bezügen meiner Ehefrau
.... (Name) .... (je nachdem Arbeitslosengeld, Arbeits-
losenhilfe, Unterhaltsleistungen) für mich und meine bei mir lebenden Kinder .... (Namen und Geburtsdaten), den uns zustehenden Unterhalt abzuzweigen.

(*Achtung!* Falls Sie bereits ein Unterhaltsurteil haben, geben Sie bitte
den genauen Betrag an und fügen Sie eine Fotokopie des Unterhalts
bei.)

Bitte überweisen Sie den Betrag auf mein Konto .... (Nummer)
bei der .... (Name der Bank) mit der BLZ .... (Nummer).

Unterschrift

Abänderungsklage

Unterhaltsansprüche sind nicht unveränderlich festgeschrieben. So
gibt der Gesetzgeber von Zeit zu Zeit neue Tabellen zur Berechnung des Unterhalts heraus. Auch Ihr eigener Bedarf verändert sich:
Mit den Kindern wachsen die Lebenshaltungskosten. Auch wenn
Ihre Frau ein höheres Einkommen als bisher erzielt oder sich die

Anzahl beziehungsweise das Alter ihrer unterhaltsberechtigten Kinder geändert hat, kann dies Folgen für Ihre Ansprüche haben.

Keine Konsequenzen hat all dies für Sie allerdings, falls Sie als Vater in glücklicheren Zeiten mit Ihrer Frau vereinbart hatten, von ihr nie und nimmermehr Unterhalt einzufordern. Diese Regelung gilt. Da ist nichts zu machen. Auch wenn Sie in einem Scheidungsfolgenausgleich vereinbart haben, die Mutter von jeglichen Unterhaltsansprüchen für die Kinder zu befreien, haben Sie das Nachsehen. Eine solche Vereinbarung ist unwiderrufbar. Sie können auch dann, wenn Sie selbst in Not geraten und den Unterhalt für die Kinder nicht mehr erwirtschaften können, die eventuell wohlhabende Mutter nicht belangen.

In allen anderen Fällen aber kann die Mutter auf dem Klageweg gezwungen werden, mehr für ihre Kinder zu zahlen. Als Kläger müssen Sie beweiskräftig vortragen, welche Änderungen sich seit der Bemessung des Unterhalts ergeben haben, wegen denen Sie mindestens zehn Prozent mehr Unterhalt für die Kinder benötigen.

Da jedes Recht zwei Seiten hat, kann selbstverständlich auch die unterhaltspflichtige Mutter verlangen, dass sie entlastet wird und weniger für Ihre Kinder aufbringen muss. Allerdings ist sie in diesem Fall genau wie jeder Vater verpflichtet, jede nur erdenkliche Arbeit anzunehmen, sogar einen minderwertigen Hilfs- oder Nebenjob, um ihren Pflichten nachkommen zu können (siehe dazu den Abschnitt *Arbeitspflicht des Vaters*).

Barunterhaltsforderung

Wenn Sie von der erwerbstätigen Mutter einen Barunterhalt für gemeinsame Kinder fordern, müssen Sie damit rechnen, dass dieser nicht gewährt wird. Auch wenn die Mutter ganztätig erwerbstätig ist und deshalb die Kinder in einer Betreuungseinrichtung oder bei einer Tagungsmutter, den Großeltern oder anderweitig untergebracht sind, können Sie keinen Anspruch auf Barunterhalt geltend machen. Der Gesetzgeber schreibt dem sorgeberechtigten Elternteil nicht vor, wann die Betreuungsleistung für die Kinder zu erbringen sind. Die Mutter genügt also ihrer Versorgungspflicht, wenn sie die Kinder nur nach Feierabend oder sogar ausschließlich am Wochenende selbst betreut und ansonsten für eine angemessene Betreuung sorgt. Ein Anspruch auf einen Barunterhalt der Mutter können Sie erst durchsetzen, wenn Ihre Kinder volljährig sind und keine Betreuung mehr benötigen.

Kinder, die nach der Scheidung geboren werden

Kinder, die innerhalb von 302 Tagen nach der rechtskräftigen Scheidung geboren werden, gelten als ehelich. Auch wenn klar ist, dass Sie nicht der leibliche Vater sind, sind Sie für dieses Kind sowohl sorgeberechtigt als auch unterhaltspflichtig. Wenn Ihre Ex-Ehefrau für dieses Kind das alleinige Sorgerecht beantragt, bleibt Ihre Unterhaltspflicht wie gegenüber einem leiblichen Kind bestehen. Erst wenn eine Vaterschaftsfeststellung ergibt, dass nicht Sie, sondern ein bestimmter anderer Mann der leibliche Vater ist, haben Sie Anspruch auf eine Rückzahlung der Unterhaltssumme, die Sie stellvertretend geleistet haben.

Falls Sie eine geschiedene schwangere Frau heiraten, gelten automatisch Sie als Vater des vorehelichen Kindes. Ebenso ist der zweite Ehemann Ihrer Ex-Ehefrau der rechtmäßige Vater Ihres leiblichen Kindes, das Sie vor der neuen Ehe mit Ihrer Ex-Ehefrau gezeugt haben. Der jeweils rechtsgültige Ehemann ist also Inhaber des Sorgerechts und unterhaltspflichtig für ein in eine rechtskräftige Ehe hineingeborenes, aber vor dieser Ehe gezeugtes Kind.

Die Möglichkeit der Vaterschaftsklage

Falls Sie nicht der Vater eines Kindes Ihrer Ex-Ehefrau sind, das sie innerhalb der ersten 302 Tage nach erfolgter Scheidung zur Welt bringt, oder wenn Sie der Vater eines Kindes sind, das vorehelich gezeugt und in eine bestehende Ehe hineingeboren wird, haben Sie und das Kind Anspruch auf eine Vaterschaftsklage. Diese müssen Sie beim Amtsgericht einreichen.

Beachten Sie aber, dass Sie eine Vaterschaftsklage aber nur innerhalb von zwei Jahren nach dem Zeitpunkt einreichen können, an dem Ihnen erstmals Zweifel an Ihrer Vaterschaft gekommen sind. Wenn Sie sich zu spät entschließen, kann es Ihnen ergehen wie einem mir bekannten Vater, der für sechs eheliche Kinder unterhaltspflichtig ist, obwohl keines von ihm gezeugt wurde und überdies jedes einen anderen leiblichen Vater hat.

Wenn Sie rechtzeitig Vaterschaftsklage eingereicht haben, wird das Gericht von sich aus alle erforderlichen Schritte einleiten. Im Allgemeinen wird eine Blutuntersuchung und ein erbbiologisches Gutachten angefertigt. Wenn sich herausstellt, dass Sie tatsächlich nicht der Vater des Ihnen untergeschobenen Kindes sind, wird dies in einem Urteilsspruch festgehalten. Erst vom Tage der Rechtskräftigkeit des Urteils an steht die Vaterschaft fest. Bis zu diesem Zeitpunkt müssen Sie als mutmaßlicher gesetzlicher Vater Kindesunterhalt zahlen. Sind Sie zahlungsunfähig, sodass die Mutter von der Unterhaltsvorschusskasse Leistungen erhält, sind Sie zur Rückzahlung der vorgestreckten Summe verpflichtet. Und zwar auch dann, wenn die Mutter Ihnen nachweislich bestätigt, nicht der Vater zu sein, oder wenn Sie mit Ihnen zum Jugendamt geht, um ihre Erklärung dort persönlich, mit Ihnen gemeinsam abzugeben. Während sich das Jugendamt an Sie als gesetzlichen Vater hält, sind Sie Ihrerseits berechtigt, diese Summe von dem leiblichen Vater zurückzufordern. Sollte er zahlungsunfähig sein, tritt die Unterhaltsvorschusskasse jedoch nicht für den Betrag ein.

Aufgrund der verwickelten Rechtslage, der Gefährdung des Kindeswohls und der hohen Kosten für den Vaterschaftstest mit den zu erwartenden Gerichtsstreitigkeiten und Anwaltskosten sollten Sie versuchen, mit der Mutter und dem tatsächlichen Vater eine außergerichtliche Einigung zu erzielen. Empfehlenswert ist zum Beispiel eine Beschleunigung des Scheidungsverfahrens mit dem Ziel der Eheschließung von Mutter und Vater, sodass das gemeinsame Kind ehelich geboren wird. Dies ist möglich, wenn die Klärung von Versorgungsansprüchen verschoben wird. Auch die Anerkennung der Vaterschaft durch den leiblichen Vater und eine zur Pfändung berechtigende Regelung der Unterhaltskosten bei eingeräumtem Umgang zwischen Vater und Kind würde sowohl dem Wohl des Kindes als auch Ihnen selbst dienen.

Der Name des Kindes

Der eheliche Name Ihres Kindes ändert sich nach der Scheidung nicht. Die Mutter ist berechtigt, ihren Geburtsnamen wieder zu führen. Falls Sie erneut heiratet, steht es ihr frei, den Namen ihres neuen Ehepartners anzunehmen. Manche Mütter entscheiden sich auch für einen völlig neuen Namen. Zu diesem Zweck müssen sie eine Namensänderung beim Standesamt beantragen. Damit diese Möglichkeit nicht überstrapaziert wird, hat der Gesetzgeber einige Hürden aufgestellt. Wenn die Mutter aus nachvollziehbaren Gründen eine Namensänderung für sich selbst durchsetzen kann, berechtigt sie diese jedoch nicht zur Namensänderung für ihr ehelich geborenes Kind.

Nur in Ausnahmefällen gestattet der Gesetzgeber eine Namensänderung auch für das Kind. Falls die Mutter den Nachweis erbringt, dass der Name des Vaters eine unzumutbare Härte für das Kind darstellt, weil es daran womöglich spontan als das Kind eines Schwerverbrechers zu identifizieren wäre und soziale Nachteile zu befürchten hätte, wird voraussichtlich zum Wohl des Kindes gegen Ihren Namen entschieden werden. Auch wenn Ihr Name eine sittlich zweifelhafte oder peinlich wirkende Bedeutung hat, sodass Ihr Kind sich für diesen Namen schämt, ist eine Namensänderung durchzusetzen. Denkbar wäre zudem ein Nachweis der Mutter, dass Ihr Kind darunter leidet, nicht ebenso zu heißen wie seine in der neuen Ehe geborenen Geschwister. Hilfreich für sie wäre in diesem Fall die Vorlage von entsprechenden Stellungnahmen der Erzieherinnen im Kindergarten oder der Lehrerin, die das Verhalten Ihres Kindes beurteilen kann. Am sichersten ist das Attest einer Kinderpsychologin. Das Gericht muss in diesem Fall zum Wohle des Kindes entscheiden. Gelingt es Ihnen als Vater und Namengeber Ihres Kindes jedoch, den Gegenbeweis dafür anzutreten, dass lediglich die Mutter eine Namensänderung wünscht, wird sie ihr Ziel nicht erreichen. Um diesen Nachweis zu erbringen, müssen Sie Zeugen beibringen, denen gegenüber die Mutter sich abfällig über den Namen Ihres Kindes geäußert oder erklärt hat, diesen Namen nicht mehr ertragen zu können.

Die Mutter als Unterhaltszahlende, der Vater als Hausmann

Die höchste Hürde für Sie als Vater, das Sorgerecht für Ihre Kinder zu erhalten, stellt Ihre Erwerbstätigkeit dar und Ihr möglichst hohes Einkommen, das zur Absicherung von Mutter und Kindern dient. Bei der Regelung des Sorgerechts im Scheidungsverfahren machen alle Väter die Erfahrung, dass weder Jugendamtsmitarbeiter/innen, sachverständige Gutachter/innen, noch Richter/innen ihnen als voll berufstätigem Mann zutrauen, allein für ihre Kinder sorgen zu können. Regelmäßig wird die Erwerbstätigkeit des Vaters als Nachweis der für das Kindeswohl vergleichsweise ungünstigeren Bedingungen angesehen und der Mutter auch dann der Vorzug gegeben, wenn beide Elternteile gleiche erzieherische Qualitäten vorweisen. Umgekehrt wird der Mutter zwar die »Aufzucht der Kinder« problemlos zugetraut, dass sie für den Unterhalt von Kindern und Ex-Mann aufkommen könne, hingegen nicht.

Vor allem Väter, die zu ihren Kindern von klein auf eine enge Beziehung aufgebaut haben, stellen sich immer häufiger die Frage, warum eigentlich nicht die Mutter arbeiten gehen und die Familie versorgen solle. Es ist heute für Frauen ebenfalls möglich, einen Beruf zu erlernen, finanziell auf eigenen Beinen zu stehen und Karriere zu machen. Trotzdem haben Mütter oft wegen der Kinder ihren Beruf aufgegeben und sind zu Hause geblieben. Vielleicht haben sie den Mann darum beneidet, dass er die Kinder nicht am Hals hat und sich darüber beschwert, nur für Haushalt und Kinder verantwortlich zu sein. Wie gut – so schien es ihnen – habe es da doch der Vater in seinem tollen Job, für den sie ihm den Rücken freihalten müsse.

Ebenso selbstverständlich wie die Berufstätigkeit von Frauen ist es, dass Väter heutzutage keine Berührungsängste mit Kindern haben, von Anfang an für die Betreuung ihrer Kinder mitzuständig sind und wissen, wie Hausarbeit funktioniert. Und während die Mütter unzufrieden hinter dem Herd standen, haben die Väter oft unzufrieden am Fließband oder auf dem Bau malocht, sich mit ihren Vorgesetzten gezofft, unter dem Stress gestöhnt und die Mütter um ihren vermeintlich ruhigen Tag beneidet. Klingt es da nicht vernünftig, einen Rollentausch vorzunehmen? Warum also nicht Hausmann werden und die Mutter zur Arbeit schicken?

Ehe Sie sich vollends den Träumen von der wundersamen Freiheit des Nur-Hausmannes und Vaters hingeben, kommen Sie lieber rasch auf den Boden der Tatsachen zurück. Am besten schnappen Sie sich gleich schon mal das Fensterleder und machen sich freudig daran, sämtliche Scheiben im Haus zu wienern, nebenbei schon mal das Mittagessen vorzubereiten, die Waschmaschine anzuwerfen, den verstopfen Küchenabfluss zu reinigen und die Sonderangebote in der Zeitung durchzugehen, damit Sie später schnell die günstigsten Preise für Brot, Butter, Käse usw. in den jeweiligen

Geschäften zu einer Zeit einkaufen können, wenn die Warteschlangen noch erträglich sind, weil die Kinder gleich aus der Schule kommen, zusätzlich zum eigenen Bärenhunger einen Freund mitbringen, der aber keine Erbsensuppe isst, die Sie gerade fertig gekocht haben, sondern lieber Pizza hätte, die gerade ausgegangen und ausgerechnet jetzt nicht im Sonderangebot zu haben ist. Kurz: Machen Sie sich klar, wie das Dasein als Hausmann aussehen könnte, und versuchen Sie nichts zu beschönigen.

Nur wenn Sie zu dem ernsthaften Schluss kommen, dass Sie und Ihre Kinder es absolut schlecht verkraften würden, sich zu trennen, Sie als Vater sich seit jeher überwiegend um die Kinder gekümmert haben und diese den dringenden Wunsch äußern, lieber bei Ihnen als allein mit der Mutter leben zu wollen, ist es die richtige Entscheidung. Der Mutter eins auswischen oder sich vor Unterhaltszahlungen drücken zu wollen, sollte keineswegs der Beweggrund für Ihren Wunsch nach der Hausmann-Rolle sein. Denken Sie auch daran, dass dies keineswegs im Interesse Ihrer Kinder läge.

Wenn Sie Ihre Entscheidung nach einer gründlichen Überprüfung Ihrer Motive und der Abwägung von Vor- und Nachteilen getroffen haben, müssen Sie sie vor Gericht vertreten. Seien Sie sich darüber im Klaren, dass Ihr Anspruch auf das alleinige Sorgerecht für Ihre Kinder und die Erklärung, ihren Beruf aufgeben und zu Hause bleiben zu wollen, damit die Mutter arbeiten gehen könne, auf mehr oder minder unverhohlene Ablehnung und Misstrauen stoßen werden. Sie müssen sich daher beispielsweise auf nachfolgende Testfragen einstellen und damit rechnen, dass Ihre Kinder ebenfalls danach gefragt werden:

• Lieben Sie Ihren Beruf? Haben Sie Karriere gemacht? Sind Sie ein »Workaholic«? Ist Ihnen Ihre Familie wichtiger als der Job? Woran merkt man das konkret?
• Lieben Sie Hausarbeit? Haben Sie während der Ehe regelmäßig Hausarbeiten übernommen?
• Kochen Sie gern? Kochen Sie gern jeden Tag? Können Sie nä-

hen? Haben Sie Ihre Wäsche während der Ehe selbst gewaschen und gebügelt?

- Rechnen Sie damit, dass die Kinder gefragt werden, wer besser kocht, die Mutter oder der Vater.
- Wann haben Sie Feierabend? Gehen Sie sofort nach Hause? Wann sind Sie zu Hause?
- Haben Sie Freunde? Sind Sie ein Fußball-Fan? Sind Sie vereinsmäßig engagiert? Haben Sie ein oder mehrere Ehrenämter übernommen? Sind Sie ein Stammtischbruder?
- Wie heißen die besten Freunde/Freundinnen Ihrer Kinder?
- Welche Hobbys haben Ihre Kinder?
- Welche Kinderkrankheiten haben Ihre Kinder durchgemacht? Wer hat sie dann versorgt?
- Wer bringt die Kinder zum Kindergarten oder zur Schule?
- Wer betreut die Hausaufgaben oder spielt mit den Kindern?
- Wer hat hauptsächlich die Kinder während der Ehe versorgt? Wenn dies nachweislich Ihre Frau war, haben Sie schlechte Karten.
- Warum wollen Sie Hausmann werden und plädieren für eine ersatzweise Berufstätigkeit Ihrer Frau? Günstig wäre es, wenn Ihre Frau nachweislich beruflich erfolgreicher ist als Sie, sodass zu erwarten ist, dass Sie der Unterhaltspflicht besser nachkommen wird, als Sie dies können. Auch der Nachweis Ihrer drohenden Entlassung würde es dem Gericht erleichtern, ernsthaft zu erwägen, Ihnen das Sorgerecht zu geben und von der Mutter Unterhalt zu fordern.

Nehmen Sie Fragen wie diese nicht auf die leichte Schulter. Sie hören sich harmlos an, sind aber tückisch. Ein Vater, der nicht kochen kann und mag, Wäsche am liebsten fertig sortiert im Schrank vorfindet, vom Bügeleisen bestenfalls weiß, dass es Strom braucht, die Geburtstage seiner Kinder verwechselt und weder ihre Kinderkrankheiten kennt noch den seit Jahren zuständigen Kinderarzt, ist nicht vertrauenswürdig. Logischerweise muss er sich vorhalten lassen, dass er während der Ehe offensichtlich damit hochzufrieden war, dass die Mutter sich um der Kinder gekümmert hat. Das Gericht wird entsprechend keinen Anlass erkennen, diese Zuständigkeit zu verändern.

Wenn Sie es wirklich ernst mit Ihrem Plan meinen, bereiten Sie sich auf die anfallenden Gespräche mit Jugendamtsmitarbeiter/innen und anderen Sachverständigen vor. Gehen Sie schon während der Ehe, spätestens aber während der Trennungszeit auf Teilzeit, um sich intensiver um Ihre Kinder kümmern zu können. Erwägen Sie eine vor Ort mögliche Umschulung, wenn Sie sich davon mehr Freizeit für Ihre Kinder versprechen.

Geben Sie Ihren Arbeitsplatz aber nicht leichtfertig auf. Provozieren Sie keine Entlassung durch Fehlverhalten. Dies würde Ihnen vor Gericht als Verantwortungslosigkeit ausgelegt werden und Sie jeglicher Chance auf das Sorgerecht für Ihre Kinder berauben. Wenn ein Vater seine Chancen im Sorgerechtsstreit verbessern will und deshalb seine Erwerbstätigkeit reduziert oder sogar aufgibt, stellt dies aber keine Leichtfertigkeit dar (OLG Frankfurt, FamRZ 1987, 1144). Auch dann nicht, wenn er deshalb zum Sozialfall wird.

Vor allem sollten Sie keineswegs freiwillig aus der ehelichen Wohnung ausziehen und die Kinder allein in der Obhut der Mutter zurücklassen. Wenn die Mutter die Zuweisung der Wohnung für sich beantragt und das Gericht Sie als Vater hinausweisen will, verweigern Sie den Auszug. Solange Sie keinen objektiven Anlass zum Hinauswurf geboten haben und Ihr Zusammensein mit den Kindern nicht gegen das Kindeswohl verstößt, haben Sie das Recht, eine Zuteilung von bestimmten Zimmern der ehelichen Wohnung zum alleinigen Nutzen jeden Elternteils zu verlangen. Wenn Sie die Mutter erst einmal für die Dauer des Trennungsjahres verlassen haben, ist die Bindungskontinuität der Kinder zu Ihnen unterbrochen und die Wahrscheinlichkeit, dass das Gericht zum Wohl des Kindes einen weiteren Verbleib der Kinder bei der Mutter bestimmt, wächst immens. Nun laufen Sie allerdings Gefahr, vor Gericht als stur zu erscheinen und Ihre Fähigkeit zur partnerschaftlichen Erziehung kann bezweifelt werden. Behalten Sie deshalb stets und unerschütterlich das Wohl des Kindes im Auge. Was immer Sie tun, muss im Interesse des Kindes geschehen. Sprechen Sie dies klar aus, sodass niemals Zweifel an Ihrer selbstlosen elterlichen Hinwendung bestehen. Und erinnern Sie sich in den deprimierenden Momenten, dass es schon eine Handvoll Väter gibt, die es geschafft haben. Holen Sie sich bei ihnen Rat und Zuspruch, wenn Ihnen danach ist. Sie werden beides brauchen. Und, glauben Sie mir, es hilft.

15.

Wenn Sie Wochenend-Papa werden

Ganz gleich, wie weit Sie den Gedanken an eine Trennung von Ihren Kindern von sich geschoben haben, spätestens an dem Tag, an dem das Familiengericht beschlossen hat, dass die Mutter das Aufenthaltsbestimmungsrecht erhält, steht fest, dass Ihre Rolle als Vater eine andere sein wird als zuvor.

Wünschen möchte ich Ihnen und Ihren Kindern, dass keine allzu großen Entfernungen zwischen den Wohnorten der beiden Elternteile liegen und ein Wiedersehen leicht möglich ist. Oftmals zieht die Mutter aber auch in ein anderes Bundesland.

In jedem Fall kommen einschneidende Veränderungen auf Sie als Vater zu, die nicht immer einfach zu bewältigen sind. Eine vorausschauende Planung erleichtert Ihnen den neuen Alltag.

Die Angst, es nicht zu schaffen

Die Vorstellung, Wochenend-Vater werden zu müssen, schmerzt und erschreckt die meisten Väter gleichermaßen. Die bange Frage »Werde ich das schaffen?« beherrscht Gedanken und Gefühle.

Erleichtern können Sie sich diese Zeit der Unsicherheit, indem Sie in aller Ruhe mit sich selbst darüber ins Reine kommen, warum Sie sich Sorgen machen.

Vielleicht greifen Sie wieder einmal zu Stift und Papier und schreiben nieder, was Ihnen zu den folgenden Fragen einfällt.

- Habe ich Angst, mein Kind zu verlieren, wenn ich nicht mehr täglich mit ihm zusammen bin? Warum habe ich diese Angst? Gibt es Vorfälle, die mich in dieser Angst bestärken?
- Habe ich Angst, die Erziehung meines Kindes würde sich in eine Richtung entwickeln, die ich nicht will? Warum befürchte ich dies? Gibt es konkrete Anhaltspunkte, an denen ich dies ablesen kann?
- Was bringt mich zu dem Gedanken, dass ich die Erziehung meines Kindes unbedingt und ganz intensiv mitbestimmen muss? Traue ich der Mutter nicht zu, dass sie dies gut machen würde? Warum, warum nicht?
- Welche Ziele habe ich, wenn ich mit meinem Kind zusammen bin? Wie war dies vor der Trennung?
- Was bin ich bereit zu tun, um diese Ziele zu verwirklichen? Wie war dies vor der Trennung?
- Habe ich Angst, mein Kind am Wochenende nicht richtig versorgen zu können? Warum habe ich diese Befürchtung? Gibt es Vorfälle, die meine Sorgen bestärken?
- Kann ich mich auf meine neue Rolle als Wochenend-Vater vorbereiten? Warum, warum nicht? Bin ich bereit dazu?

Wenn Sie alle diese Fragen ehrlich beantwortet haben, sehen Sie schon ein wenig klarer. Nun ist es an Ihnen, den letzten Fragepunkt individuell auszugestalten. Dazu nachfolgend ein paar Tips.

Wie können Sie sich auf die neue Vater-Rolle vorbereiten?

Ob Sie mehr oder weniger Schwierigkeiten mit der Umstellung Ihres Lebens auf eine Reduzierung Ihres Kontaktes zu Ihren Kindern haben, hängt eng mit der Fragestellung zusammen, wie Sie früher miteinander lebten.

Haben Sie die Kinder während der Partnerschaft überwiegend selbst betreut und versorgt, wird es Ihnen sehr schwer fallen, die Distanz und die Leerräume zu ertragen, die die Abwesenheit der Kinder in Ihrem Alltag zurücklässt.

• Auch wenn Sie bereits eine neue Beziehung aufbauen konnten und Ihre neue Partnerin sehr verständnisvoll ist, rate ich Ihnen dringend, für einige Zeit eine Gesprächstherapie aufzunehmen. Selbstverständlich wird Ihre neue Partnerin gern bereit sein, Ihnen zuzuhören, Ihren Kummer zu teilen und Sie zu trösten. Sie wird Ihnen beistehen und zu helfen versuchen, so gut sie kann. Aber auch sie hat einen Anspruch auf Unbeschwertheit mit Ihnen. Junge Liebe verträgt es schlecht, wenn sie zu stark von Altlasten bedrückt und eingeschränkt wird. Wenn Ihre Sorgen und Nöte, Ihre Erinnerungslasten und Seelenqualen zu stark sind, wenn Sie zu oft das Bedürfnis haben, mit Ihrer neuen Lebenspartnerin an der Bewältigung dieser Erfahrungen zu arbeiten, wird Ihre Beziehung darunter leiden. Nicht selten zerbricht sie sogar daran.

• Klüger ist es daher, diese Seelenarbeit gemeinsam mit einem professionellen Berater aufzunehmen. Sie werden schon bald spüren, dass es Ihre inneren Verkrampfungen löst, wenn Sie sich aussprechen und rückhaltlos alle Ihre Gefühle nicht nur zu-, sondern auch herauslassen. Die Professionalität dieser Gespräche nimmt Ihnen den bedrückenden Eindruck, jemandem zur Last zu fallen oder gar peinlich zu werden. Wie Sie zu einer Gesprächstherapie kommen können, sollten Sie mit Ihrem Hausarzt besprechen. Angesichts dessen, dass Sie unter der Trennung von Ihren Kindern erheblich leiden und dies Ihre Gesundheit ebenso wie Ihre Arbeitskraft einschränkt, kann Ihnen eine Therapie medizinisch verordnet werden. Diese wird von den Krankenkassen bezahlt.

Vorbereitungen für den Alltag mit Ihren Kindern

Natürlich gibt es über Ihre Gefühlssituation hinaus manches vorzubereiten, wenn Sie sich darauf einstellen, Wochenend-Papa zu werden.

Sind Sie schon während der Partnerschaft begeisterter Hobby-Koch gewesen? Und haben Sie in dieser Zeit eher für ihre ganze Familie oder ausnahmsweise mal für Gäste gekocht?

Wenn Sie Familienkoch waren, haben Sie jetzt ein Problem weniger. Gehören Sie stattdessen zu den Garten-Grill-Meistern oder Party-Köchen wird es kritischer. Aber auch Sie haben gegenüber dem Vater, der gewohnt war, sich an den gedeckten Tisch zu setzen und sich bedienen zu lassen, erhebliche Vorteile.

In keinem Fall kann es schaden, wenn Sie angesichts der auf Sie zukommenden Alleinversorger-Wochenenden mit Ihren Kindern in einen Buchladen gehen und sich einmal in der Rubrik »Kochbücher« umschauen. Sie werden feststellen, dass es eine Fülle von Angeboten für den Single- oder Zweipersonenhaushalt gibt. Eine kleine Auswahl geeigneter Bücher findet sich aber auch für das Kochen und Backen für und mit Kindern. Besonders letztere Kochbücher möchte ich Ihnen empfehlen.

Kinder kochen gern. Sie lieben es, mit Ihnen zusammen Gemüse zu putzen, Kartoffeln zu schälen, Fleisch zu brutzeln oder verlaufendem Käse zuzuschauen, wenn Sie etwas im Backofen überbacken. Sie backen voller Begeisterung und sind hinterher gern bereit, mit Ihnen die Küche zu putzen, wenn es nötig sein sollte.

Wie viel schöner und spannender noch, wenn sie mit Ihnen auf den Samstagsmarkt zum Einkaufen gehen und selbst ganz aktiv als gleichberechtigte Partner zusammen mit Ihnen aussuchen dürfen, was gut und lecker und zugleich bezahlbar ist. Sie werden staunen, wie umsichtig Kinder sein können, wenn man ihnen das Vertrauen erweist, ihnen diese Umsicht zuzutrauen.

Planen Sie im Vorfeld sehr genau, wie viel Geld Sie für das »Kinder-Wochenende« zur Verfügung haben. Sie wissen, dass diese Kosten zusätzlich zu den Unterhaltszahlungen auf Sie zukommen. Vermutlich werden Sie nicht so üppig mit Geld gesegnet sein, dass Ihnen die Ausgaben ganz leicht fallen. Am besten ist es, Sie legen eine kleine Spardose für diese Wochenenden an. Geben Sie am Monatsanfang oder zu Ihrem individuellen Zeitpunkt der Gehaltsanweisung jeweils einen bestimmten Betrag als Grundstock hinein, den Sie für keine anderen Ausgaben antasten. Nehmen Sie sich zusätzlich vor, jedes 50 Pfennigstück hineinzustecken, das Sie als Wechselgeld erhalten. Denkbar wäre auch, das Pfandgeld für Gläser und Flaschen dafür zu verwenden. Falls Sie Raucher sind, wäre es eine gute Idee, für jede Packung Zigaretten eine Mark in die Kinder-Kasse zu stecken. Dies würde gleichzeitig vielleicht Ihren Zigarettenkonsum etwas einschränken und Ihrer Gesundheit dienen.

Bereiten Sie die Unterkunft Ihrer Kinder vor. Die meisten Väter haben nach der Trennung nur eine kleine Wohnung. Selten gibt es ein eigenes Kinderzimmer. Es ist daher nötig, Spielecken und Schlafplätze vorzubereiten. Wahrscheinlich müssen Möbel gerückt werden.

Geben Sie Ihren Kindern bereits bei der Ankunft das sichere Gefühl, willkomen zu sein, nach Hause zu kommen, hier in dieser Wohnung dazuzugehören. Dies gelingt am leichtesten, indem Kinder einen ganz eigenen kleinen Bereich in dieser Wohnung haben.

Gemeinsame Unternehmungen

Natürlich sind Kinder immer wild darauf, etwas zu unternehmen. Vor allem dann, wenn sie das Wochenende mit Ihnen als Urlaub vom Alltag verstehen und sich innerlich darauf eingestellt haben, in diesen Tagen etwas Tolles zu erleben. Sie als Vater werden auf die Wünsche Ihrer Kinder gern eingehen wollen. Sie möchten ihnen etwas bieten, damit sie Freude bei Ihnen haben. In keinem Fall sollen sie enttäuscht nach Hause zur Mutter kommen und sagen: »Beim Papa war's echt langweilig!« Hinzu kommen die in Ihrer vermutlich kleinen Wohnung beengten Verhältnisse, die Sie den Kindern nicht zumuten wollen. Also grübeln Sie mit Sicherheit schon im Vorfeld darüber nach, was Sie den Kindern bieten könnten.

Aktuelle Studien über die Wünsche von Kindern an ihre Eltern haben ergeben, dass Kinder sich nichts so heiß und innig wünschen wie Zeit. Sie möchten, dass die Eltern sich in Ruhe mit ihnen beschäftigen, ihnen zuhören, mit ihnen spielen, sie einfach nur so im Arm halten. Alles andere sind Draufgaben, die nicht so wichtig sind.

• Wie wäre es, wenn Sie die Tage mit Ihren Kindern vorbereiten, indem Sie das eine oder andere Karten- oder Brettspiel besorgen? Oder erinnern Sie sich noch an Spiele aus Ihrer Kinderzeit? An »Stadt-Land-Fluss« zum Beispiel, an »Hickelkästchen« draußen auf der Straße, an »Murmel-Schussern« in einer kleinen Kuhle irgendwo auf einem Erdplatz? Auch könnten Sie beim Fundbüro ein paar gut erhaltene Räder preiswert ergattern und dann mit den Kindern einen Parcours vor dem Haus anlegen. Ein paar Blechdosen, eine Holzbrettwippe, ein paar umgestülpte Eimer und schon kann es losgehen. Oder wissen Sie noch, wie diese Ballspiele gingen, bei denen man den Ball an die Hauswand wirft und in bestimmten Bewegungsabfolgen fängt? Können Sie noch »Räuber und Gendarm« oder »Fischer, welche Farbe hat das Wasser«?

Sie merken, worauf ich hinauswill? Spiele und Zeitvertreib mit Kindern muss nicht teuer, nicht spektakulär sein. Was zählt, ist die Tatsache des Miteinanders, der Zuwendung zueinander, der gegenseitigen Aufmerksamkeit. Nicht das Geld. Nicht die aufregende Super-Show. Vielleicht werden Ihre Kinder anfangs befremdet sein. Es mag ihnen ungewohnt vorkommen, »nur so« zu spielen. Aber sie werden bald schon feststellen, wie sie es mehr und mehr genießen, »einfach so« Spaß mit Ihnen zu haben.

- Zwischendurch, an dem einen oder anderen Wochenende, wird es dann sicher auch toll sein, etwas Besonderes zu unternehmen. So wäre es zum Beispiel schön, eine den Kräfteverhältnissen Ihrer Kinder entsprechende Radwanderung auszutüfteln. Beteiligen Sie die Kinder an der Vorbereitung, indem Sie mit ihnen an ein, zwei gemeinsamen Wochenenden vorher die Route absprechen. Planen Sie ein Picknick ein und was Sie alle miteinander essen möchten. Beziehen Sie auch die Mutter mit ein, indem Sie ihr Einverständnis erwirken und sie bitten, entsprechende Kleidungsstücke für die Kinder einzupacken. Wenn Sie möglichst sorgfältig alle die Fehler ausschließen, die zu Folgen führen könnten, wird eine solche Tour für Ihre Kinder und Sie unvergesslich bleiben. Ein ganz besonderes Abenteuer ist es auch, einen Nachmittag auf einer Sommerrodelbahn zu verbringen. Wo eine solche in Ihrer erreichbaren Nähe liegt, erfahren Sie beispielsweise beim ADAC oder aus Freizeitführern, die es im Buchhandel gibt.

Vergessen Sie bitte bei allen Ihren Planungen nie, dass Ihre Kinder kein Besitz sind. Auch wenn sie mit Ihnen das Wochenende verbringen, gehören sie zwar zu Ihnen, gehören Ihnen aber nicht. Sie haben einen eigenen Willen und dies steht ihnen zu. Sie haben das Recht, etwas nicht schön zu finden, obwohl Sie als Vater es für grandios halten. Ohne sich zum Spielball kindlicher Launen machen zu müssen, sollten Sie sich dessen bewusst bleiben, dass Kinder ein Recht auf ein Nein haben. Sagen Sie Ihren Kindern klar, dass Sie enttäuscht sind, wenn sich dies so verhält. Aber erzeugen Sie deshalb kein schlechtes Gewissen. Kinder können sich nur dann zu eigenständigen Persönlichkeiten entwickeln, wenn sie eigene Entscheidungen auch dann treffen dürfen, falls sie damit einen anderen vor den Kopf stoßen. Sie sind nicht verpflichtet, Ihre väterlichen Erwartungshaltungen zu erfüllen. Und sie sind nicht nur dann »lieb«, wenn sie sich konform und angepasst verhalten. Als Vater sind Sie der Sparringspartner Ihrer Kinder. An Ihnen testen sie ihre Kraft. Bei Ihnen suchen sie Zuflucht und Schutz. Je selbstverständlicher Sie dies bieten, desto selbstverständlicher, fester und vertrauensvoller wird sich die Beziehung zwischen ihnen entfalten.

Sie sehen, auch als Wochenend-Papa gibt es genügend Möglichkeiten, eine gute, vertrauensvolle Beziehung zu Ihren Kindern aufrechtzuerhalten. Denken Sie daran, dass Sie auch in dieser anderen Vater-Rolle kein Gegenspieler der Mutter sind, sondern schlicht der zweite Elternteil Ihrer Kinder. Versuchen Sie, Ihnen auch aus der Ferne ein guter Vater zu sein.

Danksagung

Mein herzlicher Dank für bereitwillig gewährte Unterstützung bei der Erarbeitung der verschiedenen Problembereiche und geeigneten Lösungsvorschläge in dem vorliegenden Buch gilt:

- 57 Vätern und 7 Müttern, die mir für dieses Buch ihre ganz privaten Lebenserfahrungen schickten, und mein Problembewusstsein erweiterten;
- Holger Partikel bei http://www.paPPa.com im Internet, der meine Suchannonce veröffentlichte;
- Michael Salchow beim ISUV/VDU, der mir den Broschüren-Fundus des Vereins zur Unterstützung sandte;
- Peter Szettele, der mir seinen gesamten Schatz gesammelter Urteile anvertraute;
- Andreas Rippich, der mir ebenfalls seine gesamte Datenbank zur Verfügung stellte;
- Thomas Martin vom Verein Väter für Kinder, mit dem ich immer wieder über die gegenwärtige gesellschaftliche Situation diskutieren und dadurch meine Überlegungen festigen konnte;
- Walter Andritzky von Aktion Menschenrechte für Kinder, der mich an seinem psychologischen Wissen teilhaben ließ;
- Renate Koch vom Verein Dialog in Hamburg, die mir aus ihrem reichen Erfahrungsschatz als Beraterin von Vätern und Müttern in Not Wichtiges mitzugeben hatte;

- Peter Brumann als erfahrener Väterberater und »Mann der ersten Stunde« bei Väterinitiativen für seine zwischen den Geschlechtern vermittelnden Beratungshinweise;
- Thomas Reuter für die witzigsten, lockersten Ratschläge aus der Sicht eines alleinerziehenden Vaters;
- Walter Schneider aus Toronto für seine globalen Informationen über geschiedene und zwangsverwaiste Väter im angloamerikanischen Raum;
- und ganz besonders Hans Kopatsch vom Verein Gesellschaftsmanagement-Kybernetik, der mich umfassend in seine gesellschaftspolitischen Erkenntnisse und juristischen Schachzüge zur Durchsetzung partnerschaftlicher Erziehungsmuster und Etablierung eines *Systemkiller-Ordens* für Richter einführte.

Literatur

Die Ihnen hier empfohlene Literatur zum Thema »Väter und Scheidung« erhebt keine Anspruch auf Vollständigkeit. Sie basiert auf meiner persönlichen Wertung und impliziert keine Abqualifizierung anderer Bücher. Eine umfassendere Auswahl finden Sie in den Buchhandelsverzeichnissen sowie im Internet unter den Suchworten »recht.de« und »netbuch.de«. Bei »netbuch« werden zur Bestellung angebotene Buchtitel mit Hinweisen versehen, ob die Inhalte besonders aktuell und empfehlenswert sind. Auch unter http://ink.yahoo.de können Sie nach Büchern über Scheidung, Unterhalt und Sorgerecht suchen.

Wenngleich sich die nachfolgenden Bücher ausdrücklich an getrennt lebende oder geschiedene Frauen wenden, empfehle ich die Lektüre insbesondere Männern in gleicher Lage. Eine genaue Auseinandersetzung mit der Frauen gebotenen Beratung erspart den zugehörigen Männern so manches böse Erwachen und gestattet das Entwickeln von Hilfsstrategien bereits im Vorfeld.

Balloff, Rainer, *Kinder vor Gericht, Opfer, Täter, Zeugen,* München 1992.
Bergmann, Volker J., Skifas e.V. (Hg.), *Der große Skifas-Katalog, Der sexuelle Kindesmißbrauch, Fallbeispiele, Medienberichte, Fachliteratur, Hilfen, Vorbeugung,* Ausgabe G (Stand August 1998).
Zu beziehen bei SKIFAS e.V., Postfach 5101348, 13361 Berlin, Tel. 0 30/8 23 47 42, Internet: *http//www.paPPa.com/skifas.*

Bundesministerium der Justiz, Referat Presse- und Öffentlichkeitsarbeit (Hg.), *Das neue Kindschaftsrecht*, Bonn 1998.
Zu beziehen beim Bundesministerium der Justiz, Referat für Presse und Öffentlichkeitsarbeit, Postfach, 53170 Bonn.

Bundesverband alleinerziehender Mütter und Väter (VAMV) e.V (Hg.), *Alleinerziehend – Tips und Informationen*, 11. Auflage, Bonn 1999, unterstützt durch das Bundesministerium für Familie, Senioren, Frauen und Jugend.
Zu beziehen gegen Rückporto bei VAMV e.V., Beethovenallee 7, 53173 Bonn, Tel. 0228/352995, Fax 0228/2835 8350, E-Mail: vamv-bv@netcologne.de, Internet: *http://www.paritaet.org.vamv*, HOTLINE für Ratsuchende: 0190/898929.

Davis, Martin J., *Scheidung von den Kindern, Betroffene Väter erzählen*, Gelnhausen 1998.

Deutsche Arbeitsgemeinschaft für Jugend- und Eheberatung e.V. (DAJEB) (Hg.), *Eltern bleiben Eltern*, 7. Auflage, München 1999, unterstützt durch das Bundesministerium für Familie, Senioren, Frauen und Jugend.
Zu beziehen bei DAJEB, Neumarkter Str. 84c, 81673 München.

E. Fthenakis, Wassilios u.a., LBS-Initiative Junge Familie (Hg.), *Trennung, Scheidung und Wiederheirat, Wer hilft dem Kind?*, Weinheim 1996.

Gründel, Matthias, *Gemeinsames Sorgerecht, Erfahrungen geschiedener Eltern*, Freiburg 1995.

Jäckel, Karin, *Der gebrauchte Mann – Abgeliebt und abgezockt – Väter nach der Trennung*, 1997.

Dies., *Die Frau an seiner Seite*, Deutscher Taschenbuch Verlag 1999/2000.

Dies., *Im Stich gelassen? – Warum Mütter sich von ihren Kindern lossagen*, Bergisch Gladbach 1999.

Dies., *Alles Ehe oder was?*, Bergisch Gladbach 1996.

Dies., *Trauen wir uns wieder? – Beziehungskisten*, Stuttgart 1992.

Dies., *Lieber Papa, mir geht's gut*, Freiburg 1997.

Dies., *Monika B., Ich bin nicht mehr eure Tochter*, 4. Auflage, Bergisch Gladbach 1997.

Jopt, Uwe, *Ein Zwei-Phasen-Modell zu PAS*, Vortrag anlässlich der Tagung »Kindeswille und Elterntrennung« vom 23. bis 24. April 1999 an der Katholischen Akademie Trier.

Zu beziehen im Internet unter http://www.vaf.de/pas2phjo.html.

Kindeswohl – Dilemma und Praxis der Jugendämter, Epd-Dokumentation 6/97 vom 3. Februar 1997.

Zu beziehen bei GEP-Vertrieb, Postfach 500550, 60394 Frankfurt/Main, Tel. 069/5 80 98-1 89.

Klenner, Wolfgang, *Vertrauensgrenzen des psychologischen Gutachtens im Familienrechtsverfahren – Entwurf eines Fehlerbestimmungssystems,* FamRZ 1985/8,804ff.

Kloster-Harz, Doris/Haase, Wolfgang/Krämer, Gerd, *Handbuch Sorgerecht, Was die Reform des Kindschaftsrechts für Eltern und Kinder bedeutet,* München 1998.

Kopatsch, Hans, *Verbaut gerichtliche Sorgerechtspraxis Kindern und uns die Zukunft?,* GEDO-Studien, Mainz 1990.

LBS-Familien.Studie, *Übergang zur Elternschaft,* Studien unter der Leitung von Wassilios E. Fthenakis, München, und Annette Engfer, Paderborn:

Report 1/97 Bewertung familienpolitischer Leistungen

Report 2/97 Aufgaben- und Rollenverteilung zwischen Frau und Mann

Report 3/97 Mutter und Vater kurz nach der Geburt des Kindes

Report 1/98 Die Vereinbarkeit von Familie und Beruf

Report 2/98 Die Chancen der Vaterschaft

Zu beziehen bei LBS-Initiative »Junge Familie«, Himmelreichallee 40, 48130 Münster.

Matussek, Matthias, »Die vaterlose Gesellschaft«, *Der Spiegel* 10/1997, Hamburg 1998.

Matussek, Matthias, *Die vaterlose Gesellschaft, Briefe, Berichte, Essay,* Hamburg 1999.

Matzner, Michael, *Vaterschaft heute, Klischees und soziale Wirklichkeit,* Frankfurt/Main 1998.

Münch von, Eva Marie, *Die Scheidung nach neuem Recht,* 10. Auflage, München 1998.

Napp-Peter, Anneke, *Familien nach der Scheidung,* München 1995.

Oberlies, Dagmar/Holler, Simone/Brückner, Margit, *Ratgeber: Recht, Für Frauen, die sich trennen wollen, und für Mitarbeiterinnen in Frauenhäusern und Beratungsstellen,* Frankfurt/Main 1999.

Ofuatey-Kodjoe, Ursula/Wiestler, Simone, *Die psychosoziale Situation nicht sorgeberechtigter Väter,* Diplomarbeit an der Abteilung für Klinische- und Entwicklungspsychologie der Universität Freiburg, April 1994.

Ofuatey-Kodjoe, Ursula/Koeppel, Peter, *The parental alienation syndrom (PAS)*, Sonderdruck aus »Der Amtsvormund«, Januar 1998. Zu beziehen bei *Der Amtsvormund*, Zähringer Str. 10, 69115 Heidelberg, Tel. 0 62 21/98 18-0, Fax 0 62 21/98 8-28.

Schwenk, Beate/Andries, Birgit, *Ehevertrag, Finanzen und Alterssicherung, Was Frauen beim Start in die Ehe wissen sollten,* Frankfurt/Main 1998.

Merkblätter des ISUV/VDU e.V.

1. Muster für den Ehevertrag
2. Muster für den Partnervertrag
3. Muster für den Scheidungsvertrag
4. Die Trennungs- und Scheidungssituation
5. Das aktuelle Scheidungsrecht und Ehescheidungskosten
6. Der Ehegattenunterhalt
7. Die Benachteiligung der Zweitehefrau und Zweitfamilie
8. Der Versorgungsausgleich
9. Das Unterhaltsrechtlich relevante Einkommen
10. Karriere nach der Scheidung – Teilhabe des Unterhaltsberechtigten

Zu beziehen bei Bundesgeschäftsstelle ISUV/VDU e.V., Interessenverband Unterhalt und Familienrecht, Raintaler Str. 16a, 81539 München, Tel. 0 89/6 91 11 90 oder: Postfach 210107, Bauvereinstr. 30, 90119 Nürnberg, Tel. 09 11/55 04 78, Fax 09 11/53 30 74, E-Mail: isuv@pop.odn.de, Internet: *http://privat.schlund.de/isuv.*

Datenbank zum Kindschaftsrecht

Zu beziehen bei Andreas Rippich, Furstr. 2, 82110 Germering bei München, Tel. 0 89/8 94 74 38, Internet: *http://www.rian.com.*

Zeitschriften zum Thema

Justizwaisen, Zeitung des Vereins »Aktion Recht des Kindes auf BEIDE Eltern«, c/o Dr. Günter Tews, Linz, Tel. Österreich 0732/782441,

Fax 784481, E-Mail tews@tews.at = Rechtsanwaltspraxis, E-Mail justizwaisen@ivnet.co.at, Internet: *http://www.tews.at*, *http://www. ivnet.co.at/justizwaisen.*

Deutsche Gesellschaft gegen Kindesmißhandlung und -vernachlässigung e.V., Informationsdienst Kindesmißhandlung und Vernachlässigung, c/o Helga Viefers, Tel. 0221/136427, Fax 1300010, E-Mail DGGKV@t-online.de, Internet: *http://www.dggkv.de* oder *http:// www.kindes-misshandlung.de.*

Männerrundbriefe, Zeitschrift für Gleichberechtigung und Menschlichkeit, c/o Hartmut Völp, Pfeiffersweg 3, 22307 Hamburg, Tel. 040/ 6929585, Fax 6915520, E-Mail hartmut.voelp@t-online.de, Internet: *http://www.cs.tu-berlin.de/~ralfo/manrun/manrun.htm.*

Männerwege, Switchboard – Informationsdienst für Männer, c/o Alexander Bentheim, Paul-Nevermann-Platz 2-4, 22765 Hamburg, Tel. + Fax 040/381907, E-Mail maennerweg@aol.com.

Moritz – Zeitschrift für Männer in Bewegung, c/o Thomas Knuf, Adalbertstr. 25, 19179 Berlin, Tel. 030/2793464.

PAPS – Zeitung für Väter, Altenbergstr. 17, 70180 Stuttgart, Tel. 0711/ 604828, Fax 604828, E-Mail Red.PAPS@t-online.de, Internet: *http://home.t-online.de/home/red.paps/paps.htm.*

Das immer wieder vorkommende KÜRZEL FamRZ bedeutet »Zeitschrift für das gesamte Familienrecht«. In ihr werden jährlich über 1000 Entscheidungen aus dem gesamten Familienrecht sowie Stellungnahmen und Kommentare namhafter Sachverständiger veröffentlicht.

FamRZ, Verlag Ernst und Werner Giesekind GmbH, Bielefeld.

Streit, Feministische Rechtszeitschrift.

Zu beziehen bei Wyckstr. 8, 28213 Bremen, Fax 0421/2239719, E-Mail streit@fb12.fh-frankfurt.de.

Rundschau, Zeitschrift der Deutschen Hausfrauengewerkschaft e.V., Postfach 1462, 53004 Bonn, Redaktion Monika Kuhn, Tel.+Fax 06241/55943.

Themenauswahl:

Zukunftswerkstatt – Bewertung der Familienarbeit 2/98

Frauen wählen – Frauenpolitik, was ist das eigentlich? 3/98

Kinder – arm und allein zuhaus? Armutsrisiko Kind 4/98

Erziehungsgehaltsmodelle 4/98

W.O.M.A.N Deutschland e.V., Weltorganisation der Mütter aller Nationen, Mitglied im Deutschen Frauenrat e.V., Vereinszeitschrift, c/o Ingrid Kaluzza, Raabestr.6, 26386 Wilhelmshaven, Tel. 04421/ 60633.

Adressen

Aktion Menschenrechte für Kinder
Dr. Walter Andritzky, Tel. + Fax 02 11/34 56 19/28

Aktion Menschenrechte für Kinder
Für das Recht unserer *Enkelkinder* auf Oma und Opa
c/o Rita und Jürgen Boegershausen, Abteistr. 1, 45 239 Essen, Tel. 02 01/
49 33 20,
c/o Gerlinde und Manfred Christ, Paul-Löbe-Str. 23, 40595 Düsseldorf, Tel. 02 11/705 839, Fax 7 00 03 77,
c/o Inge Partikel, Postfach 1229, 40672 Erkrath, Tel. + Fax 0211/
24 19 49

Arbeitskreis gegen Grenzverletzungen in Psychotherapie, Beratung und
Ausbildung e.V.
Grevenerstr. 89, 48149 Münster

Arbeitskreis elterliche Sorge und Kindeswohl
Postfach 2172, 49139 Bissendorf, Tel. + Fax 05 41/12 35 43

Bundesarbeitsgemeinschaft der Sozialhilfeinitiativen e.V.
Moselstr. 25, 60329 Frankfurt, Tel. 0 69/25 00 30, Fax 23 50 71

Dialog zum Wohle des Kindes e.V. Hamburg, Geschäftsstelle Nord
Renate Koch, Stillohweg 25, 22889 Tangstedt, Tel. + Fax 0 41 09/12 50

Fachhochschule Frankfurt, Abtg. Sozialhilfe
Nibelungenplatz 1, 60318 Frankfurt/M., Tel.: 069/153, Internet: http://
www.fh-frankfurt.de

Gesellschafts-Management-Kybernetik e.V., Wissenschaftliche Dokumentation
Dipl. Ing. Hans Kopatsch, Tel. + Fax 06062/63208,
Wissenschaftlicher Beirat: Dipl. Ing. Klaus Jourdan, Dipl. Ing. Milena
Weidinger, Prof. Dr. Ing. Jürgen Philips, Dr. Jan Lalik

Initiative zur Bekämpfung des Vaterentzugs
c/o Bernhard Treu, Breiter Weg 4, 98590 Wernshausen.
Dieter Joachim Sackmann, Auf dem Knick 51, 58455 Witten.
Interessengemeinschaft Psychotherapiegeschädigter, Finsterwaldstr. 27,
13435 Berlin

Die Johanniter, Väterberatung, Im Service-Zentrum Rodenkirchen
c/o Friedhelm Hoffmann, Lutz Moretti-Oppermann, Heidi Näpflein,
Friedrich-Ebert-Str. 2, 50996 Köln (Rodenkirchen), Tel. 0221/89009-
317, Fax 89009-333, Mobilfunk 0171/175 1100

Männerarbeit im Institut für Kirche und Gesellschaft der Evangelischen
Kirche von Westfalen, Iserlohn
c/o Jürgen Haas, Dirk Heckmann, Berliner Platz 12, 58638 Iserlohn,
Tel. 02371/352203/205, E-Mail maennerarbeit@gmx.de

Netzwerk – Neue Väter für gemeinsames Sorgerecht und Sorgepflicht
im Bundesverein »Bündnis für Kinder und Menschenrechte – Parents
Forever Germany e.V.«
c/o Christian Blümel, Sprickmannstr. 11, 48159 Münster-Kinderhaus,
Tel. + Fax 0251/2639695

Die Scheuklappenbusters, Interessengemeinschaft »Sorgerecht für Väter – mehr Rechte für Kinder« e.V.
c/o Engelbert Kandlinger, Bachanger 27, 94099 Ruhstorf bei Passau,
Tel. 08531/983361, Fax 983362, E-Mail engelbert.kandlinger@t-online.de, Internet: *http://home.t-online.de/home/engelbert.kandlinger*

Verband für Kinder und Familie e.V.
c/o Jürgen Faber, Melanchthonstr. 6, 38118 Braunschweig, Tel 0531/896305, Fax 896305

V.E.S.U.V. e.V.
Informationsbüro für Psychotherapie und Alternativen
Münstereifeler Str. 16, 50937 Köln, Tel.: 0221/4201384

Selbsthilfegruppen

Aktuelle Informationen zu vielen Gebieten der Eltern-, Männer- und Väterbewegung findet man im Internet unter der Adresse:
http://www.paPPa.com-paPPa.com e.V. – Eltern im Internet

Bundesweite Organisationen

ISUV/VDU e.V. Interessenverband Unterhalt und Familienrecht, Bundesgeschäftsstelle
Bauvereinstr. 30, 90119 Nürnberg Tel. 0911/560478, Fax 0911/533074, E-Mail: op-continuum-q@kaiserslautern.netsurf.de, Internet: http://privat.schlund.de/isuv

Väteraufbruch für Kinder e.V., Bundesgeschäftsstelle
Postfach 11 05 11, 42305 Wuppertal Tel. 01805/120120, E-Mail: Hartmut.Voelp@t-online.de, Internet: http://www.paPPa.com/vafk

Väter für Kinder (VfK) – Initiative für Kind, Familie, Menschenrechte e.V.
Postfach 380268, 80615 München, E-Mail: vfk@aol.com, Internet: http://users.aol.com/VfK

Regionale Gruppen

Bündnis für und mit Kindern – Väteraufbruch Chemnitz e.V.
Frank Tauscher, Am Hang 9, 08340 Schwarzenberg, Tel. 03774/34414.

BBVI Berlin-Brandenburger Väterinitiative e.V.
Burgstr. 24, 10178 Berlin-Mitte, Tel. + Fax 030/2427206.

ISK Initiative Streitfall Kind e.V. – Beratung bei Trennung und Scheidung
Wörlitzer Straße 39, D-12689 Berlin, Tel. 030/9316016

SKIFAS e.V. – Vereinigung zum Schutz des Kindes in seiner Familie vor sexuellen Mißbrauchsverdächtigungen
Postfach 510138, 13361 Berlin, Tel. + Fax 030/4116631, E-Mail: SkifaseV@aol.com, Internet: http://members.aol.com/SkifaseV/Skifas

VHTS Verein Humane Trennung und Scheidung e.V.
Schneppenhorstweg 5, 13627 Berlin, Tel. 030/3827052 Fax: 3815022, E-Mail: humane.trennung.und.scheidung@t-online.de

Bündnis für Kinder e.V. – Parents Forever Germany
c/o Hartmut Müller, Philippistr. 5, 14059 Berlin, Tel. + Fax 030/3223196, E-Mail: HMueller.Berlin@-online.de, Internet: http://www.paPPa.com/buendnis-pfg

FamilienstandTisch e.V.
c/o Hartmut Müller, Philippistr. 5, 14059 Berlin, Tel. + Fax 030/3223196, E-Mail: Mueller.Berlin@-online.de

ISK Initiative Streitfall Kind e.V. Regionalgruppe Rostock
c/o Manfred Sommerfeld, Kurt-Schuhmacher-Ring 51, 18146 Rostock, Tel. 0381/697998

DIALOG zum Wohle des Kindes Hamburg e.V.
Stillohweg 25, 22889 Tangstedt, Tel. + Fax 04109/1250

Interessengemeinschaft Manuel – Sorgerecht und Umgangsrecht für Väter
Neuweg 36, 25832 Tönning, Tel. 04861/69975

EFAV Eltern für aktive Vaterschaft e.v. – Verein zur Förderung gemeinsamer Verantwortung
Friedrich-August-Platz 2, 26121 Oldenburg, Tel. 0441/81134, Fax 0441/81165, E-Mail: KindundVater@-online.de, Internet: http://home.t-online.de/home/0441883789-0001/homepage.htm

Arbeitskreis elterliche Sorge und Kindeswohl Hannover
Im Langen Feld 14, 30880 Laatzen, Tel. + Fax 0511/8250398

Verein zur Wahrnehmung von Familien- und Kinderrechten e.V.
Postfach 100 148, 31312 Sehnde, Tel. + Fax 05138/616016

Initiativgruppe Jugendamtsgeschädigte
Steinigkstr. 17, 34123 Kassel. Tel. + Fax 0561/5103371

Vater sein trotz Trennung e.V.
Eichwaldstraße 12, 34266 Niestetal, Tel. 0561/526237, Fax 05650/921061, E-Mail: VaeterKS@aol.com, Internet: http://members.aol.com/VaeterKS

Verband für Kinder und Familie e.V.
Melanchthonstr. 6, 38118 Braunschweig, Tel. + Fax: 0531/896305

BUR – Bürgerbund gegen Scheidungsunrecht e.V.
Geiteldestr. 55, 38122 Braunschweig

ChildPeace e.V. – Menschenrechte für Kinder und Eltern
c/o Ewald Wolf, Rosmarienstr. 41, 40235 Düsseldorf, Tel. 0211/233648, E-Mail: ChildPeace@t-online.de, Internet: http://www.t-online.de/home/ChildPeace/verein.htm

Dialog zum Wohle des Kindes Düsseldorf e.V.
Dreherstr. 113, 40625 Düsseldorf, Tel. 0211/2381629, Fax 0211/2381719

Quadrat – Selbsthilfegruppe für getrennte Väter
Ursulastr. 38, 45131 Essen, Tel. 02101/422585

DIALOG zum Wohle des Kindes Ruhrgebiet e.V.
Auf dem Dreisch 1, 45888 Gelsenkirchen, Tel. 0209/142300, Fax 0209/
143318, E-Mail: ms.dialog@-online.de, Internet: http://www.paPPa.
com/dialogr

Elternkreis »Gefahr im Verzuge« durch das Jugendamt
Postfach 510 43, 48035 Nottuln, Tel. 02502/9152

Aktionsgemeinschaft für Beendigung von Kindeswegnahme und Fremd-
plazierung e.V.
Postfach 510143, 48163 Münster, Tel. + Fax 02501/58154, E-Mail:
MCGru-mann.muenster@t-online.de

Arbeitskreis elterliche Sorge und Kindeswohl
Triftstr. 21, 49090 Osnabrück, Tel. + Fax 0541/123543

Initiativgruppe Jugendamtsgeschädigte
Otto-Hahn-Str. 16, 50126 Bergheim, Tel. + Fax 02271/652 79

Aktionsgemeinschaft zur Verwirklichung der Rechte des Kindes
Am Rondorfer Pfad 9, 50997 Köln, Tel. 02232/69104, Fax: 02232/
67027

Getrennte Väter Trier
Dr. Rainer Schnettler, Gartenfeldstr. 4, 5441 Hermeskeil, Tel. 06503/
980498

SKIFAS – Regionalgruppe Worms
Irene Adamski, Am Fuchstanz 10, 67551 Worms, Tel. 06247/1398, Fax
06241/955508

Interessengemeinschaft Umgangs-/Sorgerecht für Kind und Vater
Friedrich-Ebert-Str. 69, 68535 Neckarhausen, Tel. 06203/922940, Fax
06203/922942, E-Mail: Horst.loeffler@bigfoot.de

Initiativgruppe Jugendamtsgeschädigte
Annastr. 9, 70327 Stuttgart, Tel. + Fax 0711/333753, Internet: http://
www.paPPa.com/ja/jag-adr.htm

Aktionsgemeinschaft zur Verwirklichung der Rechte des Kindes
Gundelsheimerstr. 24, 70437 Stuttgart, Tel. + Fax 0711/8403201

Aktionsgemeinschaft zur Verwirklichung der Rechte des Kindes
Lohtorstr. 27, 74072 Heilbronn, Tel. 07131/80833

Aktionsgemeinschaft zur Verwirklichung der Rechte des Kindes
Klunzinger Str. 2, 74363 Güglingen, Tel. 07135/3467

Dialog zum Wohle des Kindes e.V.
Talstr. 12, 78727 Oberndorf, Tel. 07423/1018, E-Mail: dr.ebruhob@t-
online.de

SKIFAS – Regionalgruppe München
Josef Krammel, Mendelssohnstr. 14, 82049 Pullach, Tel. + Fax 089/
7934585, E-Mail: SeppKra048@aol.com

VHTS Verein Humane Trennung und Scheidung e.V. – LV Bayern
Goethestr. 68, 80336 München, Tel. 089/5309539, Fax 089/5328400

Initiative Jugendamtsgeschädigte
Sanddornweg 1, 83395 Freilassing, Tel. 08654/61316

VHTS Verein Humane Trennung und Scheidung e.V. – RV Allgäu
Immenstädter Str. 13 a, 87527 Sonthofen, Tel. 08321/84821, Fax:
08321/84800

Recht auf beide Eltern e.V.
Postfach 120 422, 90111 Nürnberg, Tel. 0911/93553-12, Fax: 0911/
93553-22

IFS Initiativgruppe Faire Scheidung
Postfach 1751, 92307 Neumarkt, Tel. 09181/296424, Fax 09181/
296465

ASFRAG Anonyme Selbsthilfegruppe frauen- und/oder beziehungsge-schädigter Männer
Annahofstr. 1, 93049 Regensburg, Tel. 0941/6139, Fax 6139, E-Mail: fx.schmid@t-online.de, Internet: http://home.t-online.de/home/fx.schmid/asfrag.htm

Interessengemeinschaft »Sorgerecht für Väter – Mehr Rechte für Kin-der«
Postfach 11 40, 94095 Ruhstorf, Tel. 08531/55443, Fax: 983362, E-Mail: engelbert.kandlinger@t-online.de, Internet: http://home.t-online.de/home/engelbert.kandlinger

Aktionsgemeinschaft zur Verwirklichung der Rechte des Kindes
Erfurter Str. 2, 96450 Coburg, Tel. + Fax 09561/420182

Wochenend-Väter, Selbsthilfegruppe
c/o Hans Trede, Tel. 04347/1897
c/o Edgar Sauer, Tel. 0431/245301
Treffpunkt Gemeindehaus an der Ansgargemeinde, Waitzstr. 58a, 24105 Kiel

Anwaltssuchdienste und -auskünfte am Telefon

Tele-Rechtsanwalt, Tel. 0190/88088800
Profifon, Tel. 0190/886868
Infogenie Recht, Tel. 0190/873240
Dr. Nennen – Anwälte am Telefon, Tel. 019/87240350
Deutsche Anwaltsauskunft, Tel. 01805/181805
Anwalt-Suchservice, Tel. 0180/5254555
Anwaltnotdienst, Tel. 0190/870087
Direct Anwaltsdatenbank, Tel. 0190/514614

Anwaltssuchdienste im Internet

http://www.anwalt-suchservice.de
http://www.vrp.de/suche/jurbook/anwaltsv.htm
(hier finden Sie sehr reichhaltige Anwalts-, Sachverständigen und Notarsverzeichnisse)
http://www.marktplatz-recht.de/averz./index.html
http://www.vrp.de
(Suchmaschine für alle juristischen Quellen im Internet; Stichwortabfrage)

Rechtsauskünfte im Internet

http://www.saarbruecken.de/sbnet/07/07_02d.htm
http://www.anwalt-hls.de/sorgent.htm
http://www.beck.de
http://www.bundesregierung.de
http://www.schwabmuenchen.de/~ascholz/vratips.htm
http://www.zdfmsn.de/ratgeber/WISO/Archiv/Tip1999/12889/content.html
http://www.eltern.de
http://kanzlei.de
http://advoexpert.de/konflikt.htm

Chat-Räume für Familienprobleme

http://parsimony.net/forum/forum1729/
http://www.brigitte.de

Österreich

Aktion Recht des Kindes auf BEIDE Eltern e.V.
c/o Dr. Günter Tews, A – Linz, Tel. A – 0732/2782441, Fax A – 0732/784481
Siehe unter Zeitschrift JUSTIZWAISEN

A – Wien
c/o Walter Rettenmoser, Tel. A – 01/2147408, E-Mail: helmut.schmucker-mair@blackbox.at

A – St.Pölten
c/o Leopold Filsmaier, Tel. A – 0664/12323495

A – Graz
c/o Gerhard Reiter, Tel. A – 03577/24898, E-Mail: reiter.gerhard@aiz.co.at

A – Klagenfurt
c/o Edmund Stodolak bei Fa. Interplan, Tel. A – 0463/41297, Fax A – 0453/481870

A – Bregenz
c/o Kilian Höflc, Tel A – 05574/61315

Schweiz

Promoting Responsible Fatherhood
Pères Educateurs Responsables
Padri Educatori Responsabili
c/o Johnny Vey, Postfach, CH 8026 Zürich, Tel. CH – 41 1/4927481, Fax CH 41 – 1/4927481, E-Mail: vev@vev.ch, Internet: *http://www.vev.ch/*